文化商河

商河县文化和旅游局　编

中国文史出版社

图书在版编目（CIP）数据

文化商河 / 商河县文化和旅游局编． -- 北京 ： 中国文史出版社， 2024.12. -- ISBN 978-7-5205-4981-3

Ⅰ． K295.24

中国国家版本馆 CIP 数据核字第 2024JU7138 号

责任编辑：程　凤

出版发行：中国文史出版社
社　　址：北京市海淀区西八里庄路 69 号　邮编：100142
电　　话：010-81136606　81136602　81136603（发行部）
传　　真：010-81136655
印　　装：山东麦德森文化传媒有限公司
经　　销：全国新华书店
开　　本：787mm×1092mm　1/16
印　　张：19.25
字　　数：283 千字
版　　次：2025 年 8 月北京第 1 版
印　　次：2025 年 8 月第 1 次印刷
定　　价：98.00 元

序

在一望无垠的华北黄河冲积平原上，有这样一片美丽而神奇的土地——商河县。她位于神奇的北纬37度线上，属于暖温带半湿润季风气候，四季分明，沃野平畴，草木葳蕤。她让水系发达、河流纵横，雨热同季，林丰粮茂，古有“漯水南驶，笃马北流”之称。她二十四节气周而复始，春生夏长，秋收冬藏，循环了千万年。

商河是一座历史悠久、文化灿烂之城。

商河县具有一万年的文化史，3000多年的文明史，1420多年的建县史。商河是春秋时期齐之麦丘邑所在地，又称麦丘，历史可追溯到夏代以前的原始社会时期。早在帝喾及尧、舜、禹时期，商河地属古兖州，夏、商、西周时期属古兖州。东周属齐国，为齐之麦丘邑，秦始皇分封郡县属齐郡，汉时属济北郡。前汉为平原郡朸县、千乘郡湿沃县，后汉为平原郡般县。三国、两晋、南北朝复为湿沃县。隋开皇十六年（596）于滴河流域扐县故址置滴河县，宋元祐元年（1086）改滴河县为商河县。明初，商河县属济南府，后改属武定州。清初复属济南府。民国二年（1913）属岱北道，民国二十五年（1936）属第五行政区。

商河文化遗产非常丰富，境内有古墓葬、古遗址等文物保护单位100余处，其中有16处省级重点文物保护单位、9处市级文物保护单位、40多处县级文物保护单位。卢坊遗址、小官庄汉墓群、台子刘遗址、梁王冢遗址、营子遗址、张九叙墓等遗址向我们展现了自商周到近代商河古老的文明。同时，商河还有丰富多彩的非物质文化遗产资源。现有商河鼓子秧歌、花鞭鼓舞2项国家级非遗项目，5项省级26项市级非遗项目，39项县级非遗项目，凝聚了商河人的勤劳、智慧。

商河县是一座人文荟萃、人杰地灵之城。

悠久的历史，名人荟萃。从春秋五霸之首的齐桓公，到秦始皇；从东汉开国皇帝刘秀，到隋炀帝杨广；从西汉河堤都尉许商，到五代宰相马胤孙；从诗圣杜甫好友孟云卿，到明代词曲家张自慎；到“鸿泥万里”马毓林，到“银钩铁书”

马翙宸；从“一门四进士”到“一门三烈士”，商河历史上可谓名人辈出。

商河县从古至今，经历了旱涝风雹、地震洪灾，也经历了战乱动荡、朝代更替，但是不屈不挠的商河人民在与天灾、人祸的斗争中，磨炼出了顽强不屈、永不服输的抗争精神。商河县在其形成以及发展过程中创造的和积淀的、具有独特文化基因的、发展道路的丰富物质文化和精神文化成果，构建了商河人民共同的文化记忆、社会身份和精神内涵，同时还有着共同的价值观、世界观和宇宙观。

商河也是一片红色的热土，有着光荣的革命历史传统。1937 年 8 月，中共商河县委成立。1939 年，商河县抗日民主政府成立。1945 年 9 月 26 日，商河县地方武装配合主力部队全歼守城伪军 1 万余人，商河全境得以解放。中华人民共和国成立后，商河县初属德州专署，1990 年归属济南市。

商河是一座历经变迁、逐渐富强之城。

千年鼓乡麦丘邑，百里商河温泉城。商河这片古老而充满活力的土地，历经大自然的洗礼、人世间的风霜，历久弥新，逐步展露新的容颜。从历史上遍布全县的“七十二洼”，到河流纵横、沟渠林立；从盐碱遍地，到粮棉大县；从旱涝成灾，到旱涝保收；从泥泞道路，到“铁公机”（铁路、公路、机场）覆盖全境；从手工业小作坊、单一的小农经济，到五大特色产业集群；人民从食不果腹，到解决温饱；从脱贫攻坚，到全面小康……

这一切都凝聚着历代商河人的光荣与梦想，站在新时代的历史坐标，我们回望历史，感慨万千；展望未来，信心满怀。编著一部历史文化延续的典籍，是一个地区总结历史、开创未来的需要，是借鉴古人智慧与经验教训的需要，是进一步增强文化自信的需要。这部《文化商河》，全书 40 余万字，凝聚着编撰者的心血和汗水，凝聚着商河人的希冀与期待。希望这本书能给人们以更多的启迪。

是为序。

中共商河县委员会

商河县人民政府

2025 年 3 月

目录

序　篇

上篇　千年麦丘邑

下篇　鼓乡温泉城

序 篇

商河远古文明的曙光

——从“禹瀹遗封”说起

大禹是远古时代的标志性人物之一

煌煌《史记》130 卷 52 万字，开篇即为《五帝本纪》。溯源中国历史的远古时期，人们往往就从三皇五帝开始。五帝者，黄帝、颛顼、喾、尧、舜。按《史记 · 本纪》之序，五帝之后，夏禹是也，而禹之父曰鲧，鲧之父曰颛顼，则禹为黄帝之玄孙而帝颛顼之孙也，亦即禹之于尧，同为黄帝之玄孙。则知，禹之时，即三皇五帝之远古时代，其确凿无疑矣，因此也可确定大禹是远古时代的标志性人物之一。

“禹瀹遗封”闪耀着商河县远古文明的曙光

远古时期，天地茫茫，宇宙洪荒，人民饱受海浸水淹之苦。禹之事迹，最为耳熟能详的莫过于因治水而“三过家门不入”，也正是因为治水有功，禹被舜举荐而登基帝位。那么，作为“禹疏九河”之一徒骇河之地的千年古县商河，是否曾留下过禹的足迹呢？答案是肯定的，这当然需要从“禹瀹遗封”说起。

“禹瀹遗封”，是明万历三十年（1602）济阳知县李柷（chù）所兴建县署牌坊。瀹（yuè），疏通的意思，大禹治水时曾疏通流经济阳县境的古代济水、漯（tà）水，此牌坊意在表彰大禹瀹济漯的功绩。这与孟子“禹疏九河，瀹济漯，而注诸海”说法高度契合。而史料表明，徒骇河的前身古名为漯水（又称“漯川”、“漯河”），也是古黄河的一支。在宋代，漯水堙没后逐渐演变成现今的徒骇河。

在习近平总书记主持召开深入推动黄河流域生态保护和高质量发展座谈会2周年之际，2023年10月23—24日，由中国地方志工作办公室、中共山东省委党史研究院联合主办的“志说黄河·2023济南圆桌会议”在济南市济阳区召开。会议第三阶段，部分与会人员就“禹瀹遗封”黄河文化学术进行交流发言，发布了“禹瀹遗封”黄河文化学术交流共识。根据其中主题报告之一的《志说“河漯济清”》所引用山东省考古研究所研究员张学海《虞夏时期禹城历史探索》可以明确，在徒骇河上中游地区，有三个相互毗邻的龙山文化聚落区，其中自西北向东北的阳谷、梁山聚落群和茌平、东阿聚落群是两个龙山文化古

禹瀹遗封门楼

国已很清楚，再往东北的禹城、济阳聚落的层级虽然目前还不很清楚，但群体年代属龙山文化晚期毋庸置疑，从龙山文化整体发展水平来看，也可以初步确定是个龙山古国，并可推断其聚落群是有鬲氏。

根据《山东通志》（乾隆卷）三十六卷卷首一卷[01]所载“德平县鬲城在

县东南二十里，古国偃姓皋陶之后也，在鬲津河左，以河得名”，以及清代《德平县志・古迹・鬲城》载“在县东南三十里，汉置，唐天宝七年废”可知，德平县境东南二三十里曾存在古鬲城。其是否为有鬲氏之城不能妄加揣测，但作为有鬲氏的龙山文化聚落群之一基本可以确定。1956年，德平县撤销，古鬲城所在区域划归商河县怀仁镇，县境内另一条古黄河故道大沙河东西贯穿全镇。

另据《济南通史・先秦秦汉卷》(齐鲁书社2008年8月第1版)52页所载“‘九河’原本可能是形容黄河入海岔流之多，可是在西汉成书的《尔雅·释水》中，却指实为‘徒骇、太史、马颊、覆鬴、胡苏、简、洁、钩盘、鬲津’九条河流。数千年来，沧桑巨变，若想把‘九河’一一落实为现在的某条河流，当然是不可能的，然而‘九河’不出《禹贡》兖州的范围是可以肯定的。如今济阳与商河交界的徒骇河以及商河北侧的马颊河，虽然不见得是《尔雅》中的徒骇河和马颊河，但是在‘九河’之列也是可以肯定的。所以，我们认为，今济阳、商河一带的河流，曾经得到过大禹的疏浚。”

大禹治水是虞夏之际划时代的大事，也是商河县远古文明发轫的第一缕曙光，正是这缕曙光的出现，春秋时代“三祝三谏”在商河原野上成为经典的画面至今传诵。

上篇

千年麦丘邑

QIANNIANMAIQIUYI

第一编　历史沿革

一、从麦丘邑到商河

——商河县域隶属关系和区划变迁

地理位置

商河县地处山东省西北部，位于北纬37°06′~37°32′、东经116°58′~117°26′，隶属济南市，是济南市的北大门。东临滨州市的惠民县、阳信县，公路直达渤海沿岸；西与德州市临邑县毗邻，距德州市90千米；南临济阳县，距济南国际机场50千米;北与德州市的乐陵市接壤，公路畅通京津。全境呈菱形，东西宽43千米，南北长51千米，地面高程一般在9.60~16.60米，全县总面积1162平方千米。

隶属关系

商河县是联合国地名委员会命名的“千年古县”之一。据《史记·夏本纪》《尚书·禹贡》《尔雅·释地》和现存明、清及民国《商河县志》记载:商河地唐虞时，属古九州之一的古兖州之域。公元前2590年，爽鸠氏居营丘，帝以鸟名命官，故曰爽鸠国,商河地属焉。禹夏时为季萴氏属地;夏商时,为东夷九黎蚩尤族居地。境内滴水流域曾是商族的起源地，是商文化的“老家”。先商始祖契辅佐大禹治水有功而被“封于商”之后，商族于滴水流域逐渐强大起来，并成为这一区域的强势部落与主导群体，迫使“莱人”东迁。商族的政治集团也逐渐离开此地向中原一带迁移。因种麦的“莱人”曾住此地,周室称此地为麦丘,并设麦丘邑。

秦朝时期,商河县属于齐郡之麦丘,隶青州。《方舆纪要》记载:秦罢侯守制,遂分天下为三十六郡，齐郡为其一。麦丘属焉。

前汉（附新莽）时期，为抝侯刘辟光、宜成侯刘偃、材侯刘让之侯国。侯国撤销后，为平原郡之抝县，平原郡之宜成县、千乘郡之湿沃县地，隶青州部。

后汉时，为乐陵郡之漯沃（漯沃也作湿沃，下同）县地、平原郡之漯阳（北漯阴）县地、隶青州部。

三国隶属魏国，复置湿沃县，属乐安郡，改属乐陵郡，隶青州。

晋朝时，为湿沃县地，属乐陵国，隶北青州部。南北朝时，南宋为湿沃县地，属乐陵郡，隶沧州部。北魏因之，后齐废。

隋开皇十六年（596），置滳河县，属沧州。唐代，滳河县先后属沧州、棣州，唐天宝年间（742—756），改棣州为乐安州，滳河属之。五代时（907—950），隶属关系未变。

宋元祐元年（1086），滳河县改商河县，属棣州。宋咸淳元年（1265），并入无棣。未久，商河县复立，属棣州。

明初，属济南府。明宣德元年（1426），改属武定州。

清初，商河县复属济南府。清雍正十二年（1734），改属武定府。

民国二年（1913），废府州，行县道，商河县属岱北道。民国三年（1914），改为济南道。民国十四年（1925），划为武定道。

民国十六年（1928），废道制，省领县，商河县属山东省政府。民国二十五年（1936），省下设行政区，商河县属第五行政区。

1939年，商河县抗日民主政府成立，由鲁北行政委员会领属。1940年10月，改属冀南行署第八督察专员公署。1942年9月，商河、惠民两县结合部成立商惠县，属冀鲁边区三专署。1945年11月，撤销商惠县，恢复原商河县建置，属渤海区二专署。1949年7月，改属泺北专署。

中华人民共和国建立后，初属泺北专署。1950年，属德州专署。1956年3月，德州专署撤销，商河县归属惠民专署。1958年12月，商（河）、乐（陵）合并为商河县（1960年改称乐陵县），属聊城专署。1959年4月，改属淄博专署。1961年9月，两县分治，商河县复属德州专署。

1990年1月，商河县归属济南市。

如上隶属演变，下面表格一目了然：

商河县隶属沿革表

朝代	公元纪年	隶属	地名	备注
帝喾、尧、舜、禹		古兖州		古九州之一，《禹贡》有记
夏	约前21世纪—前16世纪	古兖州（东夷九黎蚩尤族聚居地）		
商	约前16—前11世纪			
西周	约前11世纪—前771年	兖州		
东周（春秋·战国）	前770—前256年	齐国	麦丘邑	《史记》43卷《赵世家第十三》有记
秦	前221—前207	齐郡、济北郡	麦丘邑	
西汉	前207—25	平原郡	朸（lì）县/扐县	
		平原郡	宜成县	
		千乘郡	湿沃县	
新莽			张乡	
东汉	25—220	乐陵郡	湿沃县地	般县？
		平原郡	北漯阴（漯阳）	
三国	220—265	乐安郡、乐陵郡	湿沃县	
晋	265—420	乐陵国	湿沃县	
南北朝	420—581	乐陵郡、安德郡	湿沃县	刘宋在广饶侨置湿沃县
隋	581—618	棣州、渤海郡	滴河县	开皇十六年（596）置县
唐	618—906	棣州、沧州	滴河县	武德四年（621）建内城
五代	907—960	德州、乐安州	滴河县	
宋	960—1279	棣州	商河县	元祐元年（1086）改滴为商
元	1279—1368	沧州、棣州	商河县	
明	1368—1369	济南府	商河县	避明成祖朱棣讳，改棣州为武定州
	1369—1426	乐安州		
	1426—1644	武定州		

续表

朝代	公元纪年	隶属	地名	备注
清	1644—1734	济南府	商河县	雍正十二年（1734）改属武定府
	1734—1911	武定府		
中华民国	1912—1913	武定府	商河县	
	1913—1914	岱北道		
	1914—1925	济南道		
	1925—1928	武定道		
	1928—1936	山东省政府	商河县	1938 年 11 月，日军侵占商河县城，成立日伪政府
	1936—1939	山东省第五行政区		
	1939—1940	鲁北行政委员会	商河县	1939 年 7 月 1 日，商河抗日民主政府建立
	1940—1942	冀南行署		
	1942—1945	冀鲁边三专署	商惠县	
	1945—1949	渤海区二专署	商河县	
中华人民共和国	1949—1950	泺北专署	商河县	
	1950—1956	德州专署		
	1956—1958	惠民专署	商河县	1958 年 12 月，商、乐合并，定名商河县
	1958—1959	聊城专署		
	1959—1961	淄博专署	乐陵县	1960 年 1 月，改名乐陵县
	1961—1978	德州专署	商河县	1961 年 9 月，恢复商河县
	1978—1990	德州行署	商河县	
	1990—	济南市	商河县	

区划变迁

秦时商河县，四境广袤，四方所至均已无考。商河县流传至今最早的县志《新修商河县志》成书于明万历十五年，至该部县志纂成，也即秦至明代之前商河县面积大小及境域四至已难厘辨，自明代开始，商河县境域及区划变迁清晰而详备。

明行乡里制，商河全境设 5 乡 68 里。清康熙二年（1663），增设安丰乡，

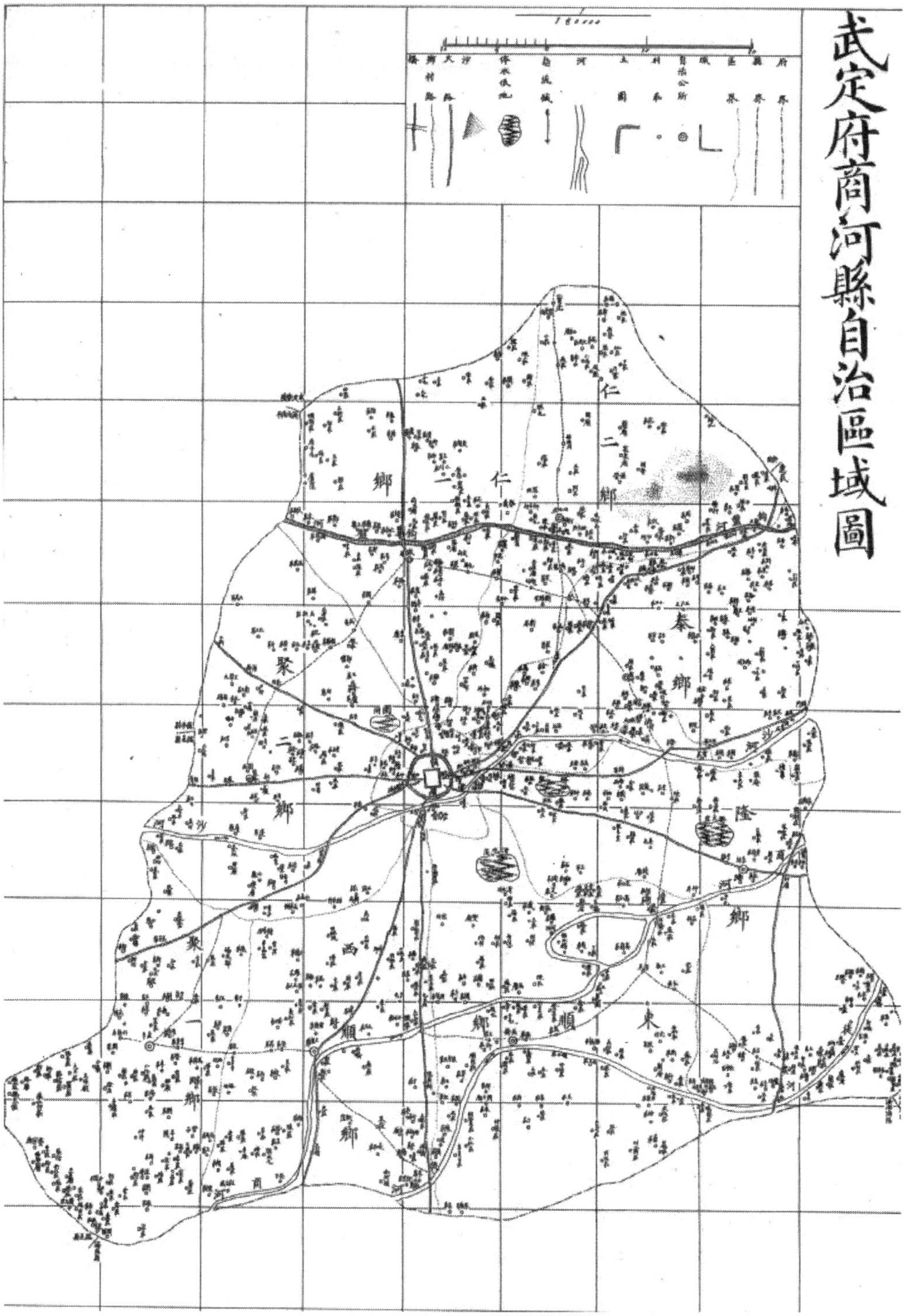

武定府商河縣自治區域圖

民国商河县域图（1912 年）

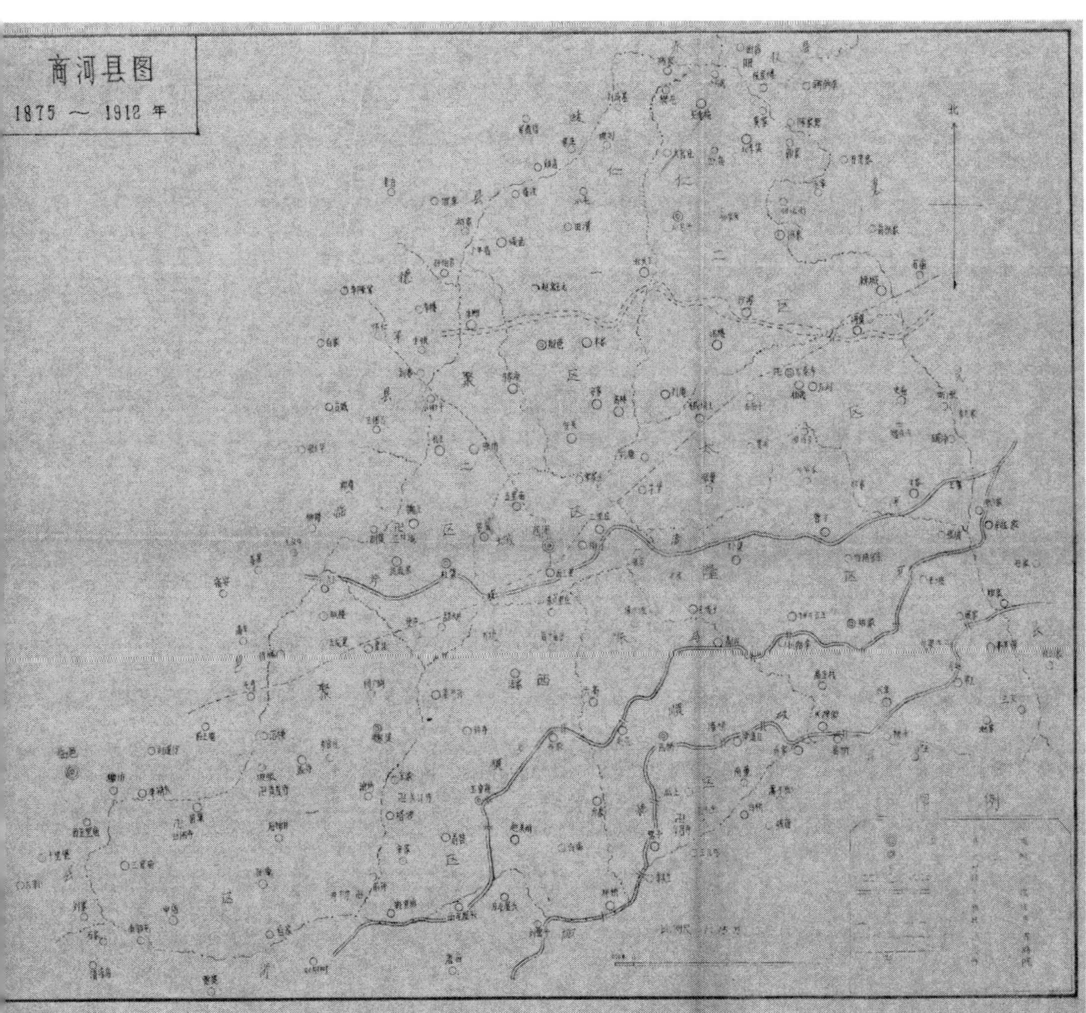

清光绪元年至民国元年商河县图

全县分为 6 乡、60 里、134 约，辖 1123 个庄。宣统二年（1910），取消 6 乡旧名。全县划为 9 区、52 段。民国初，沿用清制。民国二十年（1931），全县划为 9 个区。区下设乡镇，共有 12 个镇、96 个乡。民国二十三年（1934），奉省令改划为 9 区、6 镇、75 乡、辖 1017 个村庄。抗日战争全面爆发后，国民党县政府人员仓皇南逃，由于革命战争的需要，区划时有变更。民国二十八年（1939）7 月 1 日，商河县抗日民主政府成立后，相继设立了二区、三区、四区、七区、八区、九区共 6

个区公所。民国三十年（1941）7月，商河县政府分为商惠公路南、北两个领导机构开展抗日工作。1942年9月，在商河、惠民两县的结合部建立商惠县。1944年11月，在惠民、济阳、商河三县结合部置三边县（后改为杨忠县、惠济县），1945年9月，商河县全境解放。同年11月商惠县撤销，恢复商河县建制。全县设10个区。1955年12月，全县调整为9个区。1956年3月，德平县撤销，其所辖怀仁区及奎台区南部划归商河县。至此，全县共10个区。1957年1月，撤区建乡。全县10个区划为40个乡（镇），辖1012个村。1958年3月，全县调整为19个乡（镇）。同年9月全县实现公社化，19个乡（镇）转为政社合一的人民公社。12月，商河、乐陵合并，称商河县（1960年1月改称乐陵县）。县内区划调整，共设20个公社，计有186个管区，2064个村。1961年9月，两县分治，恢复商河县。全县10个公社。1965年5月，公社规模调整，划为22个公社。计有974个大队，1058个生产队。1983年，全县22个公社，979个大队，3099个生产队。1984年春，撤销公社，全县改建为6镇、16乡。共有998个行政村，1056个自然村。1990年1月，商河县划归济南市。同时，奎台乡划入乐陵市。全县计6镇、15乡，959个行政村，1018个自然村。2005年11月，山东省人民政府同意商河县调整乡镇行政区划批复，商河县由21个乡镇调整为2个街道办事处、5个镇、5个乡。2009年11月，撤销玉皇庙街道，调整为玉皇庙镇。至2016年8月，商河县5个乡先后全部调整为镇。截至2024年12月，商河县下辖1个街道、11个镇，另设有1个省级开发区。

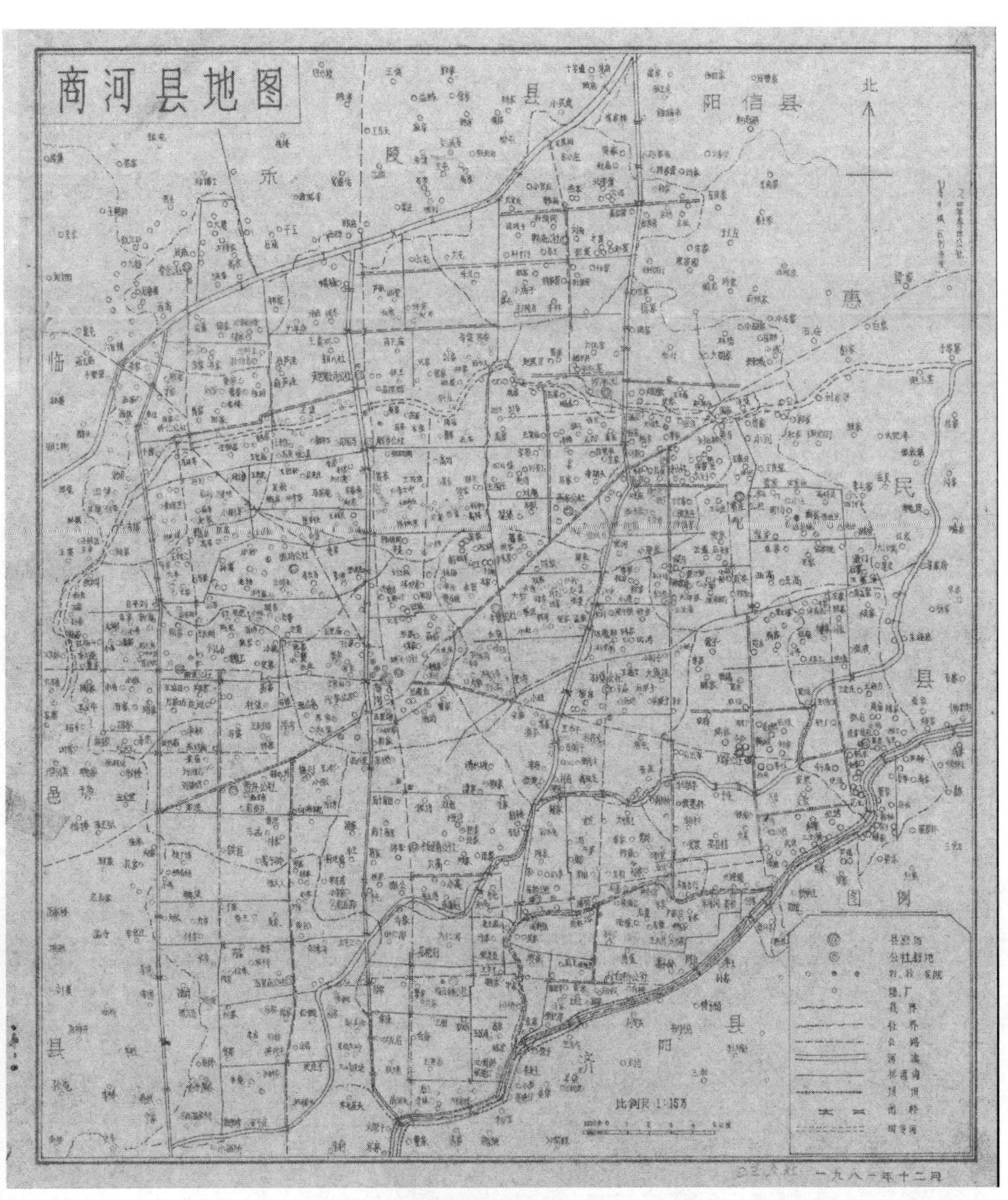

商河县地图（1981 年）

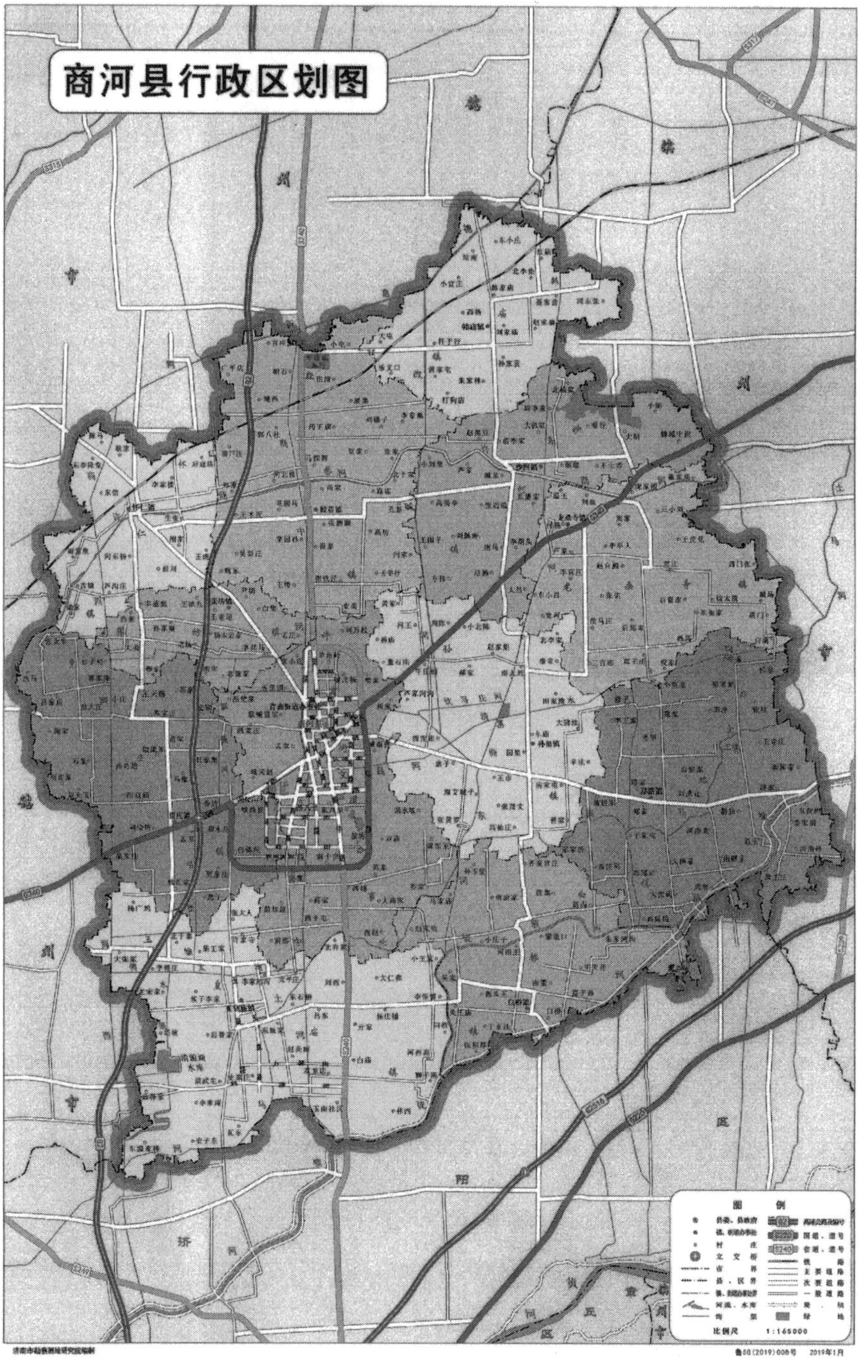

商河县行政区划图

《商河县行政区划图》2019 版

二、千古麦丘醉乡愁

——从麦丘邑窥察商河历史底蕴

麦丘，从《诗经》里走来的东夷使者

洪流入海地无波，万姓欢呼麦丘坡。

犹恐甘棠遭败剪，嘉名永锡许商河。

（唐）薛大鼎

商河是千年古县，最早的县置是汉代所设朸县，距今逾2000年。早在朸县之前，在商河这片古老的土地上，史书所见最早的行政建置是春秋时期所设立的麦丘邑。邑，简单来说，也就是居民点的意思，后指县。上面唐代沧州刺史薛大鼎所作《许商河》诗里“麦丘坡”，就是当年麦丘邑所在的地方，就在今之商河县境内。

从麦丘邑到麦丘坡，从春秋战国到大唐盛世……“麦丘”一词像手持旌节从西域归来的张骞，始终在商河大地声名远扬。那么，“麦丘”之名因何而取，“麦丘”之名又因何响彻古今呢？这还得用拆字法，从名字的本义说起。

先说麦丘之“麦”。这涉及两个至关重要的方面：一是农作物小麦的种植起源与推广，二是华夏古老民族里莱夷族的起源与迁徙。

根据国家粮食和物资储备局网站《小麦的历史与进化》一文所载，小麦是人类最早种植的粮食作物，小麦原产于北非或者西亚。在古埃及的石刻中，已有栽培小麦的记载。考古学家研究发现，大约在1万年前，人类就开始把野生的小麦当作食物。中国小麦发现的最早遗址在新疆的孔雀河流域，研究人员

在楼兰的小河墓地发现了四千年前的碳化小麦。而内地出土的小麦，最早是在三千多年前的商中期或晚期。但是，小麦在内地普及种植应该是在汉代以后。其中，最为关键的一个推动因素是战国时期发明的石转盘在汉代得到推广，使小麦可以磨成面粉。到了明代，小麦种植已经遍布全国，但根据《天工开物》记载，分布很不平衡。

另据记载，莱夷来源于神农氏，是我国原始社会部落时期活动于山东中、东部的东夷人的一支，是山东的土著民族。据王献唐先生考证："莱为神农苗裔，神农起于西方，自西徂东，族众随之，山东之莱族，殆亦由西徙来者。"约在黄帝时代，莱人便在九河流域定居生息繁衍。而莱人之所以被称为莱人，王献唐考证的结论是："莱人之名称来源于莱人首先培育了小麦。莱人首先发明麦种者，亦即原始之农业民族。"查"小麦"一词，《辞海》《辞源》对"来"字的解释，也有"小麦名曰来"的说法。《说文解字》对"来"字的解释："周所受瑞麦来麰，一麦二缝，象芒刺之形。"王献唐对"来"的解释：来为莱之初文，来为小麦之本字，"因其种来，而呼地为来。种来之人，更称其族亦曰来，而来地来族之名因以成立。"从甲骨文、钟鼎文的"来"字形状看，这些来字，上边是麦穗，中间是麦茎，下边两出是麦叶、麦根，是一棵麦子的象形字。由此可见，人们为了纪念他们育麦之功，而把这部分夷人称作"莱夷"。莱人由西一路迁徙，经过关中地区，由于地域、自然、水利等因素，他们继续东移。到了中原地区，由于当时中原是黄帝的居住地，加之战争不断（据历史记载，

此时正值黄帝统一中原一带），他们被迫继续东移。东移过程中，商河作为历史偶然性的必然一环，成为莱夷的重要栖居地。商河之所以幸运地被莱夷所选择，这当然不是偶然的，这就涉及下面的“丘”字了。

再说麦丘之“丘”。丘，本义为“土之高也，非人所为也”。这就符合商河县作为黄河下游冲积平原的地貌特征了。根据《济南通史》《济南黄河志》《商河水利志》等史志资料，商河县历史上曾为黄河流经地长达 1600 多年，河水泛滥冲积，土丘与洼地纵横交错，古人习惯在土丘高地种植庄稼。就商河这一区域来讲，因为莱夷的入驻，这个因麦而名的东夷分支也当然习惯性地以植麦为生。至于在植麦地块的选择上，自然而然遵从“趋利避害、顺天应时”的本能，选择排水通畅、不易水淹的高土之丘。

《诗经》之《国风 · 王风 · 丘中有麻》第二段“丘中有麦，彼留子国。彼留子国，将其来食，”俨然就是莱夷在商河之地丘中植麦的生动写照。这也成为本文开篇唐代沧州刺史薛大鼎《许商河》一诗经典的画面——“万姓欢呼麦丘坡”。

行文至此，麦丘之名因何而取，也就初露端倪。唯一需要补充的就是，莱夷与后来兴起的商族在商河之地冲突战乱中落败，被迫离开商河之地继续向东迁徙至“营丘”（今淄博、潍坊一带），此后齐国灭莱后，把部分莱国移民西迁到齐国中部安置，也就是今之莱芜所在地。《水经注》所载“莱民播流此谷，邑落荒芜，故曰莱芜”。莱民也就是这部分莱夷的后代。

麦丘遗址附近的麦田至今仍然成方连片 （冯培刚 摄）

麦丘之名因何而取，已经了然于胸，随之而来麦丘邑之得名也就迎刃而解了。根据当地流传的说法，莱夷人在商河之地被迫东迁后，其所居邑落，称之麦丘邑。相比邑落荒芜而谓之莱芜，莱夷离开商河后，邑落不仅没有荒芜，反而因茫茫原野里的“雉雊麦苗秀”，而“丘中有麦”，以至“万姓欢呼麦丘坡”，其地称之麦丘邑也就自然而然了。

知道了麦丘邑的来历，进一步的就需要探寻“麦丘”今何在？查著名历史地理专家谭其骧主编的《中国历史地图集（东周）》（1982 年出版），“麦丘”二字标在今商河县城西偏北 10 多公里处。在清初顾祖禹《读史方舆纪要》、钱穆《史记地名考》以及历代《大清一统志》《山东通志》以及《商河县志》和商务印书馆《辞源》（1987 年修订本）中，均载明齐麦丘“在商河西北”。

麦丘遗址碑 （谢克芹 摄）

而根据原商河县志办主任姜国新先生考证，以有无古建筑废墟遗址、有无出土文物及有关传说为要点，对古城遗址西北向由近而远、扇面形、大面积进行查询，最终还是落定于《中国历史地图集》标示的方位上。这里离县城 19 余公里，周围最靠近的村庄也在 1.5 公里以外，1986 年尚有南北向残墙一堵，长百多米，南端顶宽约 5 米，向北逐渐变窄，最后成鱼脊形，高 3 米，上面有少许酸枣树及枯黄杂草，墙根西有一狭窄台基，高低宽 40 余米，土质板结，多瓦砾，间有稀疏片草，遗址总面积在 7000 平方米以上（因垦荒而逐年减少）。据老人回忆，旧时城墙高大，蓬蒿丛生，常有狐狸等野生动物出没，人迹罕至。此外，还有以下特征：一、有较完整的古城架构地块及名称，如西边的洼地俗呼为海子，北边的茅草地俗传为杀场，还有校场、跑马道、点将台等。二、中华人民共和国成立后发现多种出土文物，其中有东周时期的灰陶瓦当及陶豆残片（今藏县博物馆），2002 年，在其附近还挖掘出陶盆、石夯、石墨、瓷罐、铁狮及蓝砖。三、地貌复杂。有年长者回忆，1996 年 4 月，商河县人民政府公布了商河县第一批重点文物保护单位，麦丘邑故地被命名为古城遗址并立碑保护，此命名主要以麦丘邑故地附近有商河县怀仁镇古城村作为依据之一。此后，2013 年 10 月山东省人民政府公布山东省第四批文物保护单位，古城遗址仍在其列，并特别注明该遗址位于商河县怀仁镇、张坊乡（今张坊镇）境内。随便打开一幅商河县地图，其址恰在“商河西北”位置上。

周边有高低大小不等的土丘近 10 个；城东百多米处有与其平行的土岭一道，绵延几公里，最高处约 4 米，岭上有行人道；与长岭交叉或衔接的东西向土岭多达 5 道，最长的 1 公里，最高的 5 米。直到 1939 年、1970 年开挖商西河隅，其地貌才被改变。所有这些，均为确定麦丘邑准确位置提供了一定证据。

麦丘，在历史长河里闪耀着独特的光芒

麦邱名已古，封垠接犁邱。

入境麦苗茂，储材芃棫樕。

（清）季芝昌

上面这首诗原收录于［清 · 道光］《商河县志 · 艺文志》，原诗名为《和何学使麦邱书院题壁原韵》，作者是清代江苏江阴人，时任商河县学使。诗中“邱”是“丘”的异体字，“麦邱”即“麦丘”，“犁邱”即今之德州临邑县。“封垠接犁邱”意思是麦邱之地与犁邱相连接，今临邑县名来历中的“因临近麦丘邑而

称临邑”一说即源于此。当然临邑县名由来还有“临乐侯国之食邑”“临近漯河”等说法，仅就季芝昌诗句“封垠接犁邱”来看，由犁邱而至临邑，当然临麦丘邑而称临邑之说更易为麦丘之地的人接受。

除去历史地名方面这一美丽的传说，还有麦丘之地所发生的震古烁今的两个事件，注定让它为世人所铭记——这就是麦丘之祝与麦丘之战的故事。

先说“麦丘之祝”。麦丘之祝典出《晏子春秋》及西汉韩婴《韩诗外传 · 卷十》、汉代刘向《新序 · 杂事》，其中《新序 · 杂事（四）》记载如下——

桓公田，至于麦丘，见麦丘邑人，问之:“子何为也？”对曰:“麦丘邑人也。”公曰 :“年几何？”对曰 :“八十有三矣。”公曰 :“美哉寿乎！子其以子寿祝寡

新序校釋　　五七二

塞大陸，直轅，冥阨」。釋文皆云，「阨本作隘。」蓋阨卽隘之俗。隘與戹通，故阨戹亦通。《易·大畜》注「不憂險阨」，釋文本作戹，是其證也。（其他證據甚多，不具引。）困戹，窮也。必不驕矣。此卽居安思危之意。人勞則思，思則善心生，逸則淫，淫則忘善，忘善則惡心生。（見《魯語》。）唐明帝狃於開元之治，肆志宴樂，遂生天寶之亂。宋李沆謂王旦以四方災旱之說入告，以戢人主侈心之萌，意正如此。桓公旣知拜鮑叔之重，及其末年，管鮑繼殂，溺情內寵，啓五公子之禍，知及之，仁不能守之，惜哉。

18 桓公田至於麥丘，《韓詩外傳》十作「齊桓公逐白鹿，至麥丘之邦」，《晏子春秋·內篇諫上》作「景公遊于麥丘」，以爲景公事。《治要》引《晏子》，此篇在諫上，與今本異。閻若璩曰：「《新序》此事或以爲寓言，及讀酈注《水經·汶水》云，『萊蕪谷有平丘，面山傍水，土人悉以種麥』，云『此丘不宜殖稷黍，而宜麥，齊人相承以殖之，故謂麥丘。』乃知真有其地，則亦真有其人矣。而酈氏辨麥丘愚公谷在齊，不在魯，蓋志者之謬耳。余謂劉向旨言桓公田至於麥丘，今萊蕪縣正齊魯二國之境，彼桓氏好獵，雙瞰所指，不避險隘。況桓公伯主，越境而田，其孰禦之。遇此者乃必于此耕，泥矣。」（《四書釋地續》。）按，讀麥丘邑人與桓公問答之詞，其爲齊之邑人無疑，下文有封之以麥丘之語，尤可證。閻氏必欲強辯，何也。又此章文采自《外傳》，非中壘自記。《初學記》八、《太平寰宇記》十二引桓譚《新論》：「齊桓公行，見麥丘人，問其年幾何。對曰，八十三矣。公曰，以子壽祝寡人乎。對曰，使主君甚壽，金玉是賤，以人爲寶」等語，所引甚略。「麥」字，《初學記》作「麦」，形近而誤。見麥丘邑人，問之。《外傳》「至麥丘之邦」下有「遇人曰」三字。《御覽》七百三十六引《外傳》作「至海丘，見封人」。陳氏喬樅《韓詩遺說考》云：「邦人卽封人，封邦古字通用。」《御覽》引《外傳》亦作麥丘封人。（按

刘向《新序 · 杂事》所载“麦丘三祝”典故页面

人。”麦丘邑人曰：“祝主君，使主君万寿，金玉是贱，人为宝。”桓公曰：“善哉！至德不孤，善言必再，吾子其复之。”麦丘邑人曰：“祝主君，使主君无羞学，无下问，贤者在傍，谏者得入。”桓公曰：“善哉！至德不孤，善言必三，吾子其复之。”麦丘邑人曰：“祝主君，使主君无得罪群臣百姓。”桓公怫然作色曰：“吾闻之，子得罪于父，臣得罪于君，未尝闻君得罪于臣者也，此一言者，非夫二言者之匹也，子更之。”麦丘邑人坐拜而起曰：“此一言者，夫二言之长也，子得罪于父，可以因姑姊叔父而解之，父能赦之。臣得罪于君，可以因便辟左右而谢之，君能赦之。昔桀得罪于汤，纣得罪于武王，此则君之得罪于其臣者也。莫为谢，至今不赦。”公曰：“善，赖国家之福，社稷之灵，使寡人得吾子于此。”

麦丘三祝图　（许晓华 作）

扶而载之，自御以归，礼之于朝，封之以麦丘，而断政焉。

刘向《新序 · 杂事》里的这一记载，大致描述的故事是：春秋时期齐桓公打猎时追逐白鹿，一路来到齐国所属麦丘邑，偶遇当地年届83岁的老人，遂趾高气扬邀与之饮酒，并要求老人凭己身之高寿为其祝寿。麦丘老人捧杯在手从容而祝：一祝主君高寿，金玉是贱人为宝；二祝主君好学而不耻下问，亲近贤人并听从谏言；三祝主君不得罪于臣下和百姓。前两祝时，桓公尚安之若素，至三祝则忿然作色，要求老人更改祝词，老人即以夏桀、殷纣等君主得罪于臣下和百姓而未曾见谅的例子，来解释祝词的本意，桓公闻之，如梦中惊醒，立即亲自驾车请老人还朝，行封官之礼，让老人主政麦丘邑。

这就是麦丘之祝的故事，也称“麦丘三祝”，成为一个固定的成语而载入中国词语典籍。我们不妨再把眼光放远一点，九曲黄河，浩荡万里，穿越千古，激扬魂魄。上古时期尧舜禹时代至今4000年里，在黄河上游渭南的华州还出现过一个“华封三祝”的故事，故事内容与“麦丘三祝”异曲同工。

华州，古地名，大致范围相当于今陕西省渭南市的华州区及周边。封，古官名，掌管修筑王畿、封国、都邑四周疆界上的封土堆和树木。华封，即华州的封人,也就是守卫华州封疆之人。《庄子 · 外篇 · 天地》记载——尧观乎华，华封人曰:“嘻，圣人！请祝圣人，使圣人寿。”尧曰:“辞。”“使圣人富。”尧曰:“辞。”“使圣人多男子。”尧曰：“辞。”封人曰：“寿，富，多男子，人之所欲也。女独不欲，何邪？”尧曰:“多男子则多惧，富则多事，寿则多辱。是三者，非所以养德也，故辞。”封人曰：“始也我以女为圣人邪，今然君子也。天生万民，必授之职。多男子而授之职，则何惧之有？富而使人分之，则何事之有？夫圣人，鹑居而彀食，鸟行而无彰。天下有道，则与物皆昌；天下无道，则修德就闲。千岁厌世，去而上仙，乘彼白云，至于帝乡。三患莫至，身常无殃，则何辱之有？”封人去之，尧随之曰：“请问。”封人曰：“退已！”

《庄子》里记述的这一段故事，译为现代汉语大体意思就是：尧帝在华州巡游，守卫华州封疆的人对他说：“啊呀，我面前这位不是圣人吗，请让我为您这位圣人祝福吧。一祝上天让您这位圣人长寿。”尧帝说：“恳请你不必这样说。”华州封人就接着说：“那就二祝上天可以让您富有。”尧帝仍然谦称：“这也用不着吧。”华州封人于是说：“那我三祝上天能让您子孙繁多。”尧帝第三次谦虚回答说：“恳求你也不用这样说。”华州封人问他说：“长寿、富有、子孙繁多，都是人们所希望获得的，您为什么对此毫无贪念呢？”尧帝诚恳地回答说：“多子多孙多顾虑。富了事烦，不得清闲。高龄不死讨人嫌。这三点都不利于个人道德的完善，所以不敢，不敢。”华州封人闻言上前一步对尧帝说：“我一直以为您是真正的圣人，原来我看错了。您只是普通的君子罢了，唉，听我说吧。老天爷生下了万民百姓，不论他出身高低，总会给他一只饭碗可以活命。子孙有碗可端，哪儿劳驾您去顾虑。富了，就当作财产不是您个人所私有，正好分给贫民，那样不就清闲了？真正的圣人，想法和您的不一样。就比如鹌鹑不择居处，雏鸟不择口粮。圣人出游信步而行，根本不用官员迎来送往。社会生活一切正常，圣人身居高位，仍与大家携手共进。您所忧惧的那三点，真正的圣人却毫无计较。您说什么高龄讨人嫌，对圣人来说，此话荒唐！”华州封人说完这些话扭头便走。尧帝仿佛大梦初醒，急追上去，连说：“请退一步说话。”封人仍不回头，边走边说：“还是请您就此打道回府吧。”

这段尧帝与华州小吏的精彩对话，淋漓尽致地展现了上古时期朴素的人口观、财富观和长生观，并间接反映了社会治理中的民本思想萌芽。尧帝面对华州封人的诘问，伫立黄河岸边怅然若失的背影，大约 1800 年之后在黄河下游的古麦丘之地，俨然被另一位君主——春秋五霸之一的齐桓公再次定格，在此上演了前文所述“麦丘三祝”的大戏。

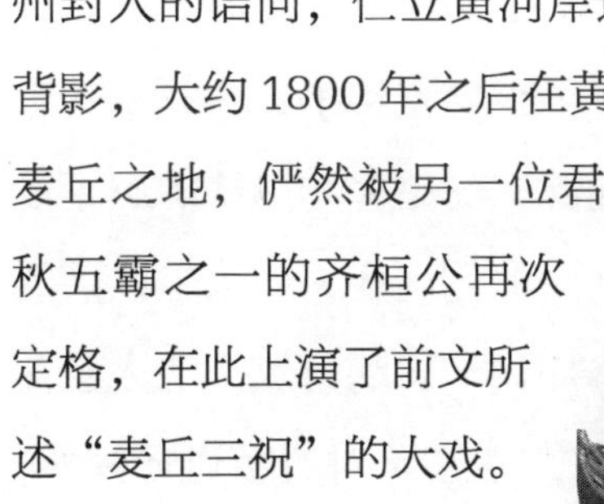

商中河畔三祝亭

同是黄河之滨，（尧）帝在黄河首，（齐桓）公在黄河尾，华封之人与麦丘邑人相隔 1800 年，近乎相同的剧本，却上演了不同的剧情，演绎了不同的结局。前者疾步去，后者载之归。华封三祝因清代郑板桥题画诗“写来三祝乃三竹，画出华封是两峰”而在中国历史上声名大噪，进而成为中国传统吉祥图案“福禄寿”寓意之出处。而麦丘三祝则因唐代初期任职沧州刺史的薛大鼎《许商河》一诗而为当地人所看重：“万姓欢呼麦丘坡……嘉名永锡许商河。”麦丘老人成为商河先民在历史典籍中最早出现的形象，其朴素的民本思想为丰富中华历史文化增姿添彩，值得商河人永远铭记，更值得在黄河文化这一时代大课题里浓墨重彩地挥洒。

再说“麦丘之战”。“纸上谈兵”大家耳熟能详，这几乎成了赵括夸夸其谈和连吃败仗的代名词。但约在 2300 年前发生在商河境内的麦丘之战，却让赵括一战成名，成为他为自己正名的经典之战而载入史册。根据《史记卷四十三 · 赵世家第十三》的记载，这次战役的过程大致如下：

公元前 280 年，赵惠文王命赵奢为将，攻取齐国麦丘。赵奢一到麦丘，就命令进攻。赵括认为，采用硬攻的方法，是很难在一个月内攻下麦丘的。从种种迹象来看，麦丘的粮食尽管还没有完全吃光，但肯定是不多了。赵括希望父亲先搞清楚情况，暂停进攻，避免硬攻造成不必要的损失。但一个月的时间太短了，赵奢没有听赵括的话，下令攻城。赵军死了不少人，也没有攻下麦丘。

经过认真调查后，赵括对赵奢说，麦丘守城者中有墨家弟子，对赵军的进攻很有防御办法，使赵军攻了几年都无功而返。而此次的赵军与以往的赵军没有什么不同，不比他们更善战，攻城的手段也并不比他们更多，如果像以前的赵军一样硬攻的话，必然也要付出像以前一样的惨痛代价。而且城中的人经常在晚上出来偷袭赵军，城外也有不少墨家游侠组成的游击队对赵军进行骚扰，如果继续这种情况的话，一个月的时间很快就会过去。赵奢于是讯问抓到的俘虏，向他们了解麦丘城中的情况，可是俘虏拒不开口。赵括大胆采用怀柔策略，每天给这些俘虏饭吃，对他们很客气，还给他们粮食让他们带回城中给家里人吃。于是，俘虏中有人悄悄地告诉赵括，城中的粮食不多且都被齐军控制。而百姓早已断粮，已经开始吃人了，但凭借齐军的高压政策，麦丘城仍可顽抗半个月时间。赵括因此大胆建议停止进攻，把俘虏全部放了回去。回去的俘虏都说这支赵军很客气，不仅没有折辱他们，还让他们吃饱，让他们带粮食回来。城里的百姓思想开始动摇，有的就想出来投降赵奢了。齐将见俘虏给城中带来了骚动，便将他们都关了起来，士兵和百姓对此都有怨言。赵奢趁机让围城的赵军用抛石机把粮食抛入城中，每天把粮食抛入城中后，就回营休息。这样过了几天，守城的齐军派代表把这些粮食送回来，对赵奢说赵军要战就来攻，不要再抛粮食了。赵奢让他回城里等着，却并不进攻，只是隔了几天才继续向城里抛粮食。这样又过了几天，守城的齐将派代表来与赵奢择日决战，但赵奢听从赵括的意见，拒绝与他见面。眼看麦丘城里开始出现饿死人的现象，守城的军民对齐军将领充满怨恨，麦丘百姓一拥而上杀了守城的齐军将领后打开城门投降。

赵军不战而胜，赵括的办法奏效了，赵奢暗暗佩服这个儿子比自己强。惠文王对赵奢能够不到一个月就攻下麦丘而且伤亡很少的事迹感到很好奇。赵奢就对他讲了这是赵括的办法，惠文王重赏了赵奢和赵括。此役表明，“纸上谈兵”对赵括的历史定论未免有失公允。

从更广泛意义上来说，麦丘之战的历史价值或许远远超出了撕破赵括“纸上谈兵”这一标签本身，它以一役之功揭示了全面、辩证认识事物，并得出正确结论的辩证唯物主义哲学魅力。

麦丘，在新时代背景下焕发新的生命活力

霜降时来野菊芳，路边树下散幽香。

随吟村曲麦丘韵，便把晴光书里藏。

——吕丙霄（当代）

麦丘之名，在商河本土典籍里最早见于清道光十五年（1835）龚廷煌所纂修《商河县志》，该志开篇《序言》第一句“商河，齐麦丘邑也。”在《卷首 ·

舆地全图》所附诗“纵横百里，古邑麦丘。高原下隰，一望平畴”，形象摹画了商河作为黄河冲积平原腹地的地貌特征。

清道光三年（1823）九月，由知县董锡龄劝建麦丘书院一所，并亲作《创建麦丘书院碑记》，表达“居为一乡之善，出为天下之良”的宏愿。此后，学使何凌汉创作《麦丘书院题壁》，知县董锡龄、学使季芝昌、邑令张楷分别依韵和诗，作《和何学使麦邱书院题壁原韵》《恭和前诗原韵》等，以歌颂文化气息浓厚的麦丘书院，表达对麦丘古邑的追思，寄托各自的人生理想与追求。

及至当代，就在2024年深秋时节的“霜降”日，商河县章草书法名家吕丙霄先生作如上《霜降》诗，以“随吟村曲麦丘韵”表达文艺工作者深扎新农村、建设新农村的热情与期待。而在地名延续上，商河县张坊镇在合村并居过程中，通过有机整合、科学规划，“麦丘邑新村”“麦丘邑一村”应运而生，地名符号里既沉淀着远古春秋的沧桑，更闪现着新时代的光彩。

商中河畔麦丘三祝文化墙

回过头来看，“麦丘之祝”与“麦丘之战”，一祝一战，一文一武，文武兼备，刚柔并济，宛若一幅商河鼓子秧歌踏乐起舞的生动画面。无边的旷野，欢快的节奏，飞扬的尘土，激昂的鼓点……每一个热情如火的动作，都展现出先民们无尽的活力和激情。

2020年6月7日，庚子年芒种第三天，商河县秧歌古村派出鼓子秧歌队到麦丘遗址公益演出，协助中央电视台《中国影像方志》节目组采拍镜头。铿锵的锣鼓激荡在麦丘原野上，雄壮的舞步翻飞在丰收的麦浪里。从铿锵锣鼓声里似乎听到莱夷人辗转迁徙到麦丘的脚步声，从雄壮舞步里似乎看到从麦丘之祝到麦丘之战的刚柔并济之美。

麦丘，千年古邑，在历史长河里涛声相依，奔腾不息。守望相助，薪火相传，是商河儿女取之不竭的精神财富，更是天南地北商河人的浓浓乡愁。

2020年6月，CCTV《中国影像方志》节目组在麦丘遗址采拍鼓子秧歌庆丰收镜头　(冯培刚 摄)

三、古滴河畔话商河

——从滴河到商河看商河县黄河故道的历史变迁

提起商河，就绕不开商河的河。

据统计，全国名字带河的县（不含市、区）共26个。其中商河县因县随河名、河县同名而独领风骚，更因黄河古道过境千年而威武刚健。本篇文字就沿着“黄河——滴河——商河——大沙河”这条轨迹说说商河的河。

简单来说，黄河故道（前602—1048）= 滴河 = 商河（始于公元前32年）= 大沙河，以下分别记述其详：

黄河，曾在商河大地过境1650年之久

先说说黄河之得名这一题外话，黄河名称在正史上的记载，到底从什么时候开始呢？

我国最古老的字书《说文解字》称黄河为“河”；最古老的地理书籍《山海经》称黄河为“河水”；《水经注》称黄河为“河水”“上河”；《汉书 · 西域传》中称黄河为“中国河”；《尚书》中称黄河为“九河”；成书于汉武帝征和年间（前92—前89）的《史记》称黄河为“大河”。

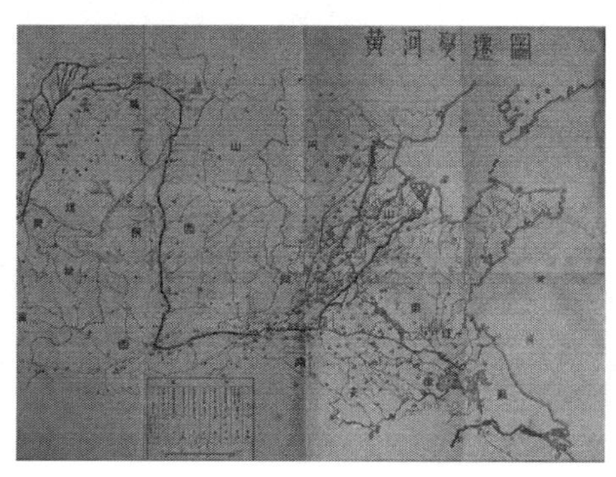

刘鄂黄河图有关商河位置图

综合以上，至西汉时未见“黄河”一词。随着黄河中含沙量在汉代的增加，直到东汉时期才开始有“黄河”之名的记载。

即班固《汉书 · 地理志》的“常山郡 · 元氏县”释义:“沮水首受中丘西山穷泉谷，东至堂阳入黄河。”这是“黄河”二字首次见于历史记载。北魏学者郦道元名著《水经注》中“黄河”与“河水”两词交替使用，但“河水”使用频率更高。直到唐代，“黄河”一词占据主导地位，“河”作为河流的通称。李白“君不见黄河之水天上来，奔流到海不复回”和王之涣“白日依山尽，黄河入海流”，至今妇孺皆知。

了解到黄河得名由来，对于加深理解黄河“善决、善淤、善徙”的特性并进一步理解本文开头的三个等号就容易多了。据统计，从公元前 23 世纪到公元 19 世纪末四千余年间，黄河下游共发生过 1500 余次决口，先后 26 次改道。《尚书 · 禹贡》中所记载的改道是有文字记载以来的最早黄河改道。南宋建炎二年（1128），宋高宗为阻止金兵南下，在河南滑县西南决河，黄河入泗水进入淮河“夺淮入海”。之后 700 多年间，黄河的流向都在江淮及鲁南地区。1855 年，黄河在河南兰考决口后，夺山东大清河入渤海，这也就是现阶段流经济南的黄河。

黄河下游河道变迁图

关于县境内古黄河变迁，地方旧志记载："自周定王五年至宋庆历八年，河流可考者，凡千六百四十余年而行县境。"其中的"河流"，说的就是黄河。认真测算的话，也就是自公元前 602 年，黄河在宿胥口首次改道东行入川。直到公元 1048 年，黄河在濮阳东商胡埽决口，改道北流，黄河在商河县或漫溢过境或直接作为主河道过境，长达 1650 年之久。中国近代史上的"通才"刘鄂，即清代《老残游记》的作者，在其所著《历代黄河变迁图考》"第六卷"中显示，公元 69 年汉明帝时期修筑黄河大堤时的黄河路线图，商河县赫然位列其中。

滳河、商河，在黄河怀抱里奔流

先说滳河，即今之土马河。

清道光《商河县志》记载："小支河在城南二十里，土河之支流，自济阳温家桥入县境，行一百一十里至瞻圣桥入惠民界，通志作商河，即古滳河误。"根据梁金中《徒骇河的演变》一文考证："位于沙河、徒骇河之间的土马河，原由汉代商河支流沙流沟所演变。在商河因行黄淤沙转名沙河之后，它却自宋元以来袭用过商河名称。至明世宗嘉靖二十四年（1545）佥事王煜曾将沙河口以东的土马河加以疏浚，民蒙其利取名为惠民沟，惠民县的由来即导源于此。土马河既有土河之名，又曾为徒骇河干流所沿行。"

以上说明，土马河原名沙流沟，后沿袭商河名称，一直演变到现在的土马河。

再说商河，即古滳河。

商河作为河流名称，距今已有 2057 年之久。即"商河"之名始于公元前 32 年。其直接证据是汉成帝时桑钦所著《水经》所记载"商河"之名，在此之前，没有"商河"这一名称的记载。

讲清商河的来历，得从屯氏河、屯氏别河讲起。据《成语"屯毛不辨"中的屯氏河与毛州》（作者 郜思凡）一文，汉武帝元封二年（前 109），黄河在馆陶决口，冲出一条新河叫屯氏河，此后屯氏河与黄河以同等流量，两支并行向东北流去。屯氏河于馆陶北又分为两股，一股流向西北被称之为屯氏别河，它是屯氏河的支流；屯氏河的主流则向东北由临清入今运河。

知道屯氏别河是怎么回事后，再回到《水经注》的记载，其原文是："屯氏别河北渎又东北，径重平县故城南。屯氏别河北渎又东，入阳信县，今无水。又东，为咸河。东北流，径阳信县故城北。屯氏别河南渎自平原东，绝大河故渎，又径平原县故城北。东北，枝津右出。东北，至安德县界，东会商河。屯氏别河南渎又东北，于平原界，又有枝渠右出，至安德县遂绝。"由这段文字可知，屯氏别河分为南北二渎，商河为其北渎之河流。更由此可以知悉，商河可溯追至黄河馆陶（今山东冠县境内）段。

重平县，西汉置县，治所在今山东省陵县东北；

阳信县，西汉置县，因地处信水（今钩盘河）之阳而得名。治所在今山东省无棣县北十七里信阳乡；

平原县，秦置平原县，属济北郡。治所在今山东省平原县西南二十五里张官店。西汉属平原郡，为郡治。东汉为平原国治。北齐时徙治今县址，沿袭至今。

安德县，治所在今平原王凤楼镇马腰务村；

平昌县，治所在今陵城区糜镇；

般县，治所在今乐陵市郑店乡盘城孟村；

乐陵县，治所在今乐陵市花园镇大顾村；（以上地名现均属德州）

通过以上地名的古今对照，再比对《水经注》标注的商河流经路线，我们可以清晰地找出商河在这时期的轨迹，通过实地勘察，一条断断续续、时隐时现但河形尚存的古河就跃然眼前了。其中在进入商河一段，经清乾隆时期和新世纪以来 2005 年前后先后两次大型疏浚，至今仍碧波荡漾，不过，现改名为沙河。

进一步来说，商河（今大沙河）与黄河本为一河，在临邑和商河边界才分为两河，但在历史上，两河又互为主次，即，有时候商河水流反而大于黄河水流，故而商河也指黄河。自宋初太祖至真宗几十年间，这一带黄河就已经多次决口，在该历史时期，黄河在流经今商河县城南时，出现了新的分支，由于是自然决口形成，初始并无堤堰，水面宽阔，因此名为宽河。唐宋时期，商河与黄河互为主次前边已经提过，值得注意的是，《元和郡县图志》把商河载入河北道，属棣州，而新旧两《唐书》则把商河载入河南道，属棣州。可见，黄河与商河在唐宋时期的主次是模糊的。既然两河界限模糊，古人便认为新的河道是黄河（即商河）的南移，即“河日南徙”。宽河经今商河城东进入惠民县境后再次与流经枋县故城南的商河汇流。

而滳河与商河，作为黄河改道的产物，俨然是从少年到成年的同一身份、不同区域的两个名字。在此意义上，可以直观理解，商河是东汉至北宋时期黄河下游主要分支之一，并在一定区域内曾与黄河同流而异名。西汉著名经学家、长安人许商在境内治理黄河水患，民念其功，“托名于河，以寄其思”，自此许商所治理过的这条河谓之许商河。隋代重置县时名为“滳河县”，至宋元祐元年（1086）滳河县改为商河县，沿用至今。

据商河县殷巷镇大王集村《王氏族谱》载康熙年间王再雪的谥文里有“先生，讳再雪，字新又，济南许商人也”，说明直到清代康熙年间，“许商”作为地名无疑。

沙河流翠大沙河

沙河是古黄河流经多年的故道，也是商河故道，曾先后长称马颊河、笃马河。明清商河古八景之一分别列为“马颊晴沙”“笃马晴沙”。至宋代才正式称为沙河。

明《商河县志》载，马颊河，在城北三十里，即禹贡九河之一。清道光《商

沉睡的千年大沙河（摄于 1999 年）

河县志 · 舆地志》载，笃马河，即沙河，在城北二十里，旧志作马颊河，即禹贡九河之一。

《商河县水利志》（1991 年 12 月出版）在“沙河”条目下有如下记述：沙河，是古黄河流经多年的故道。旧志载“笃马河即沙河，屯氏别河南渎，东出为笃马，从德平入县境，经沙河镇者是也”，并有“笃马晴沙”古景之说，说明沙河古称过笃马河。旧志在此注释中提到，“商河故道经枋县城南”，与现在沙河的走向是吻合的，说明西汉时期称过商河，而后因行黄淤沙转名沙河，也可以说沙河原系商河故道，因行黄淤沙而转名。另据旧志所记载，黄河自周定王五年（前 602）至宋庆历八年（1048）流经县境先后断续 1650 多年，使原有河道成为沙河。

需要指出的是，宋代黄河分北流和东流。其东流在平原合笃马河，流向东北入海，直到明万历初午（1573），黄河南下泗、淮，这 500 余年间黄河在马颊河、徒骇河、北清河一带滚动，河道极为混乱，经常数道平行，彼此迭为主次，断续流经商河县境，其仍然沿袭的是沙河一线。

大沙河河畔自由自在的羊群 （芮凤美 摄）

沙河在历史上还称过马颊河，据考证，现在的马颊河是由秦汉黄河故道演变而来。唐朝武则天久视年间（700），黄河水患频繁，为了缓解洪涝水患，即利用西汉黄河故道，沿屯氏别河北渎，下游袭鬲津河道，疏通了一条规模很大的排水河道，河道以禹疏九河中的“马颊河”命名，即所谓“唐开马颊河”。

当时马颊河有一条支流，即古笃马河，大体也就是现在的沙河走向，因此把沙河称笃马河或马颊河，都是有根据的。

简单梳理以上内容可知，大沙河即沙河，旧称滳河，是古黄河流经多年的故道。历史上也称马颊河、笃马河，并有“马颊晴沙”“笃马晴沙”古景之说，至西汉时期为纪念许商治水，改滳为商，称商河（许商河）。唐朝武则天久视年间（700），曾利用西汉黄河故道疏通“马颊河”，因当时马颊河有一段支流即是古笃马河，因此，唐朝亦有“马颊河”之称，时任沧州刺史的薛大鼎曾为此赋诗“犹恐甘棠遭败剪，嘉名永锡许商河”，以诗述怀，表达对许商河（商河）

易名马颊河的忧虑。至宋代以后，因行黄淤沙而转名沙河。清乾隆三十二年（1767）曾做过河道淤塞情况勘查，当时即已经多处被泥沙、垤道淤塞，并进行了疏浚治理。又经过200多年淤积，至二十世纪八九十年代，大部分河道仅留河形，除沙河镇以外，多数河段成为枯河，至1990年，商东河以西全部废弃，唯商东河至惠民县界段8.4千米可排灌。其进入惠民县界后，与土马河汇流入徒骇河。

今之沙河俗称大沙河，位于商河县北部，流经怀仁、殷巷、沙河、龙桑寺4个乡镇，连通临商河、商中河、改碱河、商东河4条骨干河道，县境内

治理后的大沙河全景

长 40.28 千米，流域面积 292 平方千米。商河县委、县政府于 2001 年 9 月至 2007 年 8 月，进行沙河故道调蓄水库工程建设，大沙河在商河县境内全线贯通。工程共分 6 期建设，工程经除沙清淤后，水面宽 100 余米，平均水深 3 米，

清澈碧透，沙洲叠翠。2011 年，在商河“新八景”评选中，大沙河以“沙水流翠”入选。2020 年，商河县对大沙河再次疏浚，古老的滳河，在商河大地焕发出新的生机与活力。

省级大沙河湿地公园一角 （刘志海 摄）

四、盈盈清渠绕城郭

——商河县城迁徙史考略

水是生命之源，人类自古以来就有“逐水草而居”的习惯，除了提供赖以生存的水资源外，河流在古代还有天然防卫的功能，基于这些原因，人类进行城市建设的时候多会“依河而建城”。但作为“以河名县”的商河县来说，自汉至宋，1000 多年来，县城自东向西，两徙县治，其主要原因却是为有效避免黄河水患，直到中华人民共和国成立后特别是随着近年来园林生态城市建设的发展，“依河而建城”的规律才真正得以完美体现。有了前面《滴河，商河》一文对商河县几条主要古代河道的认识基础，理解本文讲述商河县城的迁徙史就相对容易多了。

朸，还是扐？——商河第一座县城在商河东北“朸乡城”诞生

《汉书》《广韵》《汉语大辞典》等相关记载表明：朸，古县名，西汉置，属平原郡，约在今山东省商河县东北。西汉之前，商河未有置县的记载，这说明，朸县曾为商河县最早的县置。

根据《水经注》原文关于汉代商河走向的记载，并求索查证郦道元北魏时期及此前等各种古地名资料，尤其所提到的“般县故城”东南六十里有朸乡城，即朸县故城，而当时商河正是流经棘城村北二里的汉之钩盘河。另据《汉语大辞典》的释义，“朸，荆棘也”，可基本推断棘城为朸县故城。

当地还有一个关于朸县即扐县的说法，到底是“朸”还是“扐”呢？有必要再回到辞典旧籍故纸堆里层层抽茧条分缕析，综合前文《济南史志》21 期相关文章里的考证来看：

朸——《辞海》:“棱角。《诗 · 小雅 · 斯干》‘如矢斯棘’陆德明释文‘棘’，《韩诗》作朸，朸，隅也。”《康熙字典》:“又《类篇》屋隅也。《诗大雅》如矢斯棘。《韩诗》作斯朸。又县名，《前汉地理志》属平原郡。”

扐——《辞海》:“汉代地名，字亦作‘朸’。《汉书 · 高五王传》: 济南王辟光以扐侯立。”《康熙字典》:“又县名。济南王辟光以扐侯立。《注》扐音勒，平原县也。《史记索引》音力。按《说文》作朸，别见木部。”

从《说文解字》来看，朸：“平原有朸县。卢则切。”但《说文解字》“扐”字条下并未释此字为地名。再查《史记》并《汉书》原文，二字多处互见。这些史籍成书均远在印刷术出现之前，由此推之，书籍由汉简或帛书的方式传抄流传，二字字形相近，音亦互训，两字通假或讹传不足为奇。但也由此发现，《说文解字》的作者许慎为东汉时人，去朸县之兴废未远，对“朸”释为县名而“扐”字条下不注，是正确的。进而论之，古人皆以名词或形容词用为地名，动词用为地名者，极为鲜见，“扐”是一例，木旁讹为提手而已。另外，如果这一观点没有错的话，扬州之“扬”，也当属于该情况。（本书注：关于到底是扬州还是杨州，清代著名语言学家王念孙对此已经做过严密考证，结论是“扬州”本也写作“杨州”。）

彦章还是淹商？——商河第二座县城诞生地孙集镇古城村的历史迷雾

朸县于东汉废治，其后长期未有设县记录。随之而来的隋开皇十六年（596）始置滴河县。县志记载“于朸县故城置滴河县”，这说明隋代滴河县的县城在今沙河镇棘城村。今之商河县城与沙河镇棘城相去甚远，这显然不是隋代滴河县的县城所在地，说明商河县城在历史上有迁徙的现象。如果把棘城作为第一座县城诞生地的话，那么今之商河县城是否为必然的第二座县城诞生地呢？

仍然回到《济南史志》21 期相关文章的论证，根据明清《商河县志》记载，问题并不这样简单。明清县志“古迹”部分“陵墓”条均有“王彦章城”的记载：

“王彦章墓，在城东二十里。旁有城，相传彦章所筑。”但接下来，又根据正史予以反驳，得出结果“商河无彦章墓明矣”，但面对王彦章城这样的客观存在又无法解释，只得臆测为“城为彦章所筑，以居子孙，而墓所葬或其衣冠欤？”

所谓“王彦章城”即今商河县孙集镇古城村。五代后梁行营招使王彦章生平与商河无涉，唐之后的全国性地理著作中又未提及商河县有此古迹，明此，则知王彦章城应为讹传。彦，音近淹，而“章”与“商”在古汉语里是可以互训的。彦章城，最初应是“淹商城”，后讹为“淹章城”“彦章城”。至此，则顺理成“章”，既然是彦章城，其为王彦章的城的可能性最大。此虽近于臆测，但也并非孤例。《水经注》于商河下注曰：“商河首受河水……又北，重源潜发，亦曰小漳河，商、漳声相近，故字与读移耳。”由此可大胆推断，商河可以讹为“小漳河”，则“王彦章城”也完全可以是“淹商城”之所讹。《水经注》类似情况并不鲜见，如卷二十一，贾复城讹为寡妇城即是。又，清县志《漯水考》，古漯水后改称土河，又讹为“徒骇”，附会了禹贡九河之一。但正之以史，则知其说大谬。虽然许多传说不足凭信，但由传说来寻找蛛丝马迹，则可考史所未载及，彦章城即是。

商河县第一次县城迁徙即自枋县故城徙至所谓王彦章城，也就是第二座县城诞生地基本可确定为今之孙集镇古城村，只是准确的迁徙时间不敢妄下结论。

“河决商胡”“河决商河”？——商河第三座县城诞生至今“决绝”落定

商河县城第二次迁徙，也就是商河第三座县城的诞生，见于清道光十五年（1835）《商河县志》“宦绩”条：“韩质，仁宗朝河北转运使，河决商河，质议开魏（按，此处原文疑有舛错），修金堤，支河为两，以洩（按，意为泄）水势。行其策，河患遂绝。”另外，华亭张祥河在该县志《序》中说：“商河之名，至宋始著……宋仁宗庆历（1041—1048）中，河日南趋，始易故县”，明确了这次徙治情况。

但查宋代相关史料，并无韩质任河北转运使之事。而庆历年间亦无“河决商河”的记载，只有庆历八年（1048）“河决商胡”之事，那么，“河决商河”

是否就是“河决商胡”之误呢？

考《宋史 · 河渠志》知，建隆元年（960），“十月，棣州河决，坏厌次、商河二县民庐舍、田畴。又决临邑公乘渡口，坏（临邑）城。”太平兴国七年（982），“六月，河决临邑县。”大中祥符四年（1011），“九月，棣州河决聂家口。”

可见，自宋初太祖至真宗几十年间，这一带黄河就已经多次决口，只不过时间比宋仁宗庆历年间提前而已。商河县位于厌次（今惠民县）与临邑之间，无论哪一边决口，商河都沦为泽国。另据《读史方舆纪要》卷一百二十五：“（黄河）又东北经商河县北，武定州南。此昔时大河所经也。唐长寿二年，河溢棣州时坏居民二千余家。又开元十年，棣州河决。太和二年，河决，坏棣州城。宋祥符四年，河决棣州聂家口，在今武定州西南三十里，旧州城之西南。五年，又决于州东南李氏湾……乃议徙州治于阳信之八方寺。六年，徙州治而北，以避河患。”受河决影响，棣州迁于阳信八方寺，即今惠民，临邑自漯阴故城迁于今址，这在历史上是明确的，但其时无商河徙治的只言片语。

所谓“河决商河”虽史无明证，但在该历史时期，黄河在流经今商河县城南时，的的确确出现了新的分支，由于是自然决口形成，初始并无堤堰，水面宽阔，因此名为宽河。宽河经今商河城东进入惠民县境后再次与流经枋县故城南的商河汇流。宋时于该河岸置宽河镇（今商河县龙桑寺镇宽河村附近宽河遗址），见于《太平寰宇记》。其最终结果是，当时受黄河决口冲决的商河县城，即“王彦章城”已被水毁坏，因此西徙二十里，于宽河北岸高地另筑新城，即今商河县城。

至此，由上述资料可以推断如下：

第一座商河县城，是西汉枋县的县城，即今沙河镇棘城，后来隋代置滳河县，仍沿用枋县故城（今棘城）。

第二座商河县城，是唐初滳河县徙治于枋县故城西南之“王彦章城”，即今之孙集镇古城。

第三座商河县城，是宋初因黄河决口，滳河县之“滳”因避水患去掉“氵”旁而成“商”，县城迁徙现址至今。

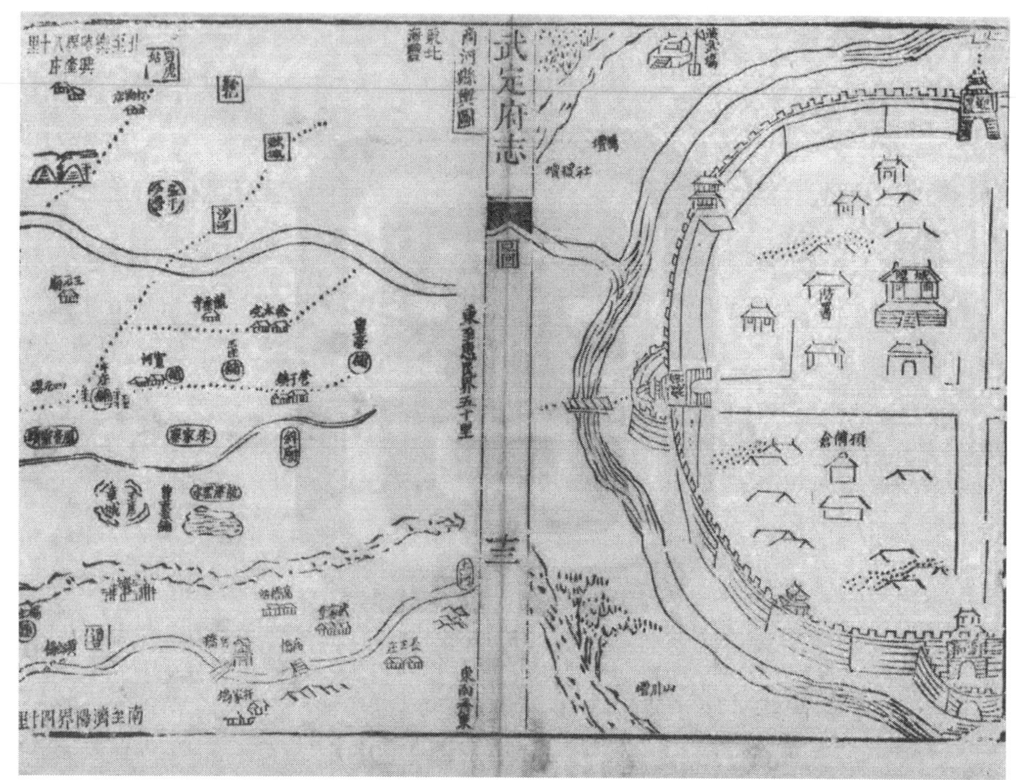

《武定府志》所载宽河位置示意图

当然，商河县城最后一次迁徙地位于黄河刚刚决口所形成的宽河以北三里处,因和《太平寰宇记》中“以县南商河为名”的记述巧合,这样,部分惯走“近路”的后人面对“滴河，在县北十五里”的论述时多不加详察，轻易断定宽河就是《水经注》里的商河，便又衍生出今商河县就是朸县故城的讹传。更进一步以“朸城”是今商河县沙河镇棘城村，而臆断本为讹误的“扐城”为今之县城，以致谬误流传，引为一憾。

值得欣慰的是，中华人民共和国成立后，“河决商河”抑或“河决商胡”已然成为过去式。古老的商河“河决”已绝，清渠如带绕城郭，蜿蜒灵动，生机盎然，成为商河人民的母亲河。

（本文相关内容参考《济南史志》2016年总第21期《商河县两次徙治考略》，谨向作者表示感谢。）

五、沧海桑田看城建

——商河县城的历史变迁

商河县自西汉置县，先后两徙县城：一是唐初滴河县由西汉朸县故城（今沙河镇棘城）徙治于朸县故城西南之“王彦章城”（今之孙集镇古城）；二是宋初滴河县因避水患，徙治于今之商河县城处，去“滴”之“氵”而成“商”，县名及城址沿用至今。

尽管，今之商河县城离最近一次迁徙空间距离相去 20 里之遥，时间距离近千年之久，但 1400 年前商河县城的些许痕迹，仍然穿越时空的阻隔，以有形的遗迹或无形的地名，印证沧桑岁月的痕迹。

仅举地名之数例，唐初滴河县城于今孙集古城初建“王彦章城”时，根据明万历《商河县志》记载:“唐武德中筑中城，周围三里，辟以四门，垒以砖瓦，上各建楼，东曰明晖，西曰镇远，南曰承德，北曰拱辰。”读及此，无须赘言，今商河县城东西主干道之一的“明辉路”渊源所在就都不言而喻了；再比如，今商河一中东邻数百米南北向的福胜北街之命名，即取之于邻近东汉时期所肇建曾被誉为“山东第二寺”之称的福胜寺；另外，今商河县城弘德街与田园路交叉路口东邻路北今有古槐一株,数年前曾于树下立有石质碑刻“古凤凰台”(今已移至商中河西滨河景观带内)，其得名源于《通志》所载：“凤凰台，在县东南三里。相传昔有凤仪于此。”今水木清华小区所在地，数年前即东三里村址，可见，所谓“东三里”村之得名，与凰台如出一辙。

自唐初至明清，商河县城大体经历了由土城至砖城、由内城到外城的从质地到空间的发展变化。

内城修建

自明代成化二年（1466）至民国十六年（1927）460 余年间，商河县城内城经历了大大小小五次修建。

商河县内城老城墙遗址（局部）

成化二年（1466），知县冠源撤除旧城而重新修筑，高二丈（约相当于现在 6.66 米），厚一丈五尺（约相当于现在的 5 米），大小为周围三里五十步。弘治十三年（1500），知县徐朝元对内城进行了重修。至万历九年(1581)，知县王郇再次申请重修内城，开始以砖筑城；清代乾隆五十九年（1794），知县章玉辂重修县城，周围五百三十五丈九尺五寸，墙高一丈八尺（约相当于现在的 5.76 米），顶宽一丈二尺（约相当于现在的 3.84 米），底宽二丈（约相当于现在的 6.66 米）；水簸箕二十六道；排墙四堵，砖十层，垛墙三百六十堵，海漫一层，炮台四座，檐均高一丈八尺，城门八扇，俱铁叶包钉，马道门四座，东门改曰迎晖、南门改曰延薰，西门改曰聚宝，北门改曰拱北。

需要特别指出的是，2023 年 9 月，商河县政府办公楼后施工中曾挖出一通石碑，系乾隆五十七年（1792）知县章玉辂所亲书“聚宝”，正与 1794 年重修商河县城时西门名字相合，说明章知县对西门易名是经过深思熟虑的。

民国十六年（1927），县城内城东门楼近于倾圮，城墙也已残缺不全，呈断壁残垣之凄凉状，借重修外城之机，县长温钟洛委托路雪堂督办一并进行修补，重修了内城东门楼和东门至北门、西门至

清乾隆五十七年（1792）商河县知县章玉辂所书“聚宝”石刻

南门两段城墙，较前大为完善坚固。直到 20 世纪 80 年代末，商河县人民政府北院墙、人民武装部西院墙还有数段残墙裸露，成为儿童嬉戏的地方。

外城修建

自明正德六年（1511）至民国二十五年（1936）425 年间，商河县城外城，先后经历七次修建。

正德六年，知县陈旼创建外城，周围九里，高二丈二尺（约相当于现在的 7.326 米），阔一丈四尺（约相当于现在的 4.6 米）。嘉靖二年（1523），知县柯相重修城垣，各设楼橹四门，东曰育物，南曰来薰，西曰阜民，北曰镇武。万历六年（1578），知县朱希召于内城外取土修筑外城，周围掘民田各五六尺，逾年坍塌近半。万历十二年（1584），知县曾一侗修葺外城，使之坚固。崇祯四年（1631），因兵变外城被攻陷，城堡垛口倾圮大半，知县邢体元、顾文光相继重修。崇祯八年（1635），知县原毓宗添外四门堑板，砌以砖石，护以铁叶，上覆重檐，外城变得伟丽可观。崇祯十一年（1638），知县贾前席因兵变而专守内城，放弃外城，外城被攻陷，堑板全部焚毁。崇祯十四年（1641），土贼吴魁阳起兵攻临外城，署县事、历城县县丞周明又弃外城，外城被攻破废弃。

民国十六年（1927），县长温钟洛重修外城，委托商河知名人士路雪堂负责修城，县城周围二十里以内村庄百姓出工修墙，二十里以外村庄百姓捐款修门，这次重修沿外城旧基周围九里，高一丈六尺，墙基阔二丈，顶阔一丈二尺，因四门两旁取土较难，阔减二尺，女墙高三尺，垛口高一尺五寸；修筑五座炮台，四座门楼，各沿用旧名。自四月初动工，于九月竣工，历经半年时间。这次修建，成为中华人民共和国成立前商河县城最后一次修建。1949 年 10 月前，以县城老十字街为中心的内城墙所及范围仍未实质突破内城“周围三里”的规模。新中国成立初期，商河县城基础设施十分落后，综合服务功能极不完善。

至 1975 年 7 月，商河县建设行政主管部门设立后，县城建设工作逐步走上正轨。在历届县委、县政府坚强领导下，全县干部群众奋力突破县城，古老的千年麦丘邑，正以“温泉生态城”的崭新面貌展现在世人面前。

六、魅力商河黄河魂

——商河县地域文化特征综述

黄河作为中华民族的“母亲河”，是中华文明最主要的发源地之一。商河县地处黄河下游冲积平原，特殊的自然环境、人文环境和历史发展路径决定着商河县地域总体文化特征的黄河文化属性。要全面深入理解商河县地域文化特征，必须从黄河文化这一根脉出发。

商河县，一个底蕴丰厚的千年古县；商河人，一个风骨巍然的精诚群体。质朴厚重的齐鲁文化与慷慨奔放的黄河文化赋予了商河人勤劳朴实而又豪情奔放的文化品格、拼搏进取而又勇于创新的精神内涵，体现了商河县独特的地域文化特征。

勤劳朴实的农耕文化

历史上，商河县作为黄河过境地长达 1600 多年。黄河泥沙的冲刷淤积形成了商河县 72 洼地与平原交错分布的地貌特征，也成为这方土地上的人民赖以生存的特定自然环境。

几分耕耘，几分收获。作为农耕历史文化的积累方式，产生于古老的农耕时期的岁节时令风俗、年节文化习俗、“庆丰收”的鼓子秧歌等都具有丰富的文化内涵，很好地保留了商河县古代农业社会的优秀文化传统，其在长期的流传过程中所形成的独特的农耕文化内涵，不仅打上了浓厚的农耕文化的印记，而且体现了强大的文化凝聚力。

一方水土养一方人，“麦丘邑人”“鼓子秧歌”成为商河先民标志性的文化符号。这两个符号，一个出现于“青青麦苗秀”的麦丘原野，一个出现于“万姓欢呼”庆丰收之际的“麦丘坡”。两个符号，一个意象，那就是勤劳朴实，这也正是商河县农耕文化的精华所在。

自强不息的黄河文化

黄河文化是中华文明的重要组成部分，是中华民族的根和魂。在长期的历史沉淀中，黄河文化呈现出自强不息的精神气质，这也成为商河县地域文化的标志性符号。这可以从四个方面进行解读：

从历史传承看，商河人民在历史长河中展现了坚韧不拔的精神。从古代的许商治水，到现当代的红色记忆，特别是山东渤海军区教导旅“商河团”的英雄事迹，无不体现着商河人民始终坚守信仰、勇于抗争的精神品质。

从经济发展看，中华人民共和国成立后，商河县经历了翻天覆地的变革，经济总量实现了跨越式增长，从 1949 年的 0.61 亿元增长到 2024 年的 288.13 亿元，实现了日新月异的发展。

从文化创新看，商河人民在传承鼓子秧歌等千年文化的基础上，不断创新，创新性地打造了“千年麦丘邑 鼓乡温泉城”新名片，展现了商河人民的智慧和创造力。

从生态保护看，商河人民认真践行“两山”（绿水青山就是金山银山）理念，致力于生态建设，先后成功创建国家级生态县、国家级生态示范县，展现出商河人民对美好生活的无限向往和不懈追求。

包容向善的齐鲁文化

商河县民俗文化中所包含的鼓子秧歌和花鞭鼓舞等国家级非物质文化遗产，都是齐鲁文化在商河地域的具体表现。鼓子秧歌源于秦汉，成形于唐宋、兴盛于明清、繁荣于今，是民间为庆丰收而形成的载歌载舞的艺术形式。花鞭鼓舞则是旧社会穷艺人乞讨卖艺的工具，后来在当地艺人中传承下来。鼓子秧歌角色众多，既有分工、更有协作，角色之间互相包容是秧歌表演的基本前提。

而花鞭鼓舞之所以能在商河落地生根，更是体现了当地人对多样化艺术的包容。特别是作为元明时期大量移民迁居地的商河，不同文化背景的移民汇聚一起，自然而然形成相互包容、胸怀宽广特色明显的齐鲁文化。

历史上，商河县留下许多诸如“老姜背老婆”等带有善有善报意味的民间传说、民间故事。近年来，“蜘蛛侠”“破冰救人”等商河好人好事不断涌现，形成《感动商河》电视栏目震撼人心的“感动商河”人物群体，这一群体充分体现出商河县人民包容向善的集体道德禀性，折射出浓厚的包容向善的齐鲁文化。

悠久的历史遗存，厚重的文化底蕴，是商河生生不息的文化脉络，更是商河弥足珍贵的文化资源和未来发展的雄厚基础。

第二编　大事纵览

周赧王姬延三十五年（前 280）

赵奢率兵攻占齐国麦丘邑（含今之商河县域）。

汉鸿嘉四年（前 17）

河堤都尉许商凿商河通海。

隋开皇十六年（596）

始置滳河县，属棣州（后属渤海郡）。

唐武德四年（621）

始筑县城内城，周围 1.5 公里，辟东、西、南、北 4 门。

宋元祐元年（1086）

改滳河县为商河县，置县令。

明成化四年（1468）

福胜寺首座泽智及徒弟募缘精铜 4000 余斤，铸造大士文佛。

明万历十五年（1587）

知县曾一侗纂修《商河县志》成书，这是商河县历史上首部县志。

清道光三年（1823）

在内城北门里建麦丘书院（1892 年停办）。

清光绪二十八年（1902）

在麦丘书院旧址建高等小学堂，后移至考棚（今实验小学）。

清光绪三十年（1904）

县城设邮政代办处。

清光绪三十二年（1906）

设劝学所（民国十三年改为教育局）。建初等小学堂（民国十一年改为小学）。

清宣统三年（1911）

城西北王新村王立礼、王立义弟兄在北京表演花鞭鼓，被召进宫，溥仪帝赐黄龙绳一缕。

1912年

武定府撤，商河县改属岱北道（1914年改属济南道，1925年又改属武定道）。

1921年

中国华洋义赈会创修禹惠汽车路，走向基本与今之国道340线过境商河段相吻合。

1928年

7月3日　国民党军方委任张性为商河县长，改悬青天白日旗。

是年　撤道，商河县直属山东省政府。县城始建电话所。

1929年

11月　县成立以建筑业为主的总工会。

1931年

5月4日　国民党省政府主席韩复榘来县。

1932年

县政府增设财政、建设、教育三局，建设局在城内建平民工厂，商河县始有缝纫机。

1935年

省政府第五辅导区来商放映无声电影。建商乐公路。

1937年

3月 龙桑寺乡农学校教务主任丁润生由鲁北特委宣传部部长赵明新介绍加入中国共产党，丁润生介绍本县人李逸民、李益亭等人党。

8月 商河县第一个中共支部和县委建立，丁润生为书记。

1942年

秋 伪政府在关帝庙建初级师范;伪商河警备队长田敬堂建“敬仁中学”(旧址在今商河一中)。

1944年

春 伪警备司令部安装柴油发电机组一台，用于“城防”与照明，商河县境内始有电灯。

1945年

9月26日 渤海军区杨国夫司令员率军民解放商河城，歼敌万余。

1946年

10月 中共商河县委在八区王寨村搞土地制度改革试点。

是年 全县2000余名青年参加解放军。

1947 年

上半年 全县 3500 多人参加解放军,并出动 2000 多民工,1000 多辆大车,支援解放战争。

夏 县人民政府派人在沙河筹建推进社（1948 年迁入城内，1950 年改称供销合作社）。

1948 年

11 月 县党政机关进城办公。

1949 年

2 月 全县 3775 名青壮年报名参加解放军，超计划 935 人。

1950 年

10 月 15 日 开始宣传、贯彻《中华人民共和国婚姻法》。废除封建婚姻制度，实行婚姻自主。

1951 年

春 筹建商河中学（1957 年改为第一中学）。

1952 年

春 建商河新艺剧团（后改为商河京剧团）。

1953 年

5 月 开始供应、使用化肥，全县共 7009 公斤。

7 月 1 日 进行第一次全国人口普查。全县共计 83844 户，377398 人，其中城镇人口 6096 人。

9 月　第一辆客运汽车班车由德州开来商河。

1954 年

7 月 3—7 日　召开商河县首届人民代表大会第一次会议。县人民代表大会制度基本形成。

1955 年

9 月 1 日　德州专区巡回电影放映队下放商河县。

1956 年

5 月 24—28 日　中共商河县第一次代表大会召开。

8 月 12 日　全县干部、职工实行货币工资制。

1957 年

春　张坊乡苟家村的花鞭鼓参加全国农民舞蹈会演获奖。

7 月　商河二中建成招生（1988 年移交龙桑寺镇）。

1958 年

5 月 1 日　商河县人民广播站正式播音。

6 月 1 日　县委机关报——《商河大众》创刊（1961 年底停刊）。

8 月 20 日　商河县第一个人民公社在胡集宣告成立。

是年　建商河机械厂，县内始有国营工业。

是年　商河县沙河公社新庄村民兵徐安文参加全国第二次社会主义革命和社会主义建设积极分子代表大会时，受到党和国家领导人接见并合影留念。

1959 年

6 月　白集村王洪秀（女）出席全国烈军属积极分子代表大会。

7月 商河五中建成，开始招生（1984年交殷巷镇）。

冬 兴修清水洼水库，名曰幸福湖（即今之清水湖所在地）

1960年

1月 经国务院批准，商河县更名为乐陵县。济阳县仁风公社同时划归乐陵县（翌年划回）。

是年 商河县开始有柴油机。

1961年

9月 商、乐分治，恢复商河县，改属德州专区。

1962年

1月 中央召开7000人的工作会议，中共商河县委书记王纪唐、县长崔树润进京参加。

1963年

6月 重建商河剧场（年底竣工），后于1993年拆除。

1964年

4月 利禹路县城至禹城段改修沥青路面（7月完工）。县内始有沥青面路段。

7月1日 进行第二次全国人口普查，全县95040户，361835人，其中城镇人口6842人。

1965年

春 石油工业部在商河县境内进行地质勘探会战。

6月5日 副县长李清臣带领186名工役制民工去云南修筑国防公路（1968年返回）。

1966年

6月21日 中共商河县委组建“文化大革命”领导小组，28日向县文教局及各中学派出工作组，“文化大革命”开始。

1967年

4月 始建商河县烈士陵园。

11月 商河县召开学习、宣传、发行《毛泽东选集》(第四卷)誓师大会。

1968年

8月 各公社革命委员会相继成立。

1969年

5月 全县出动民工，开挖商西河、商东河。冬，开挖商中河。

1970年

3月 兴建商河第一闸——白桥镇营子闸(1971年竣工)。

是年 县广播站购进北京牌14英寸黑白电视机一台，商河县始有电视机。

1971年

2月8日 以改革教育为名，将全县5所国办中学的教师、教具平均分配到各公社中学，实行社办高中。

是年 全县18个公社644个大队选任赤脚医生，并实行各种形式的合作医疗。但多数因资金困难，不久停办。

1972年

6月25日 大岭农场所属的玉皇庙、西瓦、南辛三个小队移交给胜利油田，改建为油田农场。

是月 县发电厂竣工投产。

1973年

8月22日 建立上山下乡知识青年工作领导小组，动员城镇户口的高、初中毕业生下乡插队劳动锻炼（1981年撤销）。

27日 始建县化肥厂（1976年投产）。

是年 县境内第一口石油井——商五井出油。

1974年

是年 商河县被中共山东省委命名为林业生产先进单位。

1975年

10月17日 中共商河县委书记王殿臣进京参加全国农业学大寨会议，并给毛泽东主席、党中央写了关于《三年将商河建成大寨式县》的报告。

11月12日 广播站升格为广播局（1989年改为广播电视局）。

1976年

2月5日 县火葬场竣工（1974年12月始建），在全县推行火葬。

7月1日 交通局购置北京212吉普车一部，商河县始有小汽车。

是年 商河油田投产。至年底累计生产原油44.15吨，天然气9900万立方米。

1977年

1月20日 全县召开1万人参加的农业学大寨会议。

1978年

7月6日 将全县22所高中合并为8所，复归县教育局直接领导。

10月 始建商河电影院（1981年10月竣工），后于2023年拆除。

1979年

是年 在玉皇庙公社新建“引黄”二级沉沙池（1980年启用）。

1980年

3月 张坊公社刘安邦大队刘台江等联合购买泰山-12拖拉机一台。为全县第一台户营拖拉机。

11月 国家卫生部副部长郭子恒来县视察工作，商河县人民医院急诊工作经验此后在全国推广，并在全国推动建立医院急诊室。

是年 怀仁、胡集公社农户始建砖瓦结构住房。

1981年

是年 彩电、洗衣机等高档电器开始进农家，并出现户营汽车。

1982年

7月1日 零时进行第三次人口普查。全县共计114697户，558294人。其中城镇人口19770人。

12月23日 商河六中建成招生。

1983年

是年 全县专业户、重点户及新的联合体已发展到12000多个，农民的温饱问题基本解决。

1984 年

4 月 玉皇庙镇小学教师由桂芳被《人民日报》等 7 家报纸评选为全国优秀班主任。

11 月 11—20 日 将 960 个生产大队改称为行政村。

1985 年

10 月 始建县百货大楼（1987 年 5 月 1 日竣工营业）。

是年 县城新建兴隆街。

1986 年

6 月 县人民武装部改归地方建制。

9 月 6 日 县政府向省政府报告全县贫困情况和扶贫工作意见，商河县被列入全省 14 个贫困县之一。

1987 年

5 月 7 日 县第一农业高中改办为职业中等专业学校。

是年 商河县由农业部定为全国小麦基地县。

1988 年

是年 县城整修青年路，开始拓宽商中路。

1989 年

2 月 1 日 120 多米高的广播电视塔建成试播。

7 月 21 日 首批台胞探亲团 8 人，由北京来商河。

9 月 中共张坊乡西小王村党支部书记王元平被授予全国劳动模范称号。

1990年

1月1日 商河县由德州专区划归济南市，奎台乡同时由商河县划归乐陵县。

7月1日 进行第四次全国人口普查，全县共计556178人，其中男281403人，女274775人。

8月 在县城南郊新建商河二中。

1991年

6月20日 全县实施九年制义务教育。

1992年

2月16—17日 全国首届商河鼓子秧歌研讨会在商河县召开，并成立中国商河鼓子秧歌研究会。

4月2日 济南市首家乡镇企业集团——济南铁编企业集团公司在商河县成立。

1993年

4月 全县城镇居民粮食供应制度取消。

12月 济南市第一所希望小学——商河县张坊希望小学竣工。

1994年

2月23—25日 商河县在县城明辉路举办首届花灯展，127家单位参展。24日，商河县举办首届焰火晚会。

7月27日 县人民法院受理商河县第一家破产企业——商河县胜利化工厂的破产申请，自此开启对县内破产企业案件的审理工作。

8月 商河县首部社会主义新方志——《商河县志》出版。

1995年

6月1日 全县实现户户通电。

1996年

4月1日 商河县人民武装部正式收归军队建制，为正团级单位。

11月 商河县被文化部社会文化司命名为“中国民间艺术之乡”，并颁发证书。

1997年

6月 全县1057名机关工作人员按规定程序过渡为国家公务员。

7月 商河县实现基本普及九年义务教育。

1998年

9月30日 覆盖县城、乡（镇）、村的MMDS有线电视传输系统工程正式开通。

1999年

10月1日 商河县鼓子秧歌代表队代表山东省进京参加新中国成立50周年庆典，被组委会评为五好表演单位，获组织奖。

2000年

3月 全县21个乡镇驻地全部开通有线电视。5月，怀仁镇率先实现村村通有线电视。

2001年

9月 沙河故道调蓄水库动工，分六期建设，至2007年8月全面竣工。

12 月 25 日　中共中央政治局委员、山东省委书记吴官正到商河县视察。

2002 年

5 月 16 日　商河镇举行“村改居”暨商城办事处揭牌仪式。

7 月 1 日　中共商河县委机关报——《商河报》举行创刊首发式。2003 年 9 月底，停刊。

10 月　商河县首次招录国家公务员和机关工作人员 27 人。

2003 年

1 月 15 日　最高人民检察院党组书记、副检察长贾春旺到商河县人民检察院视察工作。

5 月 1 日　商河新闻实现当日播出。

5 月　胜利油田临盘采油厂在商河镇孟家村南废弃油井 1300 米处射孔，获得 60℃地热水流，地热试验井成功，这是商河县第一口由废弃油井成功改造的地热井。

10 月 1 日　省道 248 线（今省道 240 线）商河收费站开征车辆通行费。

2004 年

4 月 6 日　商河县地热开发试井成功新闻发布会在“山东地热第一井”现场举行，该井位于县粮食局，井深 1350 米，井口出水温度 57.5℃，自喷高度 7.8 米，出水量每日 2746.088 立方米。

4 月 15 日　商河县 1 万公顷大蒜种植基地被认证为“国家级大蒜出口基地标准化示范区”。

2005 年

2 月 26—27 日　由中国矿业联合会地热开发管理专业委员会与商河县委、县政府联合举办的山东 · 商河地热资源开发利用研讨会召开。

4月25日 全国政协副主席、全国工商联主席黄孟复到商河县调研新能源利用工作。

6月6日 中共山东省委书记、省人大常委会主任张高丽视察商河豪门庄园温泉城，就商河县围绕地热资源开发、加快城市规划建设作出重要指示。

10月 县人民公园一期工程竣工。

11月 商河县由原21个乡镇调整为2个街道办事处、5个镇、5个乡。

2006年

3月 商河经济开发区被批准为省级开发区，更名为山东商河经济开发区管理委员会。

5月 商河鼓子秧歌入选首批国家级非物质文化遗产保护名录，是济南市唯一入选项目。

2007年

12月7日 数字电影《盛世秧歌》在商河县举行首映式。2008年3月25日，在中央电视台第六频道播出。

2008年

4月10日 济南市委、市政府在商河县召开加快商河发展现场办公会议，做出“举全市之力推动商河加快发展”的重大决策。

4月30日 商河人民广播电台恢复节目播出。

9月 全县实现有线电视村村通。

2009年

3月17日 朝鲜民主主义人民共和国内阁总理金英日到商河商南现代特色品牌农业彩椒标准化基地进行参观考察。

7月1日 《济南日报·新商河》正式创刊发行，一周一期，周三出版。

8月18日 公交车投入运营，结束城区没有公交车的历史。

12月16日 由《大众日报》、山东省浙江商会、山东省福建商会、山东省江苏商会联合主办的2009年“首届山东省最佳投资城市”颁奖盛典在山东大厦隆重举行，商河县作为济南市唯一获得该称号的县区参加颁奖典礼。

2010年

4月21日 济南市委、市政府在商河县召开加快商河县发展第二次现场办公会议，继续采取15项政策措施，支持商河县加快发展。

7月29日 商河经济开发区被评为山东最佳投资园区。

11月10日 商河首部综合年鉴《商河年鉴（2007—2010）》由济南出版社出版。

2016年

2月17日 山东省委副书记龚正到商河县调研指导工作。其间，在人民公园观看鼓子秧歌展演。

5月10日 第一套“鼓子秧歌操”在县实验小学完成教学试点工作。

8月18日 市政府印发《关于商河县部分行政区划调整的通知》，沙河乡和张坊乡“撤乡设镇”，全县结束“乡”时代。

11月7日 农业部下发《农业部关于命名第一批国家农产品质量安全县（市）的通知》，商河县成为济南市首家也是唯一一家国家农产品质量安全县。

2017年

5月4日 《商河县志（1991—2010）》出版发行，标志着商河县全面完成第二轮社会主义新方志编修工作，

6月18日 商河县参加济南电视台“直面问题·践行承诺”大型电视问政节目《作风监督面对面》，获94.31分，位列第一名。

8 月 22 日 商河县被评为“山东省休闲农业和乡村旅游示范县”。

8 月 28 日 玉皇庙镇成功创建第二批全国特色小镇，实现济南市全国特色小镇的“零突破”。

11 月 17 日 龙桑寺镇刘集村被评为第五届“全国文明村”。

2018 年

2 月 26 日 山东创建全国医养结合示范省启动会议在济南召开，商河县成功当选全省医养结合示范先行县。

6 月 10 日 商河县获济南市脱贫攻坚专项考核一等奖第一名。

6 月 21 日 由山东省文化厅和济南市人民政府主办、商河县人民政府和北京文化艺术基金会承办的“国家级非遗项目秧歌汇演暨山东商河鼓子秧歌走出去”新闻发布会在北京召开。

7 月 20 日 海外华裔青少年“中国寻根之旅”夏令营走进孙集镇秧歌古村，来自意大利、加拿大、葡萄牙、西班牙、爱尔兰、韩国的老师和同学共计 120 余人，现场学习鼓子秧歌表演。

2019 年

4 月 11 日 副省长刘强到商河县调研地热能利用工作，先后到乡村绿洲科创中心、武夷御泉名城、盛景城住宅小区、怀仁镇地热能源站等实地调研勘查开发利用地热资源工作。

5 月 24 日 泰西革命根据地创始人之一，济南市第一任市委书记张北华的子女到商河县寻访父辈少年时代的足迹，并参观县党性教育基地。

11 月 1 日 商河县被生态环境部命名为“国家生态文明建设示范县”。

2020 年

8 月 6 日 商河县原创舞蹈《秧歌少年》入选全国广场舞展演推荐作品，是济南市唯一一件入选作品。

10 月 28 日 商河县入选省级农村产业融合发展示范园，成为山东省唯一创建成功的省级示范园。

11 月 28 日 商河县获评“2020 全国县域数字农业农村发展先进县”。

12 月 15 日《玉皇庙镇志》入选中国名镇志，实现济南市和商河县中国名镇志零的突破。

12 月 31 日 山东省爱国卫生运动委员会发布《关于命名 2019 年度山东省卫生县城的通知》，商河县被正式命名为“山东省卫生县城”。

2021 年

1 月 14 日 山东省文化和旅游厅公布全省第一批不可移动革命文物名录，商河县革命烈士陵园和萧华抗战指挥所 2 处文物入选。

2 月 商河县获中共中央、国务院颁发“全国扶贫攻坚先进集体”荣誉奖牌。

4 月 2 日 商河县为山东金沙河面业有限公司颁发《集体建设用地使用权不动产权证》，这是济南市首张《集体建设用地使用权不动产权证》。

6 月 10 日 山东省文化和旅游厅公布 2020 年度全省非遗保护十大亮点工作名单，县文化和旅游局提报的《商河县以“非遗 IP”推动文旅融合助力乡村振兴》入选。

8 月 6 日 商河县以全省总分第六名的成绩荣获 2021—2023 年度“山东省民间文化艺术之乡”称号。

10 月 20 日 商河县获评文化和旅游部评选的 2021—2023 年度中国民间

文化艺术之乡。

2022年

1月6日 山东省爱国卫生运动委员会公布《关于命名2021年度山东省卫生乡镇和卫生村的通知》。商河县共有356个村被命名为“山东省卫生村”。至此，全县541个村（社区）全部建成省级卫生村，实现省级卫生村全覆盖。

同日 麦丘文化博物馆和今朝酒业酒文化博物馆经过省市文化和旅游部门审核及专家现场评审，顺利通过山东省文化和旅游厅备案批复，填补商河县非国有博物馆空白。

1月17日 民航山东监管局为济南商河机场颁发《使用许可证》，标志着济南商河机场正式开航。

3月24日 省商务厅网站公布第六批“山东老字号”榜单，商河县今朝酒业上榜，填补全县无省级“老字号”的空白。

8月18日 省农业农村厅公布《第五批山东省特色农产品优势区公示名单》，商河县花卉特色农产品优势区入围。

8月24日 商河县被确定为国家知识产权强县建设试点县。

12月15日 文化和旅游部对“中国民间文化艺术之乡”建设典型案例名单进行公示，商河鼓子秧歌《以创建为引领 助推乡村振兴 推动文旅融合发展》入选。

2023年

2月2日 自然资源部公布首批全国自然资源节约集约示范县（市）名单，商河县成功入选，是济南市唯一上榜区县。同日商河县成功入选第三批省社会信用体系建设典型城市。

12月28日 省农业农村厅公布山东省第二批农业文化遗产资源名单，“山东商河大蒜栽培系统”被认定为山东省第二批农业文化遗产资源。

2024年

1月 商河县交通运输局荣获全省第二批“信用交通县（市、区）”建设典型单位称号。

4月 怀仁蜜薯入选全国名特优新农产品目录。

5月 贾庄镇建成“温泉花香”乡村振兴齐鲁样板省级示范区。

6月 省文化和旅游厅公布了《山东省乡镇（街道）综合文化站评估定级上等级站名单》，商河县殷巷镇、许商街道、贾庄镇、怀仁镇综合文化站等4个文化站被定级为“一级站”；玉皇庙镇、郑路镇、白桥镇、龙桑寺镇、张坊镇、孙集镇、韩庙镇、沙河镇综合文化站等8个文化站被定级为“二级站”。

9月 商河县作为全省唯一代表在全国自然资源节约集约利用培训班上做典型发言。

9月 玉皇庙镇获批创建“椒香玉皇”省级衔接乡村振兴集中推进区。

9月 孙集镇入选第二批山东省数字乡村试点名单。

10月 商河作为济南唯一区县，成功入选全国县域商业“领跑县”。

11月 商河鼓子秧歌艺术团入选济南市唯一全国优秀群众文艺团队。

11月26日 11时，一架自重庆飞至济南的西锐SR20(型号）飞机缓缓降落，商河通用飞机场首条私人订制跨区域低空航线完成首航。

12月24日 高青至商河公路惠民大年陈至商河东段已顺利通车，标志着商河县在交通建设方面取得显著进展。该项目是山东省“九纵五横一环七射多连”交通网络的重要组成部分。该公路的建成通车还对增强省会经济圈与胶东半岛经济圈的互联互通、推动胶东半岛城市群和区域经济一体化发展具有重要意义。

第三编　历史人物

一、名人履痕

秦始皇东巡萦蒲系马

位于商河县贾庄镇西北部的台子刘村，现存有一处“秦始皇萦蒲系马”的蒲台遗址。该遗址范围 150 米 ×150 米，高 3.5 米，台面长、宽各 45 米，经专家考证为秦汉遗址。

台子刘遗址省级文物保护单位标志

据山东地区最早的通志之一《三齐记》记载：“鬲城南有蒲台，高 80 尺，秦始皇所顿处，在台下萦蒲系马，今夷为一丘。”文中所指鬲城，其遗址位于商河县西北部

台子刘遗址全景

的怀仁镇古城村，自东周至北宋此地皆为城邑。而关于“秦始皇蒲台下萦蒲系马”的传说，南朝梁殷芸所著的《殷芸小说》中也有记载：“时始皇在台下萦蒲系马，至今蒲生犹萦，俗谓之始皇蒲。”

关于秦始皇东巡，据司马迁《史记·秦始皇本纪》等史料记载，秦始皇曾三次到达山东。据考证，前两次并未经过商河及附近地域，只有第三次路经此地并设营驻跸。这次巡行是在秦始皇三十七年（前 210）。传说其驻跸商河时，有一次在蒲台上稍事休息，随行人员为防止坐骑走失而用一根蒲苇系于马颈。蒲苇在古代随处可见，其茎干虽柔韧，但并非理想系马之物。由于无人看管，这匹马挣断蒲苇闯入附近的农田，踩踏了农人的庄稼。秦始皇得知后令地方官员对受损的农民进行了适当补偿，并以此为契机，提醒随行人员在今后的巡行中要避免类似事件发生，从而留下了一段“萦蒲系马”的佳话。

孔子与商河的一面之缘

“闻韶乐三月不知肉味”的典故，人们耳熟能详。但这个典故背后，隐藏的一段孔子与商河古麦丘邑的离奇故事，却鲜为人知。遥想当年，悠悠韶乐所及之处，孔子已经踏足商河县了。

孔子出鲁过徒骇　春秋时期，年过而立的孔子在鲁国深得鲁昭公（前

560—前 510）器重，孔子也对鲁昭公信服并敬重。鲁昭公二十五年（前 517），鲁昭公被以季平子为首的鲁国贵族驱逐出境，鲁昭公被迫离鲁赴齐，期望借助齐景公的力量得以恢复其在鲁国的统治。

35 岁的孔子也随后愤而离鲁，追随鲁昭公到了齐国，以图有朝一日辅佐鲁昭公扭转乾坤。在此期间，孔子屈尊去做谄臣高昭子的侍从，所谓“为高昭子家臣，欲以通乎景公”。虽然受阻于晏子的掣肘，孔子未能一展抱负，但也算是取得了齐景公相当程度的信任，从而有机会随从齐景公巡行齐国在济水（古水名，河道为今黄河所夺）以北的领地。就是在这次巡行途中，孔子一行跨越徒骇河，来到齐国所灭郪瞒国的旧地麦丘（今商河县境内），与前之齐桓公田猎至麦丘“麦丘三祝”的历史典故遥相呼应，成为商河县春秋时期雄浑壮阔弦歌不绝的历史回响。

当然，在此次行程里，孔子一行路过今济阳曲堤徒骇河畔，还专门祭拜周文王的表叔逄国君主逄公之墓（今刘台子遗址），留下一段孔子“闻韶乐而三月不知肉味”的千古佳话。

郪瞒之地古麦丘　商河县春秋时期属齐国，称麦丘邑。关于齐之麦丘邑具体方位，钱穆《史记 · 地名考》、顾祖禹《读史方舆纪要》均明确指出：“地在今山东省商河县西北”。安作璋主编的《济南通史 · 先秦秦汉卷》（齐鲁书社 2008 年 8 月第 1 版）指出西周时期济南一带的诸侯国“商河县地属郪瞒国活动范围之内”。那么，此郪瞒国与麦丘有何渊源呢？

关于麦丘之地，济南陈明超先生著文简述齐国称霸史（参见《孔子北过济水闻韶乐 逄姓探源寻祖现古国》）时，曾对其笔锋留痕：齐国自从建国起，国祚与霸业并驾齐驱。起初，太公之孙叔乙被分封到崔（今章丘区黄河街道土城村），建立崔邑，这里南可攻击谭国（在今章丘区龙山街道平陵城），北与逄国隔济水相望，成了齐国北跨灭亡逄国的桥头堡。但限于济水天堑，齐国统治者选择越过谭国沿河向西扩张，首先夺取泺邑、历邑的统治权。继之吞并济水南岸的祝国、卢邑、谷邑，并与郑国结盟，基本确定了齐国的西部疆域，即今泰山以北、黄河以西的地方。布局既成，桓公二年（前 684），齐桓公上任伊始

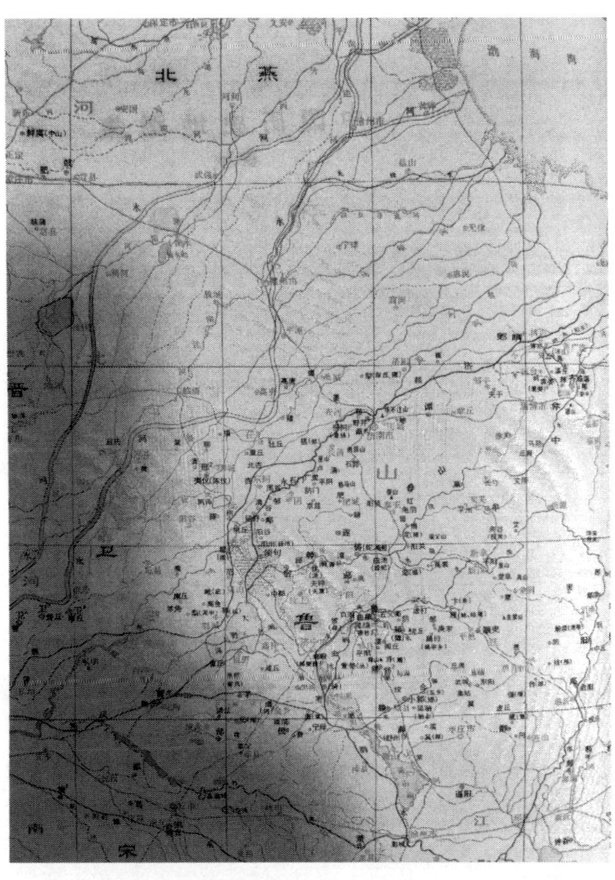

春秋时期地图显示商河县处于鄋瞒活动范围之内

司太皞与有济之祀，以服事诸夏。"四国因是太昊之后，故而主持太昊和济水的祭祀，都是周代以前就存在的古国。其中，宿国故城在今东平东南二十里，须句故城在今东平西北，今天的平阴的部分地区应在两国的范围之内。

(6)鄋瞒国

鄋瞒，狄族之国，防风氏之后，漆姓。立国于鲁北濒海一带，今商河县在其活动范围之内。①

西周时代，济南地区的诸侯国可能还有湮没于历史尘埃而不为后人所知者。如1970年，济南历城仲宫北草沟村（北距济南约

西周时代的济南

《济南通史》（齐鲁书社 2008 年 8 月第 1 版）
147 页关于商河地处鄋瞒活动范围的记述

围攻谭国，三年而亡谭。灭谭后，齐桓公着手经略济左走廊，对沿线重镇谷、卢、鲍、宁四邑进行统治和经营，巩固了齐国。在此基础上，齐桓公开始跨河（济水）向北扩张，相继灭掉刘台遗址附近的逄国和今商河附近的古国鄋瞒。自此，齐国成为一个地跨济水南北的大国。上面陈明超先生在文章里明确指出，鄋瞒国地处今商河县附近，这与《济南通史》所载商河系鄋瞒国活动范围并无相悖。

考鄋瞒国历史，其为长狄族之国，大禹时期部落首领防风氏之后，漆姓，立国于鲁北濒海一带，春秋以来，他们在济水以北的广大地区活动并建立了一个方国鄋瞒，作为防风氏后人，鄋瞒国人身材都十分高大，称为长狄。春秋之初，长狄人东渡黄河，进入河南、山东，

侵扰宋、卫、齐、鲁等国，其间，与当地人通婚，后代身材也以高大为标志，时至今日，“山东大汉”名号仍存历史烙印，特别是鄋瞒国涉足之地的商河县，威武雄壮的鼓子秧歌堪为北方汉民族男性舞蹈代表，“大汉”雄风凛然生色。

仍然回到齐国国君的角度，想当初，齐桓公灭掉古国鄋瞒后，为巩固齐国统治，曾经以田猎的名义巡视鄋瞒活动的麦丘之地，并在此地发生了著名的“麦丘三祝”的故事。

当然，齐景公时期，延续齐桓公巡行理政的传统，也就有了前文所述孔子一行随齐景公跨济水过徒骇而至古鄋瞒国的麦丘之地。当然，记述其事的《晏子春秋 · 内篇 · 谏上》所载，齐景公北巡于麦丘（遗址在今商河县西北），让一位八十五岁麦丘老人为他三祝福，其事与齐桓公时“麦丘三祝”故事大同小异，孰对孰错？清光绪《商河乡土志》以“不妨两存其说”留待后议结论，也算是折中其说的聪明之举了。

闻韶遗韵润今朝 2022 年 9 月 28 日，在济南府学文庙举行的孔子诞辰 2573 周年纪念活动上，商河县济南今朝酒业专为本次纪念活动精心酿制的指定用酒惊艳亮相。有参与活动者曾为此撰文《今朝与孔子的美丽相遇——“今朝岁月陈香 20”荣获济南府学文庙孔子诞辰 2573 周年纪念活动指定用酒侧

商河县人民公园里的许商塑像 （侯贺良 摄）

记》，以襄盛事，因当时掌握材料有限，有关孔子与今朝酒业所在地千年古县商河的历史联系语焉不详，引为一憾。

2023 年 6 月 5 日，济阳济水韶音博物馆馆长郭怀福应邀自济阳曲堤（孔子闻韶乐所在地）到访商河县济南今朝酒业白酒文化博物馆，该博物馆序厅所展示的商河历史时间轴标题“从历史到今朝”格外醒目，历史与今朝的交集随滔滔河水跌宕起伏。

逝者如斯夫，孔子与商河短暂的交集，凝瞬间于永恒，成为商河这方热土上的美丽传奇。

许商治水

许商，西汉长安人，字长伯，研究《尚书》，擅长算术，著有《五行论》《许商算术》，是汉代著名的经学家、数学家，大小夏侯学派的传人之一。他曾四度官至九卿，弟子众多，曾为汉成帝的老师。公元前 32 年至公元前 8 年间，他多次成功主持了治理江河的工程，这与他的数学才能与管理运筹才能是分不开的。据记载，棣州西南八十里处的滳河县（今济南市商河县），正是因为“汉都尉许商凿此河通海，故以商为名，后人加水焉”。

西汉鸿嘉年间（前 20—前 17），黄河中下游连年洪水泛滥，尸横遍野，民不聊生，人们被迫背井离乡，四处流浪。朝廷也曾三番五次派官员治理河道，因所派的尽是贪官污吏、庸碌之辈，不但没能救民于苦难，还使得百姓如牛负重，难以生息。鸿嘉四年（前 17），暴雨连天，洪水咆哮，溢患四方，百姓妻离子散，哀鸿遍野，十分凄惨。朝廷委任许商任河堤都尉，责令他根治夹马河。许商带领随从日夜兼程，打道前往，不日来到鲁北境内。他不顾旅途劳累，立即对夹马河进行实地考察。

此时正是晚秋，本是一年中的黄金季节，这里洪水虽已退去，却依然满目荒凉，使人心惊。许商决心效仿大禹治水疏通河道，为民造福。随从们在他的率领下四处奔波，看河道、查流向、探水流、画图纸，披星戴月，风餐露宿，忙得不可开交。古时的夹马河经现在的禹城、临邑、商河、滨州等地流入徒骇河，在这片土地上遍布许商的足迹。百姓见许商一身正气、两袖清风，为征服洪水不辞辛苦，都十分感动，纷纷起来响应。流落他乡的人们陆续回来重建家园。

艰苦的生活、繁重的工作，有的随从承受不了，便流露出抱怨情绪。有一次，一个随从说：“我们的差事既苦又累、无名无利，这么干图个什么呢？”另一个也跟着发牢骚：“是啊！好处没捞到一星半点，却累得七死八活，真是得不偿失。”许商十分严肃地对他们说：“食国家的俸禄，理当为民造福。我们现在吃苦，是为了从根本上解除百姓的疾苦，让百姓有个安居乐业的栖息之地。我们绝不能有半点的非分之想。不管如何，我是横了一条心，不征服洪水誓不罢休！”随从们听罢深感惭愧。

许商身先士卒，带领随从和百姓们挖河道、筑堤坝，将洪水引往渤海。他亲自参加每一项工程，栉风沐雨，披星戴月，常年工作在治水工地上，艰苦卓绝的奋斗精神得到了百姓的赞扬。三年过后，洪水直通渤海，不再泛滥成灾。百姓从此过上了安居乐业的日子。后来，人们为了纪念许商的功绩，将所凿之河更名为商河，麦丘城也改成了商河城。

唐李吉甫所撰《元和郡县图志》记载：滴河在汉成帝时河水泛滥成灾，河堤都尉许商凿此河通海，所以用“商”字为名。隋开皇十六年（596）在此置滴河县。清及民国《商河县志》将许商列为名宦或宦绩之首。

明万历《商河县志 · 舆地志》，也介绍了商河名称的来历与许商有密切关系："县治之设，肇自炎帝，历自累代，地凡几易，名凡几更，大都随时兴废，其之永久。自许商凿河除患，黎民赖之，思许君而不得，托名于河，以寄其思，商河之名遂至今不改。后之邑大夫有能兴利除害如许君者，则其系民之思，如是也夫。"

［本文原载济南市纪委监委、中共济南市委党史研究院（济南市地方史志研究院）编《穿越历史的清风——济南历史上的清官廉吏》（济南出版社 2024 年 7 月第 1 版）］

隋炀帝在商河屯兵演武

在商河县玉皇庙镇，有两个与隋炀帝杨广有着"不解之缘"的村庄——杨广坞与演武屯。

相传杨广为征讨高句丽和扫平鲁北一带的匪患，曾在此地屯兵并修建烽火台和演武场，广募民众习武做骁勇之士。而此段史话在历代《商河县志》中并无记载。这是怎么回事呢？我们不妨先回到一千四百多年前，在历史的大背景下去"挖一挖"。

据《隋书》《资治通鉴 · 隋纪》等史料记载：隋仁寿四年（604）七月，杨广正式继皇帝位。在位期间，曾三次大举进攻高句丽。第一次为大业八年（612），征调士卒 110 多万集中于涿郡（今北京），水军集中于东莱（今山东莱州）。另调民夫二百万，以运送衣甲、粮食等。高句丽坚守各座城池，隋军虽攻至平壤附近，最后却大败而还。大业九年（613），第二次进攻高句丽。正当双方相持不下时，礼部尚书杨玄感起兵叛隋，隋炀帝仓皇撤军。大业十年（614），第三次进攻高句丽。因国内农民起义成燎原之势而不敢久战，高句丽也疲于战争而遣使请降，杨广就此撤军。

三次进攻高句丽的战争，加之杨广滥用民力挖运河、在各地大修宫殿苑囿、离宫别馆等工程，使大量士兵、民夫死于战场和劳役，社会经济受到严重破坏，民不聊生，从而引发了山东乃至全国各地大规模的农民起义——大业七年（611），山东邹平人王薄率先发动起义。在王薄的影响下，平原刘霸道在惠民领导十多万人反隋，陵县爆发了杜彦冰、王润带领的农民起义。大业九年正月，平原李德逸聚众数万，被称为“阿舅贼”，劫掠山东。二月，济北人韩进洛聚众数万为群盗。三月，济阳人孟海公起兵，众至数万。五月，济北人甄宝车聚众一万余人，抢掠城镇村落……

由此可见，地处济北，邻近惠民、陵县的商河县一带，当属备战高句丽和镇压起义军的前沿，隋炀帝在此屯兵并募民演武亦在情理之中。也许是忌惮于明清两代帝王对杨广之评价（朱元璋:“隋炀帝妄兴师旅，徒慕虚名，自弊中土。载诸史册为后世讥”；清努尔哈赤：“从来国家之败亡也，皆骄纵所致耳”），所以历代编修《商河县志》的史官们故意隐埋了这段历史。

往事越千年，关于隋炀帝杨广的功过是非历史早有定论。当年在商河县玉皇庙一带修建的演武场、烽火台亦不复存在，而当地民间习武的传统却从未中断过。如今，有一首歌谣仍在当地流传：“演武屯、演武演，杆子流星全都全。才节鞭、土节鞭、九节钢鞭带绳鞭，刀枪剑戟教个全……”为铭记这段历史，继续发扬“习武强身、保家卫国”的精神，演武屯村专门建立了一处“演武记忆馆”。

而据杨广坞村的多位老人介绍，该村村名自杨广在此屯兵演武沿用至今从没更改过。当年筑建的烽火台直到二十世纪五六十年代才完全被削为平地。该烽火台与相隔 40 里的理合坞（现属德州市临邑县）遥相呼应，有一民谣至今仍在流传：“杨广传令理合听，招呼三声发大兵。”可见杨广在此屯兵并非一朝一日。

据老人们说，四十年前该村还出现过被称为“杨广城”的幻象，每逢夏秋之交的某个清晨，站在村西南的某一高墙上向东北角望去，一座城池便浮于半空，城门、城墙乃至兵马行人清晰可见，直到东方发白天将亮才隐约散去。此幻象在素有“七十二洼”之称的商河县曾屡屡出现，历代《商河县志》均有记载。

二、本土先贤

襄楷忠言谏桓帝

襄　楷　字公矩，东汉漯阴（今山东商河县）人。学识渊博并通晓古籍，尤擅长天文阴阳之术。汉桓帝时期，朝政被宦官把持，政治混乱，刑法滥用，导致连续有皇子夭折，灾异现象频发。公元 166 年，襄楷心怀忧虑上书皇帝，其主要内容如下：

臣私观去年五月，荧惑星异常运行，侵犯帝座，后出端门，非依常规。同年闰月，太白星侵犯房宿，动摇中耀星，此星象征天王，旁小星代表王子。金火二星误入太微天廷，占卜结果显示王子有凶兆；又一同进入房宿和心宿，预示帝王无继嗣。今年岁星久留太微旁，逆行至掖门，逼近执汉星。岁星为木之精灵，性好生恶杀，其异常停留，显系朝廷失德，刑罚过度……臣闻，妄杀无罪，诛杀贤良，将祸及子孙。陛下继位以来，屡次施行诛伐，梁、寇、孙、邓四家皆被灭族，牵连无数。李云、杜众因直言进谏而被杀，天下皆知其冤。汉兴以来，从未有拒谏诛贤之事，论及用刑之重，莫过于今……臣前上书，言琅邪宫崇得干吉神书，或不符合圣意。然微小如布谷、蟋蟀，亦不失志信，臣虽卑贱，愿陛下赐闲，尽言其意。

书奏上，桓帝即召襄楷问之。襄楷答曰："臣闻古无宦官。汉武帝末，因老游后宫，始置宦官。后渐受任，至孝顺帝时，繁多位重，今陛下封爵过之。陛下无继嗣，岂非爱之所致？"桓帝虽认为襄楷言辞激烈，但所言皆天文星象，故未诛杀，交司寇论罪。

襄楷不畏权势直言勇谏，受后人敬仰。唐著名诗人周昙有诗曰：能嫌跛扈斩梁王，宁便荣枯信段张。襄楷忠言谁佞惑，忍教奸祸起萧墙。

唐代名士话“三孟”

在今商河县怀仁镇境内，自唐玄宗至武宗短短百余年间，就有三位人物名重一时，即孟云卿、孟简、孟迟。

孟云卿 唐开元十三年（725）生于山东平昌（今商河县怀仁镇）的一个普通人家，自幼聪明好学。而在孟云卿十多岁时，父母先后离世，孟云卿只得去河南洛阳投奔亲戚。唐天宝初年，孟云卿赴长安应试未第，直到30多岁才得中进士。唐肃宗时，孟云卿被授予校书郎（正九品，负责校勘经史子集图书之职），不久又被遣往南海，实为命运多舛。然而，官场上失意的孟云卿，却凭借自己的才华和品性结交了几位真正的知音。

杜甫与孟云卿可谓“同命相连”。唐乾元元年（758）夏，杜甫由左拾遗被贬为华州司功参军，行前与孟云卿夜饮话别，并以诗相赠，即《酬孟云卿》。同年冬，他们再次于洛阳相遇，一起到刘颢家中畅饮。杜甫又写了《冬末以事之东都，城湖东遇孟云卿，复归刘颢宅宿，饮宴散，因为醉歌》一诗，记叙彼此喜悲交集的情景，表达诗友间的诚挚感情。

元结（次山）极为推重孟云卿。唐乾元三年（760），元结所编诗集《箧中集》里，选入当代7位诗人的诗共24首，其中孟云卿诗5首。其诗作如实描写了当时民众在战乱中的苦难，表达了自己报国无门的感慨以及与亲朋故旧的情谊。孟云卿远往南海，元结作诗赠别，题为《送孟校书往南海》。诗序中，元结自称：“孟云卿与元次山以词学相友。材业，次山不如云卿；词赋，次山不如云卿；通和，次山不如云卿……云卿少次山六七岁，云卿声名满天下，知己在朝廷。及次山之年，云卿何事不可至。”高度评价孟云卿的品德与才学，热情赞扬彼此兄弟般的真诚友谊。

孟云卿的作品大部分为五言古诗，亦有杂言诗《行路难》及七绝《寒食》《途中寄友人》等。其中的《新安江上寄处士》一诗，描景状物细致清新，把山水白云一路相送之情抒发得淋漓尽致——

深潭与浅滩，万转出新安。人远禽鱼静，山深水木寒。
啸起青蘋末，吟瞩白云端。即事遂幽赏，何必挂儒冠。

孟云卿在流寓江苏吴江时，写有一首七绝《寒食》："二月江南花满枝，他乡寒食远堪悲。贫居往往无烟火，不独明朝为子推。"其立意新颖又通俗易懂，诗人的艺术技巧已炉火纯青，此诗被历代文人评为写寒食诗中的佳品。

安史之乱时期，孟云卿家境困顿漂泊四方，但在其诗作中却对劳苦大众给予了更多的同情，如他的代表作之一《伤时》——

徘回宋郊上，不睹平生亲。独立正伤心，悲风来孟津。
大方载群物，先死有常伦。虎豹不相食，哀哉人食人。
岂伊逢世运，天道亮云云。

孟云卿一生处于唐代由盛转衰的剧变时期，加之安史之乱居无定所，故其卒年、卒地不详，给后世留下了诸多遗憾。

孟　简（生年不详）字几道，进士，曾任越州、襄州、睦州等地刺史。工于诗词，崇重气节。唐元和六年出任常州刺史，任期内倡导兴修水利，开复渎河灌溉农田 4000 余顷，民众对此深为称道，后晋升户部侍郎，加御史中丞。唐长庆三年（824）去世。

孟　迟（生卒年不详）字迟之，唐会昌五年（845）进士、诗人。著有诗集一卷，并《新唐书艺文志》传于世。杜牧与之交往甚好，曾作《池州送孟迟先辈》一诗相送。

马氏宰相"三不开"

五代时期，商河县出了一位有名的"三不开"宰相，就是现在郑路镇河南孙村的马胤孙。河南孙位于商河县城东 25 公里处，东与惠民县季家庄接壤，

马胤孙墓碑残片

现隶属郑路镇。

马胤孙，字庆先，生活于五代时期，生年不详，卒于公元 953 年，是一位很有学问的进士。五代后唐末帝李从珂为潞王时，征召马胤孙任河中观察支使。934 年，李从珂杀闵帝自立为末帝后，任用马胤孙为翰林学士、户部郎中、知制诰，赐金紫；不到一年，又改任中书舍人、礼部侍郎，没过多久授任中书侍郎同中书门下平章事，即相当于宰相职务。但马胤孙是一介书生，身居相位却从不敢决断政事，朝政任人摆布，自己不置可否，上朝不开口议论，不开印办事，在家不开门接见士大夫，时人讥称“三不开宰相”，以致于后来被罢免相位。马胤孙倒也乐得不居相职，卷起铺盖回到老家躲起了清闲，整天以抄读佛经为乐，而他原本是不信佛的。

936 年石敬瑭杀后唐末帝李从珂自立为晋帝，马胤孙躲避居家，吟诗作赋，倒也逍遥自在，曾经作《槐虫赋》留世。公元 953 年 7 月马胤孙卒于洛阳，归葬于家乡。现郑路镇河南孙村有其墓地。该处墓地位于河南孙村东北 500 米处，面积 800 平方米，墓高 4 米，宽 1.2 米，文字数百之多，底部有大型龟形底座。解放前墓地内仅存碑座、石人首露地上。近年发现碑身倾于跃进河侧，长 3 米、宽 1.6 米、厚 0.25 米。字迹斑驳脱落，无法考证碑文内容，只有碑额上的“马”与“先”二字能够辨认清楚。

侯士能与“安东卫”

——从央视热播剧《海天雄鹰》说起

2024 年 6 月 11 日，国内首部航母舰载机题材军旅剧《海天雄鹰》在中央电视台黄金时段开播。随着 2024 年度《商河文艺年鉴》的出版发行，商河县观众在这本年鉴彩页里惊喜地发现，剧中曲婷婷的饰演者正是从玉皇武校走出去的全国青少年锦标赛个人全能冠军刘杰（刘千慈），商河观众因此对这部剧感到格外亲切。而在近期，随着一份《明安东卫指挥佥事侯承恩父子墓志铭及其考释》（作者系日照市文史学者曹汉华先生）文字材料的传播，商河县观众更为惊喜地发现，《海天雄鹰》剧中秦大地的饰演者侯勇祖籍 600 多年前居然也是商河县。这就需要从侯士能与“安东卫”说起了：

先说侯士能。上面《考释》一文记载：侯士能（一世），山东济南府武定州商河县人。开国有功，升邳州卫指挥（佥事）。“及靖难，益加丕□。锡封诰，调山东，世镇焉。”死后归葬原籍。今商河县许商街道侯坊村有明侯士能墓，为县（市）级文物保护单位。查《商河县乡村志》有关侯坊村条目，确实有侯士能的记述：明朝洪武年间，侯氏先祖侯士能，字心恒，由山西洪洞县移居于河北枣强，后迁于该村。当时该村隶属于山东武定府商河县。侯士能有三子，其一名侯文胜，因战功显赫被当时朝廷册封为带刀护卫，侯文胜带兵有方，爱兵如子，深受士兵爱戴，解甲归田时有许多士兵自愿兵随将姓。侯姓氏族日益昌盛，该村遂称为侯坊村。

再说说“安东卫”。首先，简单来说，“卫”是明代的军事编制，每卫五千六百人，都设在要害地区。朱元璋和他的高参刘基（字伯温），对历代兵制进行了认真的研究，创立了明代所特有的卫所兵制。朱元璋当吴王时，就开始设卫，主要是设亲兵卫。后来地盘占到哪里，卫就设到哪里。其次，洪武二十一年（1388），在山东沿海增设包括安东卫（今日照岚山区）在内的七个卫，这些卫的目的就是保卫沿海，不受倭寇的侵扰破坏。明朝初年，这些卫均隶属山东都指挥使司，由都指挥使司直接指挥。据《安东卫志 · 里至篇》记载："卫去海五里，按字义，'卫'围也，防也。京师之外，屏一方之保障，东海汛地，设卫最多，而安东方者，莫逾于此，故名。"可见，安东卫名称望文生义的理解就是"安定东方的防卫之地"，其实质也确实这样。

2020 年 7 月 4 日，《考释》一文的作者在安东卫阿掖山脚下，意外寻访到明万历年间曾任安东卫指挥佥事的侯承恩及其长子侯懋德墓志铭三方，其中侯承恩墓志铭一方、侯承恩与恭人王氏合葬墓志铭一方、侯懋德与恭人杨氏合葬墓志铭一方。该三方墓志铭的出土，对于研究安东卫世袭指挥佥事侯氏一族以及明代安东卫历史都具有十分重要的意义。简单来说，据已知资料，自侯士能起，商河侯氏一族在安东卫担任并世袭指挥佥事（明代协助指挥使负责军事训练的正三品军事官职）十余世。按一世 25 年计算，商河侯氏一族在安东卫指挥佥事职位累坐 250 余年之久，令人引人注目。

《日照交通志》第七章《海运 · 岚山口》中引岚山头侯氏祖传家谱记载："侯氏始祖（即侯士能）于明朝永乐四年（1406）于武定府迁居此地。"综合多方资料可将侯姓指挥佥事世袭次第详列如下：

侯士能（一世），山东济南府武定州商河县人。开国有功，升邳州卫指挥（佥事）。"及靖难，益加丕□。锡封诰，调山东，世镇焉。"死后归葬原籍。今商河县许商街道侯坊村有明侯士能墓，为县（市）级文物保护单位。

侯兴（二世），即侯文胜，世袭指挥佥事；明万历《商河县志》卷六《选举 · 武秩》记载："侯兴，祁州卫指挥佥事。"或系重名，或误记。

侯贵（三世），世袭指挥佥事。光绪《日照县志》记载："正统四年（1439）

《普照寺碑记》有指挥侯贵。”即为安东卫侯氏三世祖。

侯昇（四世），世袭指挥佥事。

侯柰（五世），世袭指挥佥事。

侯通（六世），世袭指挥佥事。

侯柱（七世），世袭指挥佥事，配卫指挥佥事胡世宗女。

侯承恩（八世），生于嘉靖二年（1523）九月十二日，卒于万历七年（1579）四月初九日。别号两泉。嘉靖年间，曾随军南征；承袭后，效劳蓟镇军门，“数年间虏不敢饮马长城下”。卒年五十六岁。

侯懋德（九世），别号修吾。生于嘉靖乙巳（1545）九月十四日，卒于万历己未（1619）十月初七日。侯懋德自幼颖异过人，熟读兵书，且屡试屡第，每每夺锦而归。袭职后曾受命带京操军于塞外筑城修堡，与士卒同甘苦，不遗余力四年多。一男安国，袭指挥佥事职。

侯安国（十世），袭指挥佥事。《安东卫志 · 选举》“武举”下记载：“侯安国，中万历十九年辛卯。”曾参与康熙《安东卫志》编纂的胡植纲在志跋中曾提到其人。

侯昌胤（十一世），侯安国嫡长子，应袭指挥佥事。

侯应玺（十二世），侯昌胤嫡长子，安东卫指挥使李惟精婿，亦应袭指挥佥事。

另据光绪《日照县志》记载，侯姓世袭指挥佥事还有“侯大用、侯光祚、侯荣长，皆世袭”等。时过境迁，侯姓指挥佥事后裔虽不再是世袭官宦人家，但仍然诗书传家，文脉赓续。清以后有贡生 4 人，获赐封并见史料的有 6 人。特别是侯氏后人在书法艺术方面成就斐然，日照岚山一带至今盛传“大字苏家，小字侯家”。说明侯氏后人书法以小楷见长，从传世作品来看也确属名副其实。

值得一提的是，根据这份《考释》的资料，侯氏祖籍济南商河县，自安东卫一世祖侯士能以下共分三支，其中有两支今仍居住于商河县许商街道侯坊村（今已与后十亩村合并为商南社区）。日照安东卫一带侯姓族人大都居住今涛雒镇侯家村、岚山头二村、四村、安东卫辛庄子、连家村，另有一支住赣榆县（今江苏省连云港市赣榆区）大王坊村，著名电影演员侯勇即其族人，此即前文言及侯勇祖籍600多年前在商河县的渊源。

“一剧两商河”，这也就是文章开头所说热播军旅剧《海天雄鹰》在商河格外具有关注度的原因了。

北曲一派张自慎

张自慎 字敬叔，号就山。明代商河县张老庄村人。自幼聪慧博学，嘉靖年间廪生（由官府给予一定补贴的生员，又称廪膳生）。一生曾作金元乐府杂剧三十余种，而流传下来的只有一诗一曲。但时人对张自慎评价极高，如太原万伯修《池北偶谈 · 卷十四》中所曰：“北曲一派，海内索解人不得，眼中独见张就山耳。”

少年得志的张自慎天性豪放不羁，试作金元乐府之余又作《五花攒棉》一部，因内容涉嫌讽刺朝政而被人告发，只得逃往章丘投奔于李开先门下。

李开先系嘉靖八年进士，曾任户部主事、太常寺少卿之职。嘉靖二十年，李开先因抨击内阁高官腐败而被罢官，回到故乡章丘之后，一直过着田园诗酒、交游唱和的生活。据史料记载，李开先一见张自慎就赞赏有加，欣然收入门下，成为其编修元杂剧的得力助手。李开先家藏有杂剧千余种，他曾在自己所著的《闲居集》中写道：“元词鲜有见之者，见者多寻常之作。乃尽发所藏付门人张自慎选取。”可见，李开先已将张自慎视作自己的衣钵传人，极其器重。因张自慎长期流寓章丘，故《章丘县志 · 卷十一 · 人物》有传。

张自慎的文学功底之深厚，在仅存的一首《难悲词》中可见一斑——

金井梧桐飘叶，又是新秋节。羁怀转叹嗟！身在天涯，情牵亲舍。风急雁行斜，江冷芙蓉卸。近新来，不惯离别。怕得是离别，又遭是离别。剩水残山，穷途逆旅，难免跋涉。人远音绝，水远山赊，好一个被底鸳鸯，都做了梦里蝴蝶。路阻人千里，云连山万遮。冷清清，刻漏三更夜；虚飘飘，魂梦无定贴。眼睁睁，谁是知痛热？最苦是清秋凉夜，无限离情向谁诉说？听了些，寒蛩声惨切；伴了些，孤馆灯明灭；挨了些，楼头长短更；叹了些，苦海无边孽。呀！走了些，恶狠狠豹狼道；探了些，冷喝喝龙虎穴。黑暗暗云遮，忽喇喇风蜇，忽叮当，敲动了檐前铁。红尘名利客，孤馆叹声绝，远近思乡无凭藉。离恨词，含泪写，冤冤屈屈把柔肠折。离恨种种载几车，回首西风人瘦也。（摘自《商河县志》）

张自慎一生未仕，却与明代著名政治家、诗人于慎行关系密切。于慎行，平阴东阿镇人，少年得志，20 余岁便成为皇帝最年轻的老师。万历年间任礼部尚书、东阁大学士。后因立太子之“国本之争”几经沉浮，居家十余年，写成《谷城山馆文集》20 卷。这期间，张自慎前去拜访，二人一见如故把酒言欢彻夜畅谈，大有相见恨晚之意。

于慎行 63 岁时被朝廷重新起用。而张自慎却因看透朝政腐败，终牛隐居未仕。于慎行在《赠张就山隐居》中写道:“相逢杯酒说行藏，问字曾师李太常。梁苑十年依幸舍，商歌一曲擅词场。乡心长白山头月，客鬓桑干马上霜。昨夜读君张翰咏，西风已自断归肠。”

在于慎行这首诗中，我们得知张自慎还写过一首《张翰咏》以表达自己的心情。据《晋书 · 张翰传》载：苏州人张翰在洛阳做官时曾有一名言：“人生贵适忘，何能羁宦数千里以要名爵乎？”其纵任不拘的性格，正是张自慎所推崇的。也正因为张自慎不计身后千载名，才使得大量作品及生平事迹湮灭在史海之中，让后人空余一番惆怅。

兵部司马李延寿

李延寿系商河县张坊镇李兵马村李氏五世祖。据该村李氏族谱记载，李姓始祖自陇西迁往直隶枣强，年代不详。该村李姓始祖李兴旺于明永乐元年（1403）由直隶（今河北省）枣强迁居商河县城西南三十五里定居，定村名为李官庄村（现为德州市临邑县孟寺镇李官庄村），墓碑立于村北约 500 米处。李兵马村四世祖李敬自明成化元年（1465）由李官庄迁居商河县城西三里郭家营定居。李敬次子李延寿于明中期任兵部司马，后又迁居商河县城西北贾家寨定居，后改村名为兵马李家（今李兵马村）。

李延寿所生五子下传 21 孙，二子宗舜封文林郎，枣强知县。李景瑗（字金相）1644 年由李兵马村向西二里定居，为李金香村。李景熙由李兵马村迁往临邑县孟寺镇贾家村居住。李景化迁往临邑县宿安乡鲍家村居住。李光宗迁往鲍家居住。李景清迁往临邑县宿安耿楼村定居。李宗周的后裔一部分迁往商河县西关居住，一部分迁往李官庄居住。由于诸多历史原因，李氏家族的宗祠牌匾、印刷族谱用的活字印刷版等文物在“文化大革命”期间全部遗失。

“鸿泥万里”马毓林

云南丽江、玉龙雪山作为著名旅游景点，当代的人们对它们耳熟能详。但对于曾任清代丽江知府、云南知府且早在 200 多年前就曾经著书宣传推介丽江、玉龙雪山的商河人马毓林，就知之甚少了。本篇故事，就让我们穿越 200 多年光阴，走进马毓林的世界。

书香世家，欣逢玉辂——马毓林其人　马毓林（1768—1830），字西园，号雪渔氏，山东省武定府商河县（今济南市商河县马庵村）人。年幼聪慧，矢志读书。十九岁中童试第一，三十岁中戊午科（1798）举人，四十岁中戊辰科（1808）进士，朝考中选殿试二甲，以主事分刑部，观政数年后，提中厅。历任员外郎（相当于今之副司长）、中总办（相当于今之中央办公厅主任）、主事（相当于今之“司”级单位的“干事”）。嘉庆二十三年（1818）任湖南乡试副考官，甲申（1824）冬授云南遗缺知府，乙酉（1825）任丽江府知府。道光七年（1827）五月五日，总督阮元、巡抚伊里布上书朝廷，求补任云南府知府，马毓林即离职丽江，任云南府知府。在任期间，他参与了道光《云南通志稿》的编修工作，任董理（相当于“总纂”）一职。道光八年（1828）冬以病辞职。道光九年（1829）欲升迤南道道员，马毓林力请辞官归乡。第二年（1830）病逝于山东省商河县，葬于武定府阳信县。所著《湖南典试录》《万里吟》《鸿泥杂志》存于家。

纵观马毓林一生，先天聪慧而生于书香门第，特别是欣逢商河知县章玉辂当政期间对文化贤士的重视，得以脱颖而出，成为一代学者型良吏。

书香门第，江淮恩泽 马氏宗族在山东商河县影响深远，考取功名者甚多，据民国《商河县志》记载："马氏，望扶风嬴姓伯益之后，赵王子奢封马服君，子孙因以为氏。清名进士马翊宸城北马庄，马毓林城北马家庵，至今书香不绝，虽非同宗而各有谱牒，散处各庄者至十余处，亦邑之望族也。"马毓林出身书香世家，其父马江、其伯父马淮对其影响深远，父亲马江以诗文见长，而伯父马淮则以刑名著称。

马江，字桂岭，乾隆乙酉科（1765）举人，官登州府教授（即府级儒学的主管官员，品级为从九品）。"生平崇尚实学，作文沉郁顿挫，绰有风骨，诗出入唐宋，不为前人羁缚，书法冠绝一时。"著有《春帆集》《闽峤集》《观海集》《余间偶笔》《蕉轩集》《蒙养拙庵古文》《秋浦韵钞》《还乡集》等传世。这对马毓林日后在文学上的成就产生了深远的影响。

马淮，字柏源，乾隆庚辰科（1760）举人，官福建惠安县知县。乾隆三十一年（1766）至福建罗源县为官，"剖断积案，狱无遁情。"时有林、黄二姓争葛藤山界，经年不休，马淮为之断案，"尔山名不祥，改和息山，为尔斩断葛藤，永无讼患。"武生郑某与弟争夺遗产，官司打了十余年而无法断案，马淮"责之以大义，喻之以至情，感泣而罢"。乾隆辛卯（1771）官惠安，惠安素称难治，马淮"厘奸剔弊，四境安堵，民歌善政"。因政绩显著，奏朝廷加通判（相当于知府的副手，正六品级）衔。马淮在惠安时"有稻秀双歧（双歧就是一根稻穗上长出两个穗，吉祥之意），永春有铁树开花之瑞"，不久因病卒于任上。由于为百姓排忧解难、化解乡里恩怨，百姓怀其德，"海疆人莫不感德"。其伯父的政治经历、事迹等对马毓林后来从政影响深远。

聪慧少年，伯乐相助 由于受家庭熏陶，马毓林年幼时父母教导有方，马毓林之父"世擅清门，代传素业，家风淳厚，垂弓冶之良模，庭训方严，启诗书之令"（见民国《商河县志》）。其母高氏，"克树芳行，尤多慈教，著承筐之雅范，早知率礼，无愆寓徒宅之深心。"而继母李氏，"禀温内则作配名宗，殚育子之劬劳，恩同毛里，笃因心之慈爱，道在均平。"在父母精心教育下，马毓林学业长进，少年有成。时逢浙江山阴人章玉辂任商河县知县，章致力于发展教育，“事务持大体，尤加意学校，月试极尽奖劝，虽公务丛集不废，一时科名登进皆所拔萃士”（清光绪《商河乡土志》），这对马毓林的成长如虎添翼。马毓林年十九时应童子试，成绩第一，县令章玉辂尤为器重，学使刘文恪复核，认为马毓林童试第一当之无愧，“以公冠首，阮宗师科试，以优等食饩。”此评价显露出马毓林的聪慧，更折射出伯乐的器重。

知府人去后，万里有政声——马毓林其事 “去任荣于到任时”，马毓林为官清廉，勤政为民。“政声人去后，民意闲谈中。”马毓林从政声名远扬，深孚民心。

戊寅（1818）时，马毓林任湖南乡试副考官，深具商河知县章玉辂慧眼识才情怀，“典试湖南得人极盛”。得举人李萼等49人、副榜唐晋等9人，皆知名士，“阶见时龙颜大喜”。乙酉（1825）任丽江府知府，“政简刑清”。马毓林曾撰写《丽江视事见年岁丰稔汉夷安恬喜赋见志》，是对丽江太平社会的翔实描述，也是关怀丽民的真实写照。其一：“鼓角声随弦诵音，西陲武备气严森。经生岂识筹边策，壮士频怀报国心。慷慨有情思倚剑，升平无事欲弹琴。须知镇静方为福，忠信常书座右箴。”其二：“土语侏儷未易知，欣看苍赤气恬熙。年丰比户皆簪酒，俗朴沿街尽贸丝。麦饼乳茶留客坐，芦笙铜鼓赛神祠。笑余忝作蛮夷长，无诈无虞两不疑。”其一展现的是塞外风光，将士守边之景；其二描绘丽江人民生活恬静、物产富足的升平之世。马毓林任丽江府知府时时值宾川饥荒，马毓林倡捐养廉银赈灾，“宾川属境歉，公捐廉赈济，舆诵遍遐迩。”由于马毓林的积极行动，宾川度过灾荒危机，百姓感其德，传颂一时。

马毓林任刑部郎中时，对案件潜心研读，审理细致入微，因断案能力强，获得同仁的认可，“仁恕居心精勤，莅事狱多平反，同曹咸推为能”（见清道光《商河县志》）。总督阮元知晓马毓林有较强的政治管理和决狱能力，力请调任云南府知府，道光七年（1827）马毓林任云南府知府。由于云南府为省会，事多繁杂，且时适道光时期社会矛盾尖锐，动荡不安，昆明出现张大鹏等倡乱惑众之事，总督阮元欲以极刑处置匪首及参与者，按察司和布政使竭力劝说，却无法扭转局势。马毓林苦苦劝谏，总督阮元终于允其请命，释放了许多无辜人员。马毓林此类德政事迹不但在云南各地声名远播，在家乡商河也颇有影响，为时人所传诵。

玉龙雪山秀，鸿泥万里吟——马毓林其书 马毓林一生著述颇多，所著《湖南典试录》《鸿泥杂志》《万里吟》存于商河老家，但流传于后世者目前所见仅《鸿泥杂志》《万里吟》两种。

玉龙雪山志于“鸿泥”之《鸿泥杂志》 宋代著名文学家苏轼（字子瞻，号东坡）于嘉祐六年（1061）为弟弟苏辙（字子由）写了《和子由渑池怀旧》诗，前四句为："人生到处知何似，应似飞鸿踏雪泥。泥上偶然留指爪，鸿飞那复计东西。"其中饱含人生哲理，寄意深远，千载传诵，被凝聚成“雪泥鸿爪”等成语，广为运用，喻人生所留下的痕迹。清代道光初年丽江知府马毓林（字西园，号雪渔氏）从京赴滇履职，长途跋涉，将其见闻记录下来编成一书，取名为《鸿泥杂志》，用的正是苏轼的诗意。

《鸿泥杂志》写成于道光丙戌年（1826），共四卷。前两卷记载作者从京师至滇云沿途所见所闻，后两卷记载云南轶事并简述云南历史。该书所记载内容丰富，涉及当时社会的方方面面，是道光初年云南社会生活的真实写照。从《鸿泥杂志》分类来看，主要记载山川湖泊、各地气候、动植物分布、沿途交通、城防关隘、区域农业、手工业状况、官场士人、楹联诗歌、民风民俗、宗教信仰等，其中对清代道光年间丽江乃至滇西北社会生活记述尤详。特别是对玉龙雪山景观描述生动而详尽，“雪山，一名玉龙山，在丽郡北二十里，高可万仞，峰峦削秀，积雪经年不消，望之一片晶莹，如琼楼玉宇，近山侧则寒风刺骨，未有能跻其巅者。丽郡儿童率于六月内取山雪和以蔗糖，在市售卖，如京师之卖冰水者。”

《鸿泥杂志》刊出至今已有两百余年，是当时见闻记载，内容涉及社会各个层面，不亚于一本百科全书式的地方志书，具有浓厚的人文地理气息。作为一部具有鲜明特色的游记与读书笔记相结合的综合体，《鸿泥杂志》前两卷所撰写的内容以游记为主，后两卷所编撰的史事以读书笔记为主。作者从传说故事记载开始一直到道光年间，可以说是一部简略的云南地方通史，不仅丰富了地方文献资料，更为考校其他史料提供了依据，特别是为当今推介宣传丽江乃至云南旅游起到了举足轻重的作用。

马银行所著《〈鸿泥杂志〉点校与研究》《〈万里吟〉校注》

踏歌边疆万里吟之《万里吟》

《万里吟》是《鸿泥杂志》的姊妹篇，其中散文集《鸿泥杂志》用以记事，诗歌集《万里吟》则用以抒情。二者均与他离京到云南赴任及为官期间亲历见闻有关。

马毓林原在北京刑部为官，工作性质所限，很少作诗。自清道光四年（1824），授云南补缺知府，次年三月授丽江知府，道光七年（1827）调任云南知府，至道光九年（1829）因病辞官回乡，前后在云南任职五年。这期间，云南边疆奇异多姿的山水，时刻使他惊奇和感叹，他写诗作文的兴致甚高，留下了许多优秀作品，把自然美的画面永远留在他笔下的文字里。这些优美的诗歌文字最终汇为一辑，名曰《万里吟》。

清道光年间刊刻本《万里吟》

云南地区民风淳朴、诗书雅集，百姓好客有礼，这一切给马毓林留下刻骨铭心的印象。除了自然风光、山容水态，《万里吟》还为后人留下了一幅幅边疆风俗画。此外，《万里吟》也有一些抒写个人况味和心志的作品。

概言之，马毓林《万里吟》所收录写景诗能将特定的时间、地点和条件之下的自然美描绘得鲜活生动，能以形写神，以景传情，情景交融，渗透着作者的体验，宛如一幅幅充满韵味的水墨画。他的民俗诗，其间有城镇贸易、琅琅书声、火热劳动，一幅幅充满人间烟火味的图景，既有历史感，又有现实感，既有地域色彩，又有时代气息。其述志诗，袒露心迹，欢乐苦楚一并托出，在艰难困苦中仍保持松柏情操，在曲折坎坷人生路上毅然前行，或隐或现地蕴含着他爱国爱乡的情怀，或强或弱地体现出他的民本思想，对云南各少数民族的亲切友好态度，作品透露出他对艺术的执着追求。

《万里吟》道光己丑（1829）三月版本刊刻于云南府，传播甚广。从目前全国各地的存藏状况看，主要存于云南省图书馆、国家图书馆等。成书于道光十六年（1836）的《商河县志》，以传记形式记录了马毓林概况，并收录了《万里吟》所刊《出守滇南留别都门诸友》一诗。宣统《山东通志》对马毓林及其著作也有记载。民国时期，马毓林所著《鸿泥杂志》《万里吟》在北京市面皆有流通。

（本文参考马银行编著《〈鸿泥杂志〉点校与研究》及马银行点校《万里吟》有关内容，谨向作者马银行先生致谢，一并感谢提供资料线索的商河县贾庄镇街西王村王以玺先生。）

“银钩铁书”话马苕

太平猴魁是近几年时兴的一种绿茶，因为曾被李克强总理作为国礼赠送给俄罗斯总统普京而驰名中外。太平猴魁的产地安徽省太平县当年就有一位商河籍的县官马苕，因为书法造诣颇深，被称为“银钩铁书”，美誉皖南大地。

马苕，又名马翊宸，字次溪，商河县殷巷镇大沙河南岸的马家村人。他的父亲马见龙是一位秀才，凡事能够容让，性情宽厚，闻名乡里。马苕共兄弟三人，他是老大，老二是马葱，老三马凤翔，是一位武生，兄弟三人可以说是文武双全，受家传影响，兄弟三人均学有所成。马苕先后娶宋氏、王氏为妻，生有严泉、右泉两个儿子。长子马严泉是太学生，次子马右泉则为候选县丞，而马苕本人是嘉庆庚申（1800）恩科举人、嘉庆己巳（1809）恩科进士，中了进士后就担任安徽省宁国府太平县知县。马苕才思俊逸，性情磊落，学识非凡，他

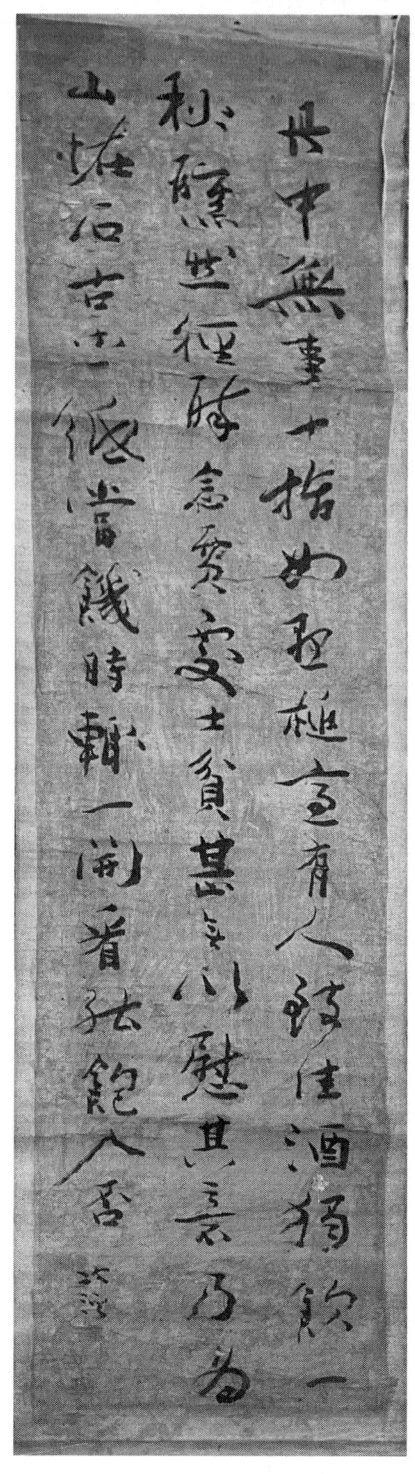

马苔书法

品行端正，涵养深粹，对待朋友温顺恭敬，雅而不俗。在任太平知县期间，廉洁奉公，处处为民着想，政声颇佳，辞官去职后，当地百姓称之为青天父母官，在皖南大地一时传为佳话。

马苔书画诗文样样精通，文笔遒健，文章吸取“四书五经”的精华，对于汉代的史赋与唐宋八大家的研究最为精到。还没辞官的时候，安徽、湖南各大书院争着邀请马苔去讲学，马苔辞官后就留在安徽当地讲学，从而有机会遍游祖国的名山大川，在广泛的游历中著有《江上吟》《湖上吟》等广为传诵的诗词稿，可惜后来未能流传下来，现在只知道诗词的题目。马苔一生，最为时人推重的是他的书法，马苔的书法“刚则铁划，媚若银钩”，点画既刚健遒劲又秀美婉转，被当时书法名流称为“银钩铁书”。他的绘画则被称作郑板桥复出，他尤其擅于画驴，作品多被当时官宦及文人雅士所珍爱收藏，冠绝一时。

据传，马苔为官清廉，省亲之时家乡灾荒刚过，无粮招待随从，只好煮胡萝卜为餐。南方随从不识此物，误作人参，归后渲染“老爷每餐用人参招待”。与马苔有隙者乘机造谣煽动，传至京城，龙颜大怒，传旨满门抄斩，多亏同科进士马毓林多方周旋，以头担保，方免于难。有一年，家乡歉收，饿殍遍野，胞姐想起在南方做官的弟弟，遣子求借。马苔囊中羞涩，无力救援，又不忍心让外甥空手而归，便画了三副瘦驴相赠，并嘱咐不到万不得已勿卖。外甥心存怨气，不满而返，至章丘时盘缠用尽，遇一风雅店主，将画示之。店主观后大惊："如此了得，没见如此好笔墨！"遂议用真驴价格易之。外甥大喜，得一真驴骑坐，带两驴之钱高兴离去。后马苔归，问及此事，连声叹息："我画的每一副驴，给三头真驴也不换呢！"又一想，三张画能救活姐姐一家人性命，也值。

马苔于古稀之年回归故里，主讲于麦丘书院与滨州书院，并著有《滨海集》文稿藏于家中。晚年之时，马苔很少提及自己的为官经历，倒是对于讲学情有独钟，经历十多年造就，麦丘书院声名远播，时人赞其书院声望有如泰山北斗。八十八岁那年，马苔无疾而终于家中。

根据清《商河县志》的记载，马苔当初讲学的麦丘学院建成于道光三年（1823），由时任商河知县董锡龄劝建，位置就在今天的县文化中心北邻，原迹已无处可寻。现在，北纬 37 度温泉小镇西邻的商河县农业科技示范园内建有麦丘苑，集观光、采摘、餐饮、游学为一体。另，县城人民公园附近有个人兴办麦丘国学馆一处，虽不复当年麦丘书院的名望，但马苔讲学麦丘书院的风采却一直辉映在商河大地上。

末代拔贡彭文炳

1905 年，延续千年的封建科举制度被废除了，但为了给全国的老秀才、老举人们留个出路，优拔贡、举贡则被保留了下来。宣统元年（1909）的宣统己酉科，即是科举被废后最后一届优拔贡举，也成为清朝最后一届科举考试。在这次科举考试中，商河县龙桑寺镇刘集村的彭文炳考取了拔贡，成为末代拔贡之一。

简单点说，拔贡即是正式科举之外的一种补充性的选拔。类似于现在的保送。按照传统惯例，每十二年（逢酉年）举办一次拔贡。全国的秀才经所在府

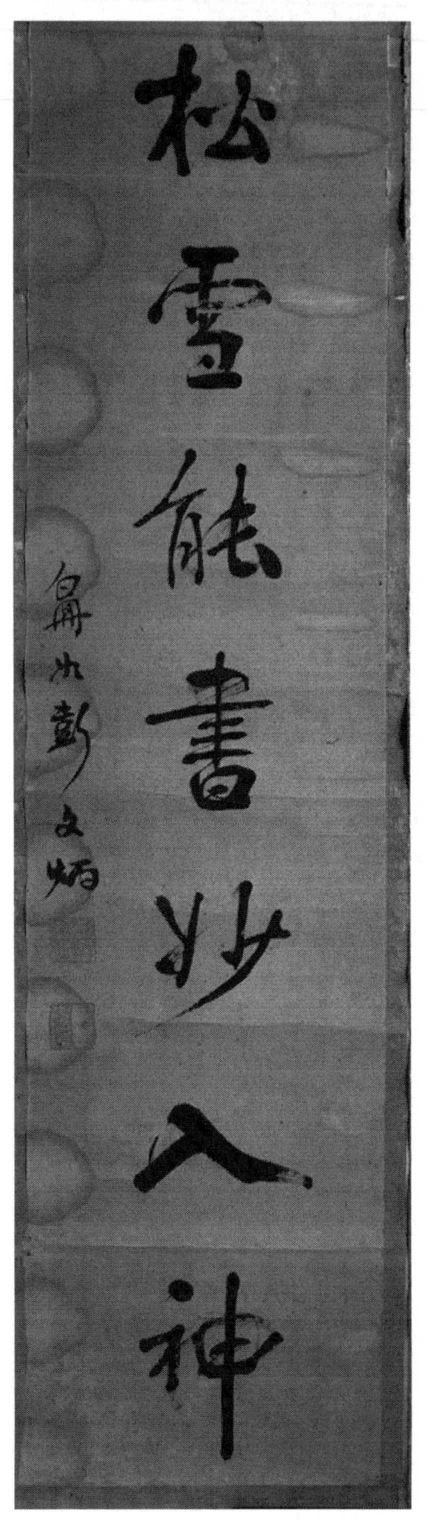

州县学推荐，通过本省统一举办的拔贡考试（相当于乡试）后，次年即可往京城参加礼部会考及殿前朝考（相当于会、殿试），进入前两等即可授官。考取拔贡的彭文炳，当年即出任安徽州判（从七品）。当然，纵观彭文炳短暂一生，从七品的为官经历并不足称道，他真正让后人所铭记的是为当地教育事业所做出的突出贡献。

彭文炳（生卒年不详），字星如，号痴僧，别号梨园遁叟。原籍河北枣强县，明代迁居商河，诗书传家，美誉一方。至第五世彭辉廷，家业兴旺而礼遇众邻，为时人所称道，并于嘉庆年间（1796—1820）获授儒林郎（清代从六品文职官员名称）、候选布政司经历（布政司内负责出纳文书事务的官员，其职位品级为从六品，相当于现在的省政府财务部门的负责人或主管，主要负责处理文书中的行政事务），号称“素封八大家”之一。其父彭柷，对彭文炳慈爱有加，悉心教育，抱以厚望。彭文炳 16 岁应试学院，补县学生员（即秀才），并师从孝廉（即举人）李荔村深造学问，其间，避居德州潜心研学，学问与书法堪称硕儒。然而乡试（由秀才考取举人的一种考试）屡次不中。直到宣统元年（1909），获己酉科拔贡，出任安徽州判（从七品）。时值辛亥革命前夕，时局动荡加之思乡心切，即于1911年辞归故里，以临习书法为乐，上门求赠书法者络绎不绝，他萌生办学之意。

民国元年（1912），彭文炳倾尽家财，创办龙桑公学，为商河县教育事业开创新局。1915年，被聘为蓟北军幕僚。终因不适军旅繁务而辞离。于1918年应聘山东省立第四中学（当时全省共设十所省立中学，第四中学驻惠民）教员并执教近10年。民国时期的省立四中是鲁北地区重要学府，在这里汇集了大批的知识分子，彭文炳执教其中，颇具声望。主教四中期间，学校给彭文炳议定了润笔费每年四百金，他将润笔费全部捐赠学校办学，为此获得教育厅奖章一次，教育部奖章两次。当时商河县长温圣涵追慕彭文炳学识为人，刚刚筹划到省立四中诚聘彭文炳回商河任教，赶巧温圣涵县长调离商河的调令下发，聘教一事憾未完成。时值民国山东省议会

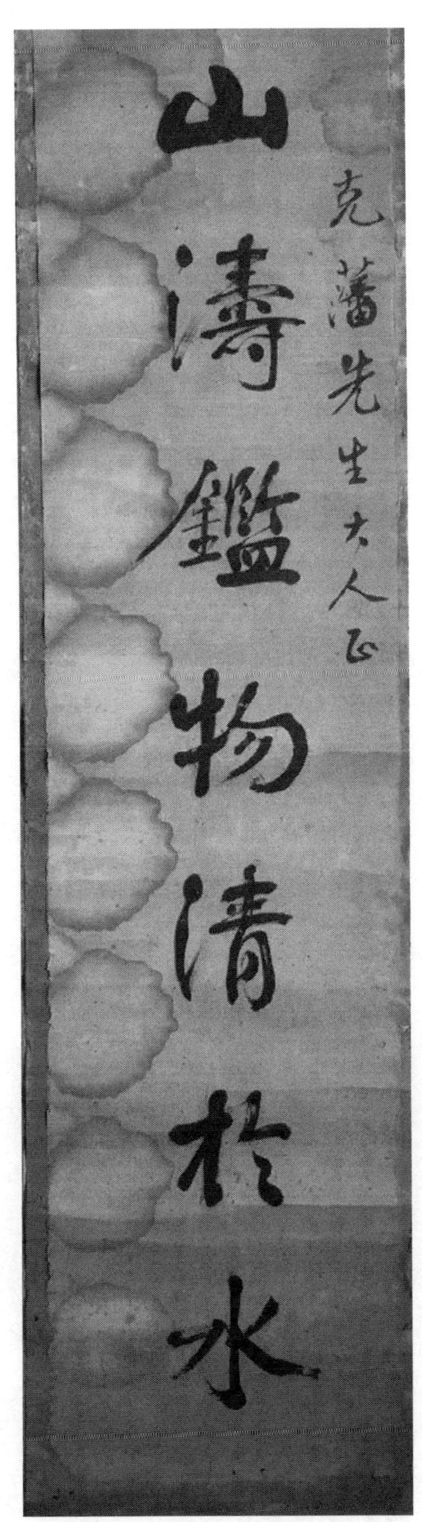

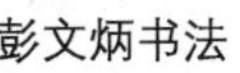
彭文炳书法

第三届改选，彭文炳初选为当选人，待复选时他把获选资格推让给韩筱奉，韩所赠答谢之礼仅留两枚图章以示纪念，其余贵重物品尽数返还。

1930 年，彭文炳应青城赵公之聘，客居大连 50 日后来到天津。彭文炳待人举止谦逊有加，一副少年书生的样子，所到之处，上门求字的车辆堵塞道路成为一景，认识或不认识他的人都称呼他为“彭老师”。彭文炳著有《聊复尔尔》《蛩吟小草》《大连杂咏》《书法讲义》等书，均由其长子彭兴镬悉心收藏。时人李傅卿、路雪堂、郭星珊、马荩卿等名士都与彭文炳过从甚密，友谊甚笃。

及至彭文炳晚年，居于陋室而正襟危坐，端庄肃然，潜心学问，俨然有古士之风，为当时贤人所难以企及者。1931 年农历九月初八，彭文炳因病去世，享年 63 岁。彭文炳生四子，长子彭兴镬，曾任直军营长；次子彭举华，北平畿辅大学毕业，早卒；三子彭兴箴，山东省立第四中学毕业；四子彭兴篁，商河县立第四小学毕业。四子都能读父亲彭文炳所著之书，尤以长子彭兴镬成绩斐然，其由岱北公校毕业，历任陆军十五混成旅上尉军需书记、第四师少校副官、陕西宝鸡县虢镇统税局局长、第七混成旅二团团副、京畿卫戍第六团团副等职，并被选任国民革命军第十七军委员会委员。

清末廪生刘光坦

清光绪十二年（1886），德国人卡尔 · 本茨发明了汽车，也就是在这个标志性的年份，商河县沙河镇刘家庵村刘光坦出生了。据该村《刘氏族谱》记载，刘氏家族是在元朝由山西洪洞县迁居到乐安（今为广饶县）县西南十五里小张庄，明朝时期由广饶县迁居至此。刘光坦出生时，刘氏家族迁到商河县已有 300 多年了。

据《商河县志》（1990 版）记载，刘光坦，字文卿，清末廪生。熟悉历史的人知道，清代科举考试的功名从低级到高级可分为童生、秀才、举人、进士四个级别。廪生属于秀才序列。在科举制度中，通过县试或府试后，成为生员，即秀才。秀才又分为三等：廪生、增生、附生，廪生是成绩最好的一类秀才。可知，刘光坦读书时成绩非常了得，其廪生身份按现在来讲就是享受奖学金的三好学生，当然廪生待遇只是在上学期间短暂享有的补贴，但这足以让刘光坦在学业上更进一步了。

刘光坦幼读私塾，尊师好学，矢志教育事业，考取秀才后不久，即进入济南师范讲习班进修，于 1912 年毕业返回故里。济南师范讲习班进修期间，他深受“教育救国”思想影响。以为国弱民穷源于“教育之不兴，民智之不开”。他在家乡联络当地教师和热心教育人士联名上书县府，并亲自上访当局恳求拨款建校。几经奔走无效，仍不灰心。他毅然卖掉良田十余亩，自费创建了商河县第二高级小学。教学工作中，他勤勤恳恳，率先垂范。教师有生活困难，他亲送钱粮相助。他先后任商河县第二、第三高级小学教师，刘家庵高小、商河县女子小学校长。在刘家庵高小任校长时，学生有病，他主动接到家中疗养。有一次家中住着五名生病的学生，他仍热情相待。全校师生、员工无不交口称誉。随后，他又在龙桑寺筹办了商河县第四高级小学。

1939 年伪军头子田敬堂拨款在刘家庵建起第五高小，并请刘光坦出任校长，借此笼络人心。刘光坦利用这一合法身份，向学生进行抗日救国宣传，并在课堂上怒斥田逆投降日寇祸国殃民的罪行。田逆闻此大为气恼，但鉴于刘光坦的名望较高又是自己的老师，无可奈何。他曾多次冒险掩护抗日民主政府干部陈梅川、左栋周、张立仁等。有一次，区小队在刘家庵被伪军包围，刘光坦将 30 多人藏在自己家中，并沉着应付支走敌人，区小队得以安全转移。

1945 年 2 月，商惠县抗日民主政府参议会首次会议在花园召开，刘光坦被选为参议长，并任渤海行署参议员。1945 年商河解放后，刘光坦先后任渤海行署参议员、商惠县参议长、城关完小校长。1956 年党和政府为照顾已 70 高龄的刘光坦，委任他为完小名誉校长。他虽无力课堂授课，却主动承担起学校的思想教育工作。他通过周会、班会、朝会向学生进行纪律和“五爱”教育。为了解思想情况，他经常与师生促膝谈心，让师生如沐春风。他心系师生冷暖，每当下雨时，总是亲自打着伞到教室、宿舍逐一查看，为师生提供雪中送炭的及时帮助。全校师生交口赞颂他“满腔热血育桃李，鞠躬尽瘁好园丁”。

刘光坦深具革命情怀。1947 年渤海军区组建渤海教导旅时，刘光坦积极宣传革命思想，动员许多在校进步学生参军加入渤海教导旅，为中国解放事业做出突出贡献。至今，远在新疆的乌鲁木齐，刘光坦当年动员参军西征的学生娄述文（详见后文《娄莲塘家族事略》)，还常常回忆起他动员学生参军的场景，表示是刘光坦指引他走上了革命道路。

1958 年，刘光坦因病逝世，终年 72 岁。后人赞之：

罄尽家资筑杏坛，
舌耕函文化愚顽。
秾桃艳李行天下，
回首黉门血灌园。

第四编　名门望族

一、"张大人"一门十二坊

明朝正德年间，商河县许德顺村（今玉皇庙镇张大人村）张氏七世祖张九叙被封为兵部司马。因正德皇帝（朱厚照）膝下无子，意欲立其堂弟朱厚熜为太子，因而引起宫廷内部倾轧。朱厚熜来张九叙家避难期间，九叙之弟张邦瑞对其悉心照料，两人遂结为莫逆之交。

正德皇帝驾崩后，张邦瑞一路护送朱厚熜进京登基称帝，是为嘉靖帝。为报答张邦瑞保驾护驾之恩，嘉靖皇帝在朝廷之上对其封高官、赏万金，但张邦瑞坚辞不受。嘉靖帝称张邦瑞有"大人之风"，遂赐张邦瑞故里许德顺村为"张大人庄"，村名一直沿用至今。

关于张九叙的生平事迹，《商河县志》及《玉皇庙镇志》中有如下记叙——

张九叙，字禹功，号桐冈，明弘治五年举人。弘治十八年考中进士，钦点翰林院庶吉士。历任户刑科左右给事中、吏科都给事中、太仆寺少卿、左常寺提督、南京左佥都御史、兵部左侍郎加少司马，追赠正奉大夫。

在张九叙任户刑科左右给事中期间，宦官刘瑾凭借自己掌司礼监的权力，上欺天子下压群臣，掠夺民间土地，增设皇庄达300余处。有个李校尉用钱买通了刘瑾，成为刘瑾的帮凶，借势为非作歹，强抢民田。尽管民怨沸腾，但一些执法者敢怒不敢言。当龙案上的举报信摞成小山时正德皇帝才下旨查办，领命的就是张九叙。张九叙处案时不畏权贵，很快就将李校尉之流强占的民田如数追回，归还了百姓。而李校尉的"保护伞"刘瑾仍然横行朝野，并使张九叙受到极大的压力和攻击。铁骨铮铮的张九叙未被恶势力吓倒，反而团结朝内正义的力量同刘瑾之流进行了一场殊死斗争，终于在明正德五年（1510）将猖狂一时的刘瑾以“图谋反叛”的罪名扳倒并处于极刑，其狐朋狗党也受到严惩，朝野上下一时人心大快。

1521 年，明世宗朱厚熜（嘉靖皇帝）继位后，张九叙等一批谏臣被提拔，其中张九叙即升吏科都给事中、太仆寺少卿。1522 年调任太常寺提督，兼管四夷馆。1527 年春天，天下大旱，南方长江水域一些河道干涸，江洋大盗啸聚山林。其中黄保、孙二两股黑恶势力达数百人，杀人无数，民不聊生。嘉靖帝特委升张九叙为南京左佥都御史，总理江防事务，尽快剿平匪患。而此时蝗灾又起，百姓雪上加霜叫苦不迭。张九叙巡视归来后彻夜修拟数千言的《德回

张九叙墓

天疏》，汇报灾情申请救济，终使得“民仅免荒”。然而，就在张九叙平匪赈灾之后的第二年，皇上采纳了奸臣张孚敬的“荐举”，免去了张九叙佥都御史职务。1529年，张九叙抑郁成疾，于农历八月初五逝于故里。如今的张大人村保留有张九叙墓地。

张氏门中在张九叙、张邦瑞之后，还出现过数位功名显赫之人，经当朝皇帝批准，相继修建了12座牌坊。其中包括——

丹桂传芳坊为张邦瑞立。

天科都谏坊、文焕坊、进士坊均为张九叙所立。

张大人村牌坊（复建）

联璧坊为天顺年间张咨立。张咨曾任职光州、涿州知州，后升任卫辉九江知府、河东盐运使司运使，刚强有为政绩突出，广受朝野百姓赞誉。

绍光坊为成化年间举人张奇立。张奇曾任望江县知县，后来任职嘉兴通判和阶州知州，都有很好的政绩。其事迹在安庆府、阶州、望江三地志书中都有记录。

世科坊为举人张㝷立。张㝷，历任河南府通判、顺德府知府。

登瀛坊为宣德壬午举人张绅立。

另有贞寿坊、节烈坊分别为张九叙继室孔氏与十七世王氏祖母而立。

关于贞寿坊和孔氏，还有一段“抖衣显贵”的传奇故事——

张九叙原配刘氏，父亲是阳曲县令，先于张九叙病故。继室孔氏，原籍曲阜阙里，其父孔彦培是孔子五十九世嫡孙。孔氏共为张九叙生下四男二女。张九叙六十岁病故时，孔氏年方 20 余岁。此时其家境日渐贫困。为了一家人的生存，孔氏恪守贞节不辱家风，吃苦耐劳勤俭持家，平时常穿一身蓝衣灰裤，不施粉黛，不配金银，难免遭人鄙视。

一次，孔氏去亲友家赴婚宴，至宴席散时，有人取笑她说：“你看这么多剩菜，不如捎回家给孩子解馋吧！”孔氏一脸正色，微微一笑：“那太好了，扔了也是可惜！”别人说：“那你用什么盛呢？”孔氏当即撩起蓝袄说：“往这里倒！”就这样，孔氏用上衣兜了一桌剩菜往回走，婚宴上的人笑倒一片。这时，孔氏忽然又转回身来，走到盛剩菜的缸前说：“算了，这样走也太让人笑话了，还是不要为好！”就把菜倒进缸里。人们再欲取笑时，却一下子呆住了——孔氏盛过剩菜的衣服上，竟然没有半点油渍和汤水，干净如新。

孔氏掸衣而去，为在场的势利小人、也为世人留下一段“抖衣显贵”的佳话，同时向人们展示了“都堂之妻，圣人之后”面对世态炎凉，从容淡泊不卑不亢的气节。孔氏 70 余岁寿终，封恭人，立贞寿碑坊。此事经后人张彦广整理后，被收入《玉皇庙镇志》。

二、"四朝黄甲"一门四进士

——商河进士第一村孙集村

村庄及姓氏简介

孙氏本姓乔，先世居直隶河间府庆云县。至乔贵时为躲避元末兵乱流亡胶州，居胶一年而兵息。乔贵乃由胶州复返庆云，路过济南府商河县城东十八里许之庞家庄，暂歇于孙公夫妻家中。孙公夫妻膝下无子，因见其贤而有德，许之以家业田产，乔贵乃受其业而奉其终，并从孙姓，称孙贵。后来孙贵为纪念死去的妻子在此立集，改村名为孙集并沿用至今。

孙贵之孙孙毓，及孙毓之侄孙识，加之孙识二子孙孟举、孙孟和先后考取进士，当朝政府为此特批在县学门东大街修建四朝黄甲坊，邑人为之轰动。明清两代，孙氏家族共获建牌坊18座。特别是孙识之妻（即孙孟举、孙孟和之母）乃当时商河张氏望族张大人村张绅之女，孙张连理，一时传为佳话。

自孙贵至今，孙氏一族在商河繁衍700余年，才杰辈出，贤达相绵。孙毓等一门四进士尽入明清商河乡贤祠，不仅为时人所仰慕，并一直为后人所传颂。自有进士以来，商河进士及第凡十八人，此孙氏一门三代四进士，不负商河进士第一村盛名，理所当然矣！

孙门四进士小传

孙　毓　宣德（1426—1435）丁未进士，由进士任监察御史，历升陕西布政使，弹劾不避权贵，献狱多平反。升陕西右参政，以廉勤著称。后迁左布政，仍上疏论执政，几为执政所陷。上知其忠，特令致仕。

孙　识　成化（1465—1487）戊戌进士，由进士任户部主事，累迁郎中，任监察御史，历升汉阳府知府。以狷介（洁身自好）著名。迁平凉府知府，兴利除奸，屡辨疑狱。再迁汉阳，尤多治状。居乡孝友，动必以正，邑人矜式（效仿的榜样）焉。

孙孟举　弘治（1488—1505）乙丑进士，任河南临颍县知县，升刑部主事，官至河南按察司佥事。撰《重修庙学记》传世。

孙孟和　正德（1506—1521）戊辰进士，由进士任广平知府，调滑县，时流贼掠境，攻围七昼夜，和以死拒之，且战且守，屡建奇功。升监察御史，风采严峻，人不敢予以私。巡按山西，有破虏功。驾幸大同，召至前曰："尔御史中好官。"有锦衣、银牌、带袱之赐。升任云南道监察御史，终真定府知府致仕。居官二十年，升沉不见喜愠，因病乞休，家无中人之产，淡然处之。自幼颖悟，十岁能文，著有《西巡激扬录》《南征纪功录》传世。

孙氏 18 牌坊记略

六鳌齐驾坊，为孙毓等六人立，永乐（1403—1424）癸丑中乡试时，同邑有六人得中，建此坊于文庙东。

进士坊，三世褒封坊，为孙毓立。

进士坊，为孙识立。

进士坊，为孙孟举立。

世科坊，为孙孟和立。

四朝黄甲坊，为孙氏一门四进士而立。

节孝坊 11 座，自乾隆五十九年（1794）至宣统二年（1910）为孙氏族中妇女立（注：另有民国二十年所立三座，未计入）。

孙氏家族墓碑

三、一卢三坊定村名

——明代卢亨家族事略

明代，商河县有张、卢、孙三大名门望族闻名四方。其中玉皇庙张大人村“二甲张”之张氏家族、孙集镇“一门四进士”孙氏家族，前已备述。本篇所述，即位于商河县城东南 2 公里处卢家坊村“一门三坊定村名”的卢亨家族。

据卢氏族谱记载，明朝正统年间卢氏三世祖卢彬由城东 50 里徒骇河南岸卢家沟（今济阳区仁凤镇卢家村）迁居于此。后因表彰卢彬次子卢亨先登乡科、后入甲第、久居谏垣，而奉旨建造文光坊、进士坊、都谏坊三座牌坊，以此定村名卢家坊。

卢氏后人在明朝时期科第连绵，书香继世。进士、举人、贡生、廪生、庠生等层出不穷。三世祖卢彬（1420—1474）字仲文，孝友出于天性，乐善好施，肆力诗书，为邑掾吏（官府中辅助官吏的通称，他们负责协助官员处理日常行政事务）。天顺初年因迎驾有功，恩例直隶常州府江阴县主簿。累赠中宪大夫、通政使司右通政。因迎驾功一同升赏的还有城西北李兵马司的李馪（pīn），授河南都司副断事，升东城兵马司指挥。

四世祖卢亨（1455—1524），字永泰，卢彬次子。中成化庚子科（1480）举人，登成化丁未科（1487）进士，殿试金榜二甲第十五名进士出身。先后任兵科、户科给事中、左给事中、都给事中十余年，谏议颇多，有“兵荒者，国之大患”名言传世。后升尚宝司卿（掌管朝廷宝玺、符牌、印章的官员，正五品）、通政使司右通政、南京太常寺卿、资治尹、通奉大夫。正德四年刘瑾专权，卢亨没有阿谀进见，刘瑾就把卢亨的名字划归另册，第二年京官考察时，卢亨被强制辞官退休。卢亨退职后常与阶州知州张奇（时为今之玉皇庙镇张大人村人）

卢亨墓志铭

等过从畅饮。长子卢杰考中举人，娶张九叙堂妹。次女嫁给玉皇庙张大人村张邦镇，也都算是门当户对。

卢亨一生著述颇多，著有诗作《感慨集》一卷和《西园草亭》《偈和集》《归田稿》等。其卒后第二年，嘉靖皇帝赐祭与葬，由朝廷提供葬与祭的物品并派使者到卢亨墓地进行祭祀活动。具体过程是由翰林院撰祭文，工部造坟安葬，坟周七十步，高一丈二尺，坟墙高七尺，石兽虎、羊、马、望柱四对，天禄辟邪盖碑，石质坚硬，扣之有铜声，遥望似雪，周围百姓称作雪花碑。墓志石两块，一盖一底。卢亨葬于卢坊村东南高地祖茔右侧，其址在今备战河（跃进河）东岸、曹家村东北。因20世纪50年代末开挖备战河，其地现为曹家村耕地。

嘉靖十六年（1537），卢亨入乡贤祠，并荫世袭奉祀生两名。五世祖卢杰字子英，卢亨长子。正德癸酉举人，任直隶滦州知州，清廉爱民，有惠政。退休后回归乡里，当地百姓为了感怀他而建生祠祀之。永平知府王蕃撰去思碑并赞，卒后入滦州名宦祠。有《游西寺》诗流传至今：

何年此卓锡？今日快登临。
薜萝依禅榻，鱼龙识梵音。
经文翻贝叶，瑶草发丛林。
偶过谈玄寂，空惭阅世心。

卢亨次子卢伟，字子逊，廪膳生。卢亨诸孙大多手不释卷，书香绵绵。卢氏一族历经清代、民国而逐渐式微。

四、商河城北“一家王”

——商河县“鲁北相府”兴衰注事

“一家王”之由来

张之洞，清代洋务派运动的代表人物，祖籍河北南皮，与曾国藩、李鸿章、左宗棠并称“晚清中兴四大名臣”。因其女嫁于商河王甲第，从而让王甲第所出身的这个本来就气势非凡的王氏家族更加风光无限。这个王氏家族，就是当年与南皮张家、邹平袁家、郑路郑家、旧军孟家、武定李家驰名于世六大豪门望族之一的鲁北相府。清末至民国初年，山东黄河以北地区的民间一向有“武定府中半城李，商河城北一家王”的说法，这“半城李”指武定府的李阁老家族，“一家王”就是说的鲁北相府的王氏家族。

王氏家族原本是在琅琊世代居住的书香门第，元朝末年，因为在地方为官的王氏先祖得罪朝中贵族，遭到陷害，不得不由乐安（山东广饶）西迁到商河城北今天的王家寨所在地。经过祖祖辈辈勤俭耕读，家境很快富裕起来。而且家族子弟大都学业有成，通过科举入仕为官。经过数代经营，王氏家族实力不断壮大，终于发展成为山东当地的豪门望族。随着家族势力的壮大和家业的不断积累，王氏家族经过多年的持续建设，逐步在鲁北建造起一片豪华宅邸，再加上有不少族人进入了北京的权力中枢，王家宅院便有了“鲁北相府”之称。

鲁北相府之盛衰

鲁北相府宅院的营造自元末明初王氏家族发家开始，直至土地改革开始才中止，先后六百年未曾中断。在遭到毁灭之前，鲁北相府的面积甚至要比鲁北地区各府县县城的面积还要大得多，特别是府中所挂许多匾额对联，皆出自当朝皇帝的御笔，这增添了它的威严。府中有许多精美之处，堪比北京紫禁城。

由于相府的发展，在其周围逐渐形成一个大集市，就是李家集。除去集市外，相府周边还形成了几个佃户庄子，庄中人皆为相府佃户。当时为相府做工者，可以免除官府劳役，到了民国年间四处抓丁，只要一报是相府佃户，就再没人敢抓了。由于相府势力大，连侵华日军都对它有所顾忌，命令“相府五里地之内不得驻军，日军士兵不得擅自闯入”，修炮楼也选在五里之外的黄屯。据几名见过相府的在世老人回忆，那宅子壮美得简直难以形容，相比各地现存地主庄园的旅游纪录片更胜一筹。直至土改开始，相府后人还在修建宅院，现在相府仅存的“长工院”，据说就是土改前不久才建好的。而相府里的魁星楼在土改中被当作“封建象征”遭到拆除，直到 21 世纪初，尚有地基台础存在，由于前些年当地建设地下电缆，台基才被全部拆除。

鲁北相府随着家族势力的扩大，逐渐与其他豪门望族结亲。如南皮张家、邹平袁家、郑路郑家、旧军孟家、武定李家等。南皮张家、郑路郑家各有介绍，至于其他家族，如位于章丘的旧军孟家，代表人物就是“东方商人”孟洛川。据说，孟洛川为使自己的女儿嫁入相府，曾亲自活动，托袁世凯从中牵线，方才结下这门亲事。而惠民县的武定李家，“李阁老”的孙女就是相府的少奶奶。当时的王氏家族，姻亲遍布各大豪门望族。据说每当相府有红白喜事，鲁南三大百代圣人家族都要派要员前来参加。

鲁北相府盛大之时固然让人羡慕，而其最后的衰落也令人痛惜。解放战争中，有相府子弟在解放军中担任要职，却不幸牺牲。土改开始后，有人对相府的家业垂涎三尺，就利用当时时局的混乱，乱扣政治帽子，甚至杀人，瓜分相府财产。解放后，恶意挑起事端甚至杀人的恶徒虽然都受到人民政府的审判，但是浩劫已经造成，而无法挽回。20 世纪 50 年代黄河发生水灾，为修筑黄河大坝，相府建筑和祖坟又遭到大规模破坏，“文化大革命”中，相府为数不多的遗存再次被破坏。直到现在，相府尚有半套当年长工居住的院落遗存，但是庞大的鲁北相府建筑群，却已经难觅当年踪影了。

“幻象”之幻象

相府旧址位于商河县大沙河畔的殷巷镇王家寨村，就是当代著名作家、编剧革非所创作的长篇小说《清水幻象》中“望家寨”的原型。革非1996年创作完成《清水幻象》后，曾执导《康熙王朝》的著名导演陈家林已经买断了改编权，并曾计划于2003年在商河投拍30集大型电视连续剧《清水幻象》，后来因故中止。而革非2006年凭借电视剧《任长霞》获得第23届中国电视金鹰奖最佳编剧奖。除1996年作家革非以鲁北相府为背景，创作了长篇小说《清水幻象》外，济南电视台2012年寻访济南最美古村落栏目也对鲁北相府旧址进行过采访拍摄，并于11月25日在济南电视台“有么说么故事会”栏目中进行了播出。这说明，《清水幻象》中“望家寨”的原型鲁北相府所在地王家寨的含金量还是非常高的，值得人们去探索、挖掘它丰富的历史与文化宝藏。

革非所著《清水幻象》封面

鲁北相府几乎每一支系，随便挑出一支就可以写一部小说，以长支的一系人为例，从十六世王甲第开始讲述，既可见其家族传奇程度，又因其中的变故而令人唏嘘不止：

十六世，王甲第，王毓蓉长子，科举入仕，先后任六品、五品官职。夫人张氏就是湖广总督、大学士张之洞之女。

十七世，王全珍，王甲第长子，毕业于北京燕京大学，曾任国民政府鲁北地区教育部长。王全珍与国民党上将上官云相私交甚好，起初任职军中，因厌恶内战，辞去军职，投身教育。当地解放时拒绝随国民党南撤，但因乡中无赖觊觎相府财产，借战乱混乱以及土改之际，将王全珍害死。为防止后人报仇，将其次子王鉴骗至家中，一并害死。解放后，该无赖受到人民政府的正义审判，但是王全珍的蒙冤而亡已成事实。而毕业于黄埔军校的王全珍长子王镛，得知家中遭遇变故后愤然离去，追随蒋介石前往台湾，从此再无音信。

十八世，王钰，王全珍长女。王钰一生颇为传奇，母早亡，由外婆亲自抚养长大，外婆就是人称“郑四太太”的商河郑路“郑家大院”的“女掌柜”，王钰早年的玩伴、表兄，就是商河共产党创建人之一、原渤海军区前锋报主编、志愿军报社主编，后在国防部外事局担任要职的郑正，至今在鲁北还流传着郑正仿制日军公章，将据点的伪军骗至根据地缴枪的故事。后王钰嫁于保定军校毕业的国民党团长王同殿，商河解放时，王同殿早年好友李宪吉曾受我军之托进城劝降，王拒绝投降，只求李宪吉将王钰带走。商河城破，王同殿兵败自尽，王钰则与李宪吉重组家庭，并改名王素静，得以安享晚年，于 2008 年病逝于济南。

五、“商河郑”盐商

——商河县郑路郑家盐商传奇

“商河郑家”与“旧军孟家”之名号

清末民初，商河周边一带活跃着中国北方六大豪门望族，即南皮张家、邹平袁家、郑路郑家、旧军孟家、武定李家、鲁北相府。其中，鲁北相府（即殷巷王家寨王氏家族）和郑路郑氏家族均属于商河，郑与王在商河一南一北呈南北呼应之势，名噪一时，郑路郑家更是因为一句流传甚广的俗语“旧军孟家不如商河郑家”，让人津津乐道。

郑路郑家位于商河县郑路镇政府驻地，是世袭官商，在山东甚至华北地区都是名列前茅的大盐商。旧军孟家位于章丘刁镇，代表人物就是“东方商人”孟洛川。据说，兴盛之时，郑氏家族的商号“广增源”影响力和经济实力远远超出孟氏家族的商号“瑞蚨祥”，因此才有“旧军孟家不如商河郑家”之说。考证起来，此一说法约有三种缘由：一是郑家财富超过孟家；二是与鲁北相府的结亲，郑家与王家算是门当户对的世代姻亲，而孟家得求托袁世凯作媒才算是攀亲成功；三是孟家祖上曾有皇室所赐玉白菜一株，雕有蟋蟀一只，蟋蟀栩栩如生，触之可鸣，一次有人不小心碰断蟋蟀腿足，以致其不复鸣叫，遍访名匠修复不得，最后还是郑家求诸皇家工匠修复成功，鸣之如初。三种说法，实际从不同侧面佐证了郑家财富与地位的盛极一时。当时，济南曲水亭街大半个街道的房产都在郑家名下。当年郑家还曾有四盆亮灿灿的金花，平时珍藏于墙体夹缝里，逢重大节庆都会取出展示欣赏。后因政治运动而被收缴，现收藏于济南市博物馆。而在新中国成立初期，郑路镇政府的大院就是由郑家房产充公的。现如今，郑路镇政府往西数百米远处，临街商铺后的一处普通院落里，住着一户郑姓人家，正是当年郑氏家族的后人，毗邻繁华的商铺楼群。上述种种，说明郑家豪门望族地位，确实盛名之下，其实可副。

郑家盐商之兴盛

清代盐商经营盐要有户部颁发的盐票，一包盐（约 500 斤）跟一张盐票，票随盐走，没有票的盐就是私盐，属非法经营。

当时发给商河的定额盐票为 2490 张，由南北盐商平均分配，南商就是郑路的郑家盐商。郑家盐商道光六年开始经营的商号叫做“广增源”，到咸丰五年（1855），南商“广增源”又分为“广复兴”“增复兴”“源复兴”三家商号。据说，郑氏家族祖上就跟清朝皇帝是“御兄弟”，所谓“御兄弟”就是在皇帝面前享受不自称奴才的特殊礼遇，这说明，郑氏家族从前就跟官府有很深的渊源。郑氏家族的盐商产业由户部注册，产权包括盐滩、制盐、盐店，为世代所有，行话叫做“业商”，是道光六年（1826）从山西巨商“砸三慓子”手里买入的，经营范围包括临邑全县和商河南部半个县，供给四十万人吃盐，每年过手的盐有二百多万斤。

根据郑氏家族后人即国防部外事局办公室原副主任郑正的回忆，郑氏家族墓地曾有碑文记载，郑氏家族里第一个置办盐业的人是郑才，就是他从“砸三慓子”手里买来产业。这些记载其事的墓碑后来在治理黄河时被拉去作了石料，已无所存。这位“砸三慓子”是清代的山西巨富，他有很多处盐场，曾经跟清朝皇帝比过宝物，家藏的珍宝连皇帝都自叹不如。传说郑家广熙堂有四盆金花，就是郑家祖上从“砸三慓子”手里买入的，那时每到过年，郑家的族人都会聚在一处瞻仰金花，过完年就把金花再收藏到双层墙的夹缝里。

旧中国的盐滩盐店产权属于私人，郑正家族的“广复兴”商号制盐的盐场在滨州沾化的下洼，有二人滩池两付，所谓二人滩池的“二人”，是一个计量单位，大的还有“四人滩”“六人滩”之说。那时在海滨盐场划界，由一个壮小伙子拿一根木棍使出全身力气扔，扔一下就是“一巴棍儿”，在盐场计算面积就按长宽多少巴棍儿来相乘。郑家盐商，从最早的“广增源”一直到后来分家为“广复兴”“增复兴”“源复兴”三个字号，这些商号都是女人当家，成为当时一大看点。比如，“广复兴”主事的是郑正祖父的四婶，“增复兴”主事的是郑正祖父的四弟妹，“源复兴”主事的是一个比郑正祖父大两辈的女人。其中“三复兴”中的广、增两家，曾长期包租给泰安等地的行商经营。直到1937年“七七事变”，郑家所有的盐商，顷刻间全部没落。当年郑家还有一项生意就是进口贩卖“洋油”（即煤油），由轮船运输进口到中国境内贩卖，抗日战争爆发后，正在运输途中的几艘货轮被日军封锁侵占。

郑家盐商鼎盛之时，兼有私盐公办的性质，当时官府为保障郑家食盐的专卖地位，还特许他们设立私牢，用于打击食盐走私。好在郑家并未利用这种特许地位欺行霸市，反倒是做了许多善行义举，因此在周围乡里赢得良好口碑。据说，当地有犯了事的人被官府追究时，多数会到郑家求个情，在郑家地牢躲避一下，等风头过去了再安全地离开。解放后，土改、“文革”等历史运动中，郑氏家族受到一定冲击，但得益于郑氏家族多年经商的好口碑，郑氏族人虽然经受各种“挨整”，但总有好心人以各种各样的方式保护、照顾着他们。

现如今，与郑路镇政府毗邻而居的郑姓人家，以其“郑氏”的家族符号独自守望着“郑路郑家”曾经留存的荣光……

六、娄莲塘家族事略

民国迄今，商河县大沙河畔延续着一个特色鲜明的家族，因其淳厚家风与革命性而彪炳史册。这就是今殷巷镇北于家村娄莲塘家族。相比商河历史上声名斐然的张、孙、郑、王等家族，娄姓家族呈现出三个鲜明特点：一是乐善好施，古道热肠，热心公益；二是重视教育，学有所成者众多；三是忧国忧民，忠于革命，实业报国者众多。

家族渊源——曾经消失的村庄

娄姓远祖可追溯到大禹，《商河县志》记载："娄氏，望樵国杞东楼公，之后去木为娄。"商河旧志另有记载："城北有娄姓，户数不多。"据知，娄姓人家原住在商河县城以北的娄庄，娄庄与车庄（今殷巷镇政府驻地东北方向，今称车家村）毗邻而居。不知娄姓祖上哪代先人曾得罪于人，被诬与白莲教有染，娄氏家族遂避祸迁居至北于家村，自此娄庄人去村空，分散于商河数百村庄里。但娄姓后人每逢年节，集体去毗邻车庄的祖坟祭祖的习俗一直延续数代人，商河解放后这一风俗逐渐淡化，以至停止。

"平"地起楼"阁"——家族兴起的奠基者

但凡家族得以兴旺，必赖于有德有才者的奠基之功。于家村娄莲塘家族的崛起，正是赖于淳厚家风的奠基者娄德平及勤劳致富奠基者娄阁。

先说娄德平。北于家娄莲塘家族迄今能查实的先人名曰娄德平（又名法平），见于1935年编撰的《商河县志·卷八·孝友志》："娄德平，字文安，北于家屯（今殷巷镇于家村）人。秉性刚直，持身端正，济贫扶孤，所在多有。堂弟法明甫周岁，父母俱逝，孤贫无依，文安抚养教诲，友爱甚笃，为其治产娶妻，俟其成年，然后分令各度焉。”娄德平时期，娄氏家族尚是一普通农家，堂兄去世时，娄德平已年过半百，生活并不富裕且有自己的一男三女需要抚养。眼见堂弟刚满周岁，嗷嗷待哺而父母俱亡。他便义无反顾地挑起了抚养堂弟的重担，待其成人为他治产娶妻，实为莫大善举，在当地传为佳话，故县志有专文记载，堪称娄氏家族淳厚家风的奠基者。

再说娄阁。娄阁“自幼读书聪颖过人，虽早年废学，功名未就，然颇能通文理而明大义。”是个有理想有抱负的人。他勤奋能吃苦，为了发家，披星戴月，早出晚归，耕种持家，竭尽气力。他常常头挽长辫，足卷裤腿，赤脚下地。久而久之，他的脚不怕蒺藜扎，不怕砖头石子硌，不怕冻，每年的清明以后光脚至立冬。及至稍有宽裕，能够请伙计帮忙劳作时，也是和伙计们一起劳作，因此，他家的收成总比别家要好。不仅如此，他还善待所有雇工和亲朋好友，谁家有困难，便给予资助，为他赢得了友情，赢得了人缘。每到农忙时节，来帮忙的人络绎不绝。娄阁特别注重“科学种田”，最大限度地利用风调雨顺年份增产增收。正是娄阁善组织重谋划，家业才有了较大的发展，“极其晚年，富甲一乡。”娄阁崇尚儒教，他克己待人，尊敬长辈，孝顺父母，尤对继母极为仁孝，对继母所生的两个妹妹疼爱有加，在当地传为美谈。此事载于 1935 年编撰的《商河县志・卷八・孝友志》。娄阁在乡间口碑极好，以“孝友”闻于世，并成为乡饮介宾的座上宾。娄阁特别重视教育，不仅为儿孙聘请私塾先生，晚年还倡议资助兴办了村小学堂，即使自己的后人有学可上，也使于家村其他姓氏的孩子能上学读书。娄阁一生做了许多善事，直到他辞世 20 余年，“乡人之感公恩、颂公德犹啧啧不绝口”，赞他“世之富而好礼者”。及至娄阁年近 50 岁时，家业终于发达起来，家境殷实富足。书香门第、诗书传家从这一代开始打下基础。

莲塘兴未央——家族兴旺与衰落

娄阁独子娄莲塘，曾入当时的麦丘书院就读。他好学上进，潜心研究孔孟儒学，颇有心得。光绪二十六年（1900），他顺利通过县、州、府学的三级考试，参加了乡试（省一级的考试），获“副贡生”功名，清朝廷“敕授修职郎”（正八品文职散官）。这也正是娄莲塘去世后其墓表开头“清例授修职郎附（副）贡生”的来历。

光绪三十三年（1907），娄阁病逝，娄莲塘因家中无兄弟，诸子年幼，只得返乡主持家政。他秉承父亲遗风，勤俭持家，忠厚待人。在他发奋图强下，家业进一步扩大，达到鼎盛。其鼎盛之时，在于家村路北并排矗立着两座气度不凡的宅院，是坐北朝南三进式宅院，两宅正门临街，这便是娄莲塘一支的住所，两宅之间有一条约5米宽的南北通道，两宅上方架一天桥，天桥下东西各有一个角门。最奇特的是老宅院后东侧，有一方型砖木结构的高楼。其高度相当于今日三层楼房。顶层四周是女儿墙，置身楼顶，可俯视全村，更可看到几里之外的情况。宅内均建正房、偏房、厅堂、厨房等，正房高于偏房，所有房屋砖砌脚线又高于一般民舍。外墙粉刷白灰或沙石抹面。室内用砖铺地面，垒有土炕，设置柜、桌、高背椅等家具。综观整个宅院的结构、布局、规模，显然是分期分批筑就，形成大家气派。当时全村有1000余亩土地，娄氏家族约占一半。即便如此，娄莲塘治家甚严，有时甚至到了苛刻的地步。娄莲塘性格内向，崇尚朴实，但办事却很有魄力，有条有理，善谋善断。

清末至民初，政治腐败，军阀割据，社会极其动荡，牵牛绑票、谋财害命之事，时有发生。有一次，娄莲塘不在家，土匪便绑了他的继母张氏，索要巨额赎金。后继母虽被解救回家，终因惊恐悲愤过度，不久便辞世。这成了娄莲塘的切肤之痛。他联合邻近20余村，结为团体，号称“人和团”，保卫一方平安。在他领导下，周围乡村再未发生一起抢劫案，安居数年。1920年，娄莲塘被商河县长委任为“仁一区区长”，因其为人刚直，不善交际，更不会阿谀奉承，供职不久即自行让位返乡为民。1925年，为避战乱，娄莲塘侨居厌次（今惠民县南，那里有娄家宅院），权且避难，因心情郁闷，加之劳心劳力过度，得了咯血病，持续到1926年夏不幸病逝，享年51岁。娄莲塘辞世后，家业由其妻闫氏料理。尽管其出身名门，颇有才干，毕竟独力难支，加之当时社会黑暗，天灾人祸，至此，家业中落，逐渐衰败下来。

“三山”耸峙，异峰突起——家族之贡献

娄莲塘有三子三女。女儿分别出嫁到阎家村、安家村、杨市村。三子分别以“山”字为名，依次为娄东山、娄西山、娄海山，“三山”兄弟各具所长，东山、西山均英年早逝，以娄海山（即娄凝先）成就为巨。

长子娄东山，字子登。幼时读私塾。民国初年毕业于北平内政部立警官学校。曾在开矿总局任科员，后因病离开，卒辗转流离，居无定所。由于娄东山不善农事，又长年在外，很少顾及家室。生命的最后几年，他经常在济南养病。1937 年夏，三弟娄凝先由上海至济南，为《文化报》扩大股金，在“名利客栈”与大哥偶遇，恰逢二哥西山也在济南，便合影留念，成为”三山”兄弟唯一传世纪念物，也是他们人生最后的短暂团聚，此后再未谋面。东山秉承淳厚家风，热心公益。村里至今流传这样一件事：当时村里有两个青年李德章和于德昌，热心当地的鼓子秧歌，急需买一套锣鼓、手鼓及应用器具。这是一笔不小的开支，照现价约六七千元人民币。李与于两人怕村里不给出钱，就用先斩后奏的办法把货定了，想以此逼村里出钱。可回来一看村里确实拿不出这些钱，二人傻了眼。在没有办法的情况下，找到娄东山，娄不仅慨然应允，还嘱咐他俩别怕贵，买就买好的。从此逢年过节村里的秧歌队很活跃，给乡人生活增添不少乐趣。娄东山一生体弱多病，长年与药罐为伍，终因沉疴难愈，1940 年夏撒手人寰，享年 48

1937 年夏，娄氏三兄弟娄西山（左二）、娄东山（右二）、娄凝先（右一）在济南合影

岁。其长子娄述文，1947 年参加渤海教导旅，走上了革命生涯，从渤海之畔万里西征到天山，留下一段革命传奇（详见本书姊妹篇《英雄商河团》有关记述）。

次子娄西山，字华轩，号金峰。他幼年就读私塾，勤奋好学，聪明过人。高等小学毕业后，便返家协助父亲料理家务。他办事干练，精明，通过经营棉花业务，家业有了较大发展。1934 年冬，娄金峰受梁漱溟在邹平县搞的新农村建设试点的影响，参加了商河县“美棉联社”的创建。当时县里的头面人物，有所谓“三杨一娄”，这一娄便是娄金峰。当时，全省棉纺印染业发展较快，从而带动了棉花生产、加工业的发展。棉业合作社最初试办于素有“小济南”之称的齐东县（今分属滨州邹平、博兴），并以齐东为出发点，向外推广试点经验。推广计划中，起初没有商河县，是商河县积极主动争取，最终成为山东省首批组建“美棉生产运销县联合社”15 个试点县之一。美棉联社引进过程中，娄金峰等人做了大量细致的烦琐的工作。美棉联社，从 1934 年 11 月开始筹划、组织发动，到 1935 年开始运行，直至 1937 年 10 月日本鬼子打到商河县停办。美棉联社原址，在今商河县一中东邻。美棉联社是“公司 + 农户”的早期有益尝试，已形成“产 + 销一条龙”的产业链雏形，给农民带来实实在在的利益。县美棉联社停办后，娄西山一家移居济南。1944 年西山病故，享年 50 岁。

三子娄海山，即娄凝先，字瀛仙，是六兄妹中最幼者，也是娄氏家族革命第一人。他自幼天资聪颖，思维敏捷，性格开朗，深得父母喜爱，遂被着意培养。他在商河县读完小学后，随父到设在惠民的山东省立惠民第四中学就读。在校期间，他追求真理，忧国忧民，曾在当时的进步刊物《幻洲》上发表文章。他以名列前茅的成绩毕业，1927 年考入北京大学，离开老家，从此再没有踏上故乡的土地。北大就读期间，任北大共青团支部宣传委员、书记，北平共青团市委宣传部长、市委书记等职。他亲自主编《兄弟》刊物，使之成为北平党、团组织具有重要影响力的宣传品之一。1930 年 7 月离开北大，从此成为职业革命者（具体革命生涯详见本书“人物”所记述娄凝先）。中华人民共和国成立后，娄凝先是天津市 1—6 届人人代表，曾任南开大学副校长、市高教委员会副主任、党组副书记、市文教委员会主任、党组书记、天津市政协第 6-7

届委员会副主席。娄凝先参加革命历时半个多世纪，从一个普通的农家子弟成长为坚强的无产阶级革命战士、优秀的共产党员。纵观其一生，既秉承了其祖父、父亲的优良家风，又是一代共产党人的光辉典范，更是娄氏后人心中一座巍峨的丰碑。

从清朝末年，经中华民国（1911—1949）、中华人民共和国成立至今（1949—2024）160余年间，娄氏家族人员增长、居住地变迁，今已分布在北京、天津、山东（商河县、新泰市、青岛市）、河南（郑州市、南阳市）、新疆（乌鲁木齐市、昌吉市、伊犁农四师）、黑龙江（嫩江县）等11个省市县。家族中有红军时期参加革命的2人、抗日战争时期参加革命的1人，1949年9月前参加革命的6人；省部级干部2人、地（师）级干部2人。截至2007年底，家族大专以上学历36人（内含教授级3人，博士学位、硕士学位、研究生学历各1人）。雄辩的事实，证明了娄氏家族诗书传家、代代不息的精神，成为娄氏家族宝贵的精神财富，更是这个家族生生不息得以延续长存的人格风范，指引着他们的人生航向。

娄述文著《娄莲塘家族简史》

2008年8月，娄东山长子、被誉为“军中秀才”的娄述文，作为娄莲塘家族长房长孙，呕心沥血，潜心编撰印行了《娄莲塘家族简史》，成为娄氏家族生命延伸的真实写照，也是后人了解这段家族史、追根寻源的翔实资料，具有重要的存史、育人价值。

第五编　历史钩沉

一、“二甲张”与邢侗的商河缘

——明代商河县二甲张氏与临邑邢侗家族渊源初探

商河县玉皇庙镇编纂整理《张九叙资料汇编》书稿过程中，一座青石质地的墓碑引起了编者的注意。墓碑主人是商河县玉皇庙镇张大人村二甲张氏七世祖张邦辅，张邦辅曾任明光禄寺诊羞署署正（掌管朝廷祭祀、朝会、宾客庶馐之从六品官职），任职期间，曾获皇帝敕封其父母之荣耀。

本文意不在此，吸引笔者的是其墓志铭撰文者贾枢、篆盖者张桂芳，均是商河县有明一代的杰出进士，明万历十五年商河县首部县志均有两人记载。然而更吸引笔者注意的是书丹者临邑人邢化，此邢氏让人自然而然想到明末四大书法家之首的临邑人邢侗。经仔细查证，此邢化与邢侗还真是“一家人”。

查《临邑县志》和邢侗本人所作《先侍御史府君行状》及《邢氏家乘》知，临邑邢氏始祖为伯通公，明初伯通与弟伯住奉诏移民，先至商河，后又到临邑定居，在临邑仅剩伯通一人，世代繁衍生息并逐渐兴旺。如此说起来，临邑邢侗家族自始祖时候就与商河渊源颇深了。

根据如下“邢侗家世简表”（来源于网络）可知，邢化是邢侗大伯父邢如默的儿子，即邢侗与邢化是堂兄弟关系。同时可以看到，邢侗与邢化是始祖伯通的七世孙，反观张邦辅也是其迁商始祖（讳）巨川的七世孙，从《邢氏家乘》及《二甲张家谱》开篇所记其始祖均是元末明初迁商的记述来看，既说明当时大移民的时代背景，也说明人口繁衍的自然规律，更说明邢化与张邦辅生活于同一个时代，增强了他担当张邦辅墓志铭书丹者的可信度。

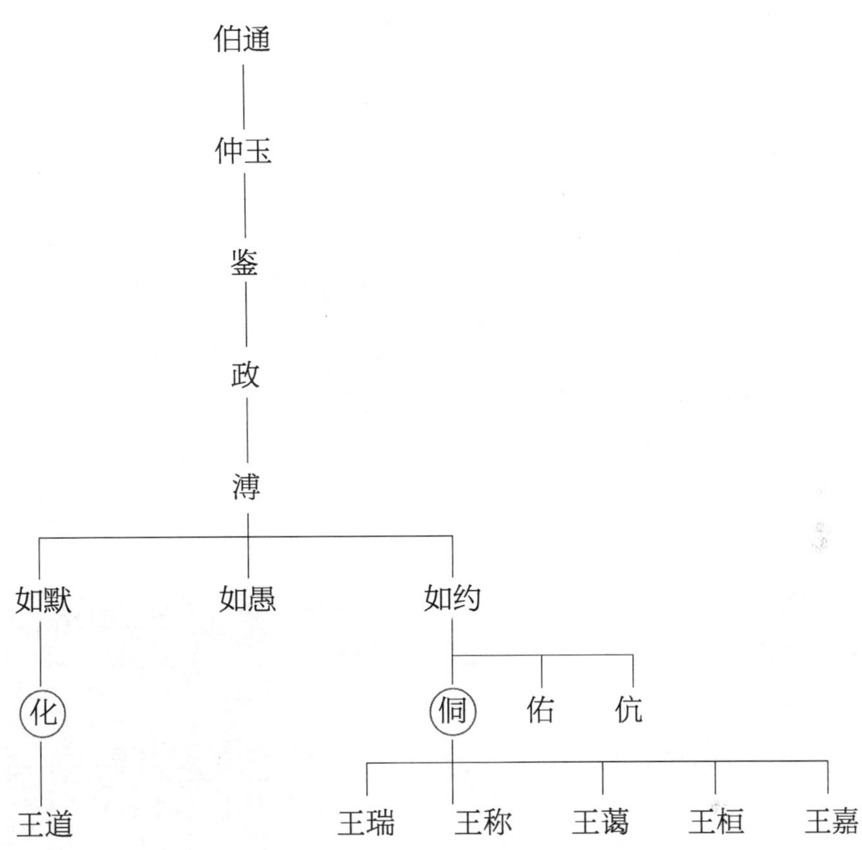

邢侗家族自第四世邢政出任静海县令始有出仕者，邢政之子即邢侗祖父，在博野（今河北博野县）担任司谕（教谕，明代县级基层官员，主管当地教育）。邢侗的大伯邢如默即邢化之父为成化年间进士，累迁吏科都给事中。邢侗的父亲邢如约曾经在皇宫里当过御医。邢侗之妹邢慈静，是明朝著名的才女，与侗齐名。

而从下面这个“邢侗姻亲简表”（此表来源于网络）可以看出，邢氏家族成员与地方缙绅家族广泛结成姻亲关系，家族得以绵远流长。

姓名及官职	邢侗家族成员所娶或嫁人	姻亲姓名	籍贯	曾任官职	备注
邢　佑	娶张邦辅女	张邦辅	山东商河	光禄寺署正	邢佑，邢侗二弟
邢　伉	娶葛守贞女	葛守贞	山东德平	光禄寺监事	邢伉，邢侗三弟
邢慈静	嫁马拯	马志德	山东惠民	贵州左布政使	邢慈静，邢侗六妹
邢侗妻	陈完女，继室为赵淳侄女	陈完，赵淳	赵淳，山东平原	赵淳，福建按察使	
邢王瑞	娶马明德女	马明德	山东德州	副都御史	邢王瑞，邢侗长子
邢王称	娶葛昕女	葛昕	山东德平	尚宝司卿	邢王称，邢侗次子，葛昕，邢侗挚友，主刻《平吕葛端肃公家乘集古法书》

综合“邢侗家世简表”和“邢侗姻亲简表”可以看出，邢侗二弟邢佑娶妻张邦辅之女，换句话说，邢化为张邦辅墓志铭书丹即为自己堂兄的岳父亦即其姻伯父所书，于情于理在所应当。而从当时习俗来看，为逝者请有名望的家族之士题写及书丹墓志铭较为流行，即从今天来看，也有相当存在价值。

当然，商河玉皇庙张大人村所保存另一块墓碑（见右图）就更有说服力了。此“明初敕封孺人张母邢大家墓志铭”为“赐进士第中顺大夫陕西行太仆寺少卿兼按察司佥事前山西道监察御史……经筵官侄侗谨撰”。也就是说，（侄）邢侗为姑母邢大家（张邦辅之妻）撰写了墓志铭，文字内容与书法均出自邢侗之手。

邢侗撰碑（局部）

值得一提的是，与张邦辅同时期的张大

人村二甲张七世祖张九叙在有明一代政声斐然，后辞官隐居故里。其从政及辞官经历与邢侗颇多相似之处，给商河二甲张氏及临邑邢侗家族的渊源又格外增加了许多人性化色彩，吸引后人持续关注并挖掘、发扬他们人性的光辉，从而汲取中华优秀传统文化力量，赋能新时代中国特色社会主义文化建设。

（原载《德州晚报》，收录本书时略有改动）

二、游子吟过千年再回首

——初探孟浩然、孟郊与商河县孟云卿的亲属关系

孟浩然、孟郊是人们耳熟能详的两位唐代著名诗人，在中国文学史上具有重要地位和深远的影响，两位诗人笔下的“夜来风雨声，花落知多少”“慈母手中线，游子身上衣”更是家喻户晓流传千古的诗句。历史云烟消散，拨除重重迷雾，人们发现孟浩然、孟郊与千年古县商河竟然有千丝万缕的联系。

商河县是联合国命名的千年古县,历有“三孟一马名天下”之说。所谓“三孟一马”，即指商河县三位唐代诗人孟云卿、孟简、孟迟（商河县怀仁镇人）和后唐宰相马胤孙（商河县郑路镇河南孙村人）。

2022年9月13日,《济南日报》“趵突”副刊登载了杨富华所撰《商河名士孟云卿》一文，文章对孟云卿籍贯商河县的历史事实进行了详细考证，党报副刊无疑给文章的考证结论做了权威性的背书,此前商河县盛行的“三孟一马”也因此更具真实性。以此结论出发，则商河县以孟云卿为纽带，让孟云卿给千年古县再加点“真材实料”的话，称之“五孟一马”，当属名副其实。

“三孟”变“五孟”,事关唐代田园派诗人“春眠不觉晓,处处闻啼鸟”(《春晓》)的作者孟浩然，也事关唐代“郊寒岛瘦”诗人之一“慈母手中线，游子身上衣”(《游子吟》)的作者孟郊。孟浩然、孟郊都是语文课本里耳熟能详的唐诗大咖，原本与鲁西北一隅的商河县恍如风马牛，然而，籍由出生于商河县的孟云卿，孟浩然、孟郊顿然与商河既源远流长又无比亲近了。

根据新旧唐书孟浩然传记及《孟子家谱世系》等资料，可知孟浩然与孟云卿均与亚圣孟子是一脉相传的世系关系，以亚圣孟子为始祖，至孟浩然为

三十三代，至孟云卿为三十四代。另有资料显示，孟浩然有二子，长子孟云卿，唐肃宗朝为校书郎，与杜甫友好，按其生活年代及社会关系断定，此孟云卿正是“三孟一马”之一出生于商河的孟云卿；次子孟庭玢，任职昆山县尉，时生孟郊，此孟郊正是《游子吟》的作者。

由此可知，以孟云卿为坐标，其父为《春晓》作者孟浩然，其侄为《游子吟》作者孟郊。简而言之，孟浩然与孟云卿是父子关系，孟云卿与孟郊是叔侄关系，孟浩然与孟郊是爷孙关系。既然孟云卿出生地在商河县，孟浩然、孟郊这两位大名鼎鼎的唐代诗人，与商河县就没有那么遥不可及了。当然，也有人自然会质疑，既然孟云卿是商河人，那么在各种资料里怎么没有介绍孟浩然、孟郊是商河人呢？

孟云卿

正如杨富华先生《商河名士孟云卿》一文所述及，古人常把一个人的寄居地当作籍贯。由此可知，孟云卿出生地在此之商河，籍贯可能在彼之洛阳。同理，孟云卿出生在商河，也不代表其父孟浩然出生地亦在商河，更不代表其侄孟郊出生地就在商河。也正如唐宋八大家之一的韩愈为孟郊所撰《贞曜先生墓志铭》，说孟郊先人的坟墓在洛阳东，仅可说明洛阳应该是他的家庭早先流寓过的地方。在庄吉先生所撰《孟郊的出生地》一文里记述如下：

孟郊（751—814），字东野。据相关考证，有的说他是湖州武康（今浙江德清）人，有的说祖籍平昌（今山东临邑），也有说先世居汝州（今属河南）等。孟郊到底是哪里人？各有道理吧。然而，不管其祖籍何地，人的出生地却是唯一的。就出生地而论，孟郊恰恰是江苏昆山人。

以下对“平昌”括注的文字,就是杨富华先生文章里孟云卿出生地平昌(其地 1956 年之前属临邑县德平镇，今部分属商河县怀仁镇境域，孟云卿出生地正在此境域内)。

本文无意陷于出生地之争的窠臼，更大的关注在于孟浩然、孟郊两位唐代著名诗人，因与商河名士孟云卿所具有这种父子、叔侄的直接血缘关系，使流传一千多年的《春眠》《游子吟》等朗朗上口的诗句因之与商河大地有了千丝万缕的联系。

也正是这种联系,才有了“游子一吟千年过,再回首处是商河”的美好意境。

(本文原载 2023 年 2 月《济南头条》，收录时略有改动)

下　篇

鼓乡温泉城

GUXIANGWENQUANCHENG

齊魯古風
綻開新花

首届山東鼓子秧歌研讨会致賀

壬申年春

第一编 鼓子秧歌之乡

一、鼓子秧歌之乡素描

秧歌，是一种集歌、舞、戏、乐为一体的群众性集体歌舞活动，主要流传于中国北方地区，在不同地区有不同称谓和风格样式。在商河县，“闹玩意儿”“闹十五”就是群众口口相传的秧歌。

鼓子秧歌，因其主要道具手鼓而命名，其名称首次见于 1958 年《鼓子秧歌》一书。

商河鼓子秧歌，其名称首次定名于 1992 年 2 月“首届中国商河鼓子秧歌研讨会”，并沿用至今。

商河鼓子秧歌是一项传统民间舞蹈艺术。始于秦汉、成于唐宋、兴于明清、发展至今，历史悠久，底蕴丰厚，商河县 541 个村（居）“村村能跑，

人人会跳”。商河鼓子秧歌积淀着黄河文化的精华，因其粗犷豪放、舞技健美，被誉为“北方汉民族男性舞蹈的代表”，2006 年首批入选国家级“非遗”名录。

伴随新中国成立 75 年的时代进程，商河鼓子秧歌曾于 1955 年和 1980 年两次进中南海专场表演，1999 年 10 月参加天安门国庆五十周年庆典，进入 21 世纪先后参加上海世博会、全运会、北京世园会演出，特别是近年来先后出访韩国、日本、瑞典等亚欧国家进行文化交流。商河县 2012 年被中国舞蹈家协会命名为“中国秧歌之乡”、1996 年被国家文化部命名为“中国民间艺术之乡”、2011 年至今被文化和旅游部命名为“中国民间文化艺术之乡”，2018 年 9 月首届国家级“非遗”项目秧歌汇演在商河成功举办，成为推动新时代文化交流的成功案例。商河鼓子秧歌曾获国家文化部“群星奖”，至 2025 年商河鼓子秧歌全县汇演已连续举办 42 届，自 2017 年起连续三年被命名为山东省冬春文化惠民活动品牌。

“中国秧歌之乡”“中国民间文化艺术之乡”两个称号的获得，为商河县由民间传播到官方认证的“鼓子秧歌之乡”美名做了强有力的背书。

从远古走来的商河鼓子秧歌勇立时代潮头，踏时代节拍，与时代共舞，见人见物见生活，在与时俱进中走出一条成功的保护传承之路。

二、游子说秧歌之“遍地秧歌”

在山东商河县，有一种舞蹈，被誉为土地里长出的庄稼，自带着泥土芬芳的气息。舞蹈土生土长，跳这种舞蹈的也是土生土长的农民。就是这种土生土长的舞蹈，在 2006 年被批准列入第一批国家级非物质文化遗产名录。

舞蹈学名为鼓子秧歌，农民们自己俗称跑闹玩。

鼓子秧歌，根在民间。

从我记事起，鼓子秧歌是随着春节一起来的。少年心性，莫过于喜欢过年和热闹。小时候，一听到鼓乐声起，立即飞奔出门。二十世纪七八十年代的乡村缺少娱乐，平时农忙怕误了庄稼和收成，冬天降临之后农民们便常常整日无事可做，开始筹备年节时的秧歌表演。一到春节，几乎每个村都成立秧歌队，由村里德高望重的人来发起，家家户户参与，有钱的出钱，有人的出人，除了贵重的道具由村里统一出钱置办，些许小的行头是需要秧歌队的演员自己去想办法的。

秧歌队的演员每个人都希望自己有好的扮相和出彩机会，所以准备起来格外用心。那年月，农村的风气还相对封建，秧歌队的演出从某种程度上起到了相亲的目的，谁的扮相好看，谁的表演精彩经常被人津津乐道。一场演出，往往成就几多姻缘。

北京舞蹈学院的刘建教授曾经考证说，这种乡村舞蹈还带有社交功能，这是我之前不曾想到的。回忆起来，还真是大体如此。当年，我们村作为乡政府驻地，而且有每逢 5 天一次的大集，附近的村民来乡政府办事、采买，免不了要受到我们这种大村的照顾。因此，附近各村的秧歌队都会来我们村表演，即是表演，也为感谢。最多的时候，几个村子的秧歌队齐来我们村，但都是一队一队进，一队表演结束出场，另一队再进场。如果两个村子在路口相遇，一个要进一个要出，一定是要进村的礼让出村的，而且是极其隆重的以难度最高的舞蹈动作，类似于马步平蹲向后跳跃，锣鼓齐响，边鼓相应。

秧歌队进村，有着严格的规程。

第一批进村的，叫探马，是先头部队。探马进村，先接洽好迎接准备，秧歌队才会进村。秧歌队进出村按例要燃放鞭炮，以示欢迎，尊重而不失礼仪。秧歌队进村经过街道时，并不是单调地一路走到指定的表演场地，而是边走边表演。秧歌队进出村，也允许个别人家邀请在其门口停留表演。比如，有富裕一点或者在当地有些名望的人家想让秧歌队在自家门口表演，就会提前在秧歌队到达之前抬出一张八仙桌挡在路中，桌上摆有烟和糖等作为谢礼。当然，村里主事的也不会允许家家户户门口都停，那样既耽误主场演出时间，也会把秧歌队累坏而影响主场演出效果。

指定的表演场地，一般都是地面平坦而宽阔的场院，能够容纳上百人观看，场地有时拥挤，手脚灵活的就选择了爬墙、上树、登房顶。秧歌队到达之后，为防止大家拥挤，打头的队伍会“扫场子”。我见过一个扫场子的情景，一个老男人扮的媒婆（丑角），一手摇着一把破扇子，一手端着一杆旱烟袋，扇子作势一扇，人群向后退一步；喷一口烟，人群就闪开一片空地，此时观众也比较配合地退出表演的场地，秧歌队正式开始表演。

半场表演结束，秧歌队中场休息时，村里有亲朋好友的会拿着烟和糖果等来慰问，被慰问的多半大方地散给大家，分到东西的免不了恭维几句，彼此都非常有面子。

鼓子秧歌，根在民间，却源于历史。商河人公认的是源于北宋，成于明，盛于清。对于鼓子秧歌的源头，我认为更早。

春秋战国时期，国之大事，在祀与戎。其意为国家大事，主要是祭祀和战争。随着历史的演变，这些祭祀与战争的场面逐渐演变成为商河鼓子秧歌的表演素材，祭祀的场景、出征的仪式、战斗的武技、欢快的舞蹈统统被杂糅在鼓子秧歌当中。

在商河，流传着鼓子秧歌108战阵和72军阵的说法。这种说法之所以可信，是因为通过县文旅局和文化馆的抢救与采风，整理出近20个阵形的秧歌表演形式。其余的，估计是失传了。真是可惜！

鼓子秧歌，重在传承。

经过千百年的流传，商河鼓子秧歌逐渐形成了集“伞、鼓、棒、花、丑”为一体的表演形式。

伞是男性舞者的表演道具，圆形、平顶，有点像古代帝王坐的车子上伞形的遮蔽物——华盖，伞的顶部多以云纹绕日为主。伞有“大伞”“小伞”“头伞”“花伞”之分，其中，“头伞”多为老汉形象，“花伞”以中年男子为主，“小伞”多是青年男子。“头伞”“花伞”都属于“大伞”。

鼓有大鼓和小鼓之分，大鼓主要起指挥作用，由铜锣和锣钹配合，小的鼓则是人手一个。

“棒”是青壮年的专利，如非年轻体壮，每人手中仅两根类似两头带花穗的擀面杖，没有极其繁复和跳跃的动作支撑，不足以吸引人。此外，道具的“棒”必须是枣木制作才能敲击出清脆的声音。

“花”是青年女子的专属，古代女子缠小脚，无法实现连续激烈的跳跃，我认为应该是男扮女装，进入现代社会后，才真正由青年女子表演。

“丑”的形象基本是老男人扮演的媒婆。“丑”的形象令人忍俊不禁，头戴发箍，佩假发，涂脂抹粉，白鼻梁、红脸蛋，耳朵两边一边吊了一支小红辣椒，一手摇着破蒲扇，一手端着旱烟袋，以插科打诨为主，非常搞笑，能够起到热场和点睛的作用。

“伞、鼓、棒、花、丑”的表演形式，每一项都有着深厚的文化底蕴，值得深入考究。鼓子秧歌能够传承至今，我觉得主要是老百姓的热情，各地政府的支持，文化部门的重视和呵护。即使是十年非常时期被迫停止，但之后立即又像雨后春笋般应运而出，说明鼓子秧歌在商河还是有着丰厚的生长土壤。

我少年时的春节，大多是在锣鼓声中度过的，那时觉得鼓子秧歌就是自己生活当中很平常的一个组成部分。随着改革开放和市场经济的不断深入，电影电视逐渐普及，村民们的娱乐方式花样百出，有些村子不再有人张罗和热心鼓子秧歌表演，越来越多的人更热衷于赚钱和享受生活，但坚持下来的村子也不在少数，他们是真正的喜欢。每年春节的正月十四，全县进行鼓子秧歌调演，给了鼓子秧歌更大的演出舞台和激励。

商河县的文化旅游部门为了鼓子秧歌的传承，很是费了一番心思。除了每年正月十四的全县调演，还推广鼓子秧歌进校园，把鼓子秧歌变成孩子们的课间操。

鼓子秧歌，传承千年而不衰，说明有着极强的生命力。祝愿商河鼓子秧歌在传承中不断焕发新的生机与活力。

（作者展华云，商河县郑路镇展家村人，现为中国文联权益保护部企业管理处、出版管理处处长）

三、专家说秧歌

——一项民俗艺术的演变与村落里的时空

商河鼓子秧歌概要

一方水土养一方人。一个地方有一个地方的民俗休闲娱乐方式和其独有的地方韵致。处于鲁西北的商河县曾是黄河故道的流经地，水患频发；又因处于冲积平原的腹地，自古战乱纷争不断，有兵营驻扎，有的村就叫“营子村”。历史上当地的住户曾出现过十室九空的凋敝现象，明清年间，商河县曾安置过大量外来移民（主要来自河北、河南、山西等）。由政府组织安排的非自然村落被称作“官庄”。刚到的移民其风俗习惯自然有些地方与当地人不同，做事看似奇特好笑。以至于当地人常称那些做事不按常理、奇特好笑的人为“官庄”。移民所到之处就是民俗文化艺术的融合交流之处，商河的人文艺术景观颇是多元，且绵延不衰，尽显芳华。最具特色的一项民俗艺术就是鼓子秧歌。

商河鼓子秧歌艺人手绘的秧歌场阵图

其实，鼓子秧歌的称呼形成

时间较晚，大约是解放后，特别是二十世纪八十年代文艺工作者下乡采风，把民俗艺术改编并纳入教材中，才给了官名“鼓子秧歌”，当地人，特别是老人，大多称其是“闹玩”“跑十五”或“跑秧歌”。试想，在特殊年节时令中，民间的叫法中的“闹”与“跑”中浓浓的乡俗气息扑面而来。商河县县志办新编《商河明清县志集》和民国间修订的《重修商河县志》也将这一民俗艺术活动列在“民俗”和“时令”篇里进行介绍。其实，名称一变，其内容与功能也发生了改变。名称的改变见证了一项民俗艺术的变迁、村落里的时空转换与乡村话语体系的转换。

鼓子秧歌是在传统年节期间（主要是从春节至元宵节期间）由当地村民自发组织进行的、以自然村落为单位，有着相对严格的程序和组织模式，集伞、鼓、棒、花、丑、戏于一体的大型民众性的民俗艺术活动。根据当地的老人介绍，一支队伍少者四五十人，多者几百人，具体花样那可是“老了去了”（意指“多了去了”），有伞鼓、花鞭鼓、凤阳花鼓、花棍、探茶、小车、大头、高跷、信子、龙灯、狮包、灯官、虎牛斗、荷花灯、独竿桥、二人转、旱船、跑驴、赶脚、行车、马叉、前场、撮擂子、揹媳妇、摇葫芦、打杈、哈哈等，颇有“百戏”的特点。“百戏”的缘出离不开移民到来和文化交融所带来的民俗艺术百花齐放。

由于这种民俗艺术的传承方式是口传身教，不同的村子相互参照学习，各个流派之间又相互渗透，这使得各村的跑场和架势“一个村一个样”。如在“闹玩”活动中光是打伞的方式就有“插伞”“抗伞”和“举伞”等不同流派;就“扮花”的角色种类而言，就有“地花”和“跷花”的分别等。

附近不同县域之间的民俗艺术活动互相影响，离商河县不远就有全国知名的民俗活动“惠民县胡集书会”，正月十三逢集，买卖自然兴盛，跑龙灯、扭秧歌、踩高跷、抬芯子和卖场说书更是热闹。艺人们当场设场进行各种说唱表演；来自方圆几十里甚至数百里的村民们汇集蜂拥而来，人山人海，少则几万人，多达 10 万人。有的村落特派代表前来同说书的艺人们签订说书协议，邀请他们到村里去演出。正月十八到二十一就是偏节了，各地艺人应约，前往各村演出。当然，书会期间也是艺人们交流的好时机，如艺人们相互拜年、交换书目以联络感情或提高技艺；有的艺人将自己新招的徒弟介绍给同行，以示后继有人，也望以后有所照应；或聚集在一起，追忆祭祀先师前辈；或共同制定行规、消除纠葛等。

总之，农耕时代村落里的物质生活是清苦的，但村落里的生活也是艺术的。艺术浸润于他们日常生活的点点滴滴之中。各种艺术或杂耍活动也是相互影响，任何一项民俗艺术的繁荣也不是孤立的，它与当时附近多元的民俗艺术大氛围是相辅相成的。

根据官方的有关记载，抗日战争结束后，进行土改之初，全县900多个自然村，大多数村子能组织起演出队伍，小村联合起来跑。但也不是年年跑，大多是东跑西不跑，风调雨顺的好年份里跑“闹玩”的村就多些，天灾人祸的年份顾命都来不及，也就没心思“闹玩”了。当今随着城市化、工业化的来临，村民成了农民工，自然村落急速空心化，特别是近十年，有的村落在合并，自然村子的数目在减少。以致于村落里自然的民俗艺术活动少到被保护、被重视的地步，结果是一个新的名称又赋予这项民俗艺术——“国家级非物质文化遗产”。

商河鼓子秧歌乡村仪礼功能对村落秩序的整顿

一、作为村落之间联络交好的“串村”或“跑村”活动

鼓子秧歌作为民俗艺术活动最大的特点应该说是在活动仪式过程中一项都不能少的“礼数”。春节过后走完亲戚，就该组织跑“闹玩”了。“闹玩”的队伍挂妆后，要先举行拜神祭祖的仪式，到族祠神庙前跑一个场；再犒劳村里的老少爷们，跑上几场；然后到邻村去“跑村”或“串村”去联谊表演，有时一个年节下来，可以串几十个村。进行“跑村”或“串村”的先后次序是有说法的，不是乱跑，是要根据两村关系的远近亲疏来决定外出跑村的次序和必须履行的礼数。出村时，一般由村里德高望重的老人或族长组织带队，配备上全村最好的骡马大车，隆重出行。入村前，先派遣“闹玩”队伍中的“探马”执行“三探三报”的探查任务。等探访到对方表演场地和村里的迎接工作等情况一切落实后，全体人员才下车静候在村口，等待主家的迎接礼仪。相应地，主家村里

主持迎接任务也是村里那些德高望重的老人，由他们率领村里的年轻人来到村口，拱手贺喜，端盘倒酒，酒过三巡后，方才擂鼓鸣炮，极为隆重地迎接队伍进村。队伍进街后要“打行程”，也叫“街筒子”，以示军威，技术的高低几乎都能展现出来。然后到达表演场地后，先劈场，即“打场子”；后按场，各“头伞”率领自己的队员各就各位；最为热闹的是“跑场”，跑场阵图主要借鉴了古代战阵和古代仪仗，同时也采用了农村的土木建筑、生产实践、生产工具、生活用品、吉祥图案、动植物等形象。根据不完全统计，当地人能跑出一百多个阵图。根据场地的大小和人数的多少，跑场的花样是随机而变的，但就一只演出队伍来说，最常跑的也就是一二十多个；最后，是煞场，即鸣鼓收兵。整个展演下来，如同一次程序严整的军事征战活动。表演完毕，表演队伍里有分

管“背口袋”的，专门负责领走主家为演出人员备好的烟、糖等礼物。出村时，主家仍要替客家抬起牛皮大鼓，敲锣打鼓地夹道欢送表演的队伍出村。“串村”表演的技术高低是其次的，重要的是整个仪式过程中一个都不能少的礼数和敬意，这才是维系两村之间友好关系的关键所在。

二、活动中角色分配与村落秩序整合

被当地人称为“闹玩”或“跑十五”的这一年节活动作为一项村落民俗活动，本身就是村落公共生活和秩序的展示，也是地方社区利益与各种权力关系的集中表达。从某种程度上说，或许从来也不存在超越功利目的的、纯粹的娱乐。参与这种有组织的村落娱乐对村民的意义是什么？在娱乐中又呈现了怎样

的社会秩序与生活节奏?

跑“闹玩”活动在角色分配上从来不是随机进行的,而是有好多“讲头”的。不是简单地说哪个人被安排了什么角色，而是讲谁家分派了什么角色。至于让谁担任“头伞”，让谁跟着“头伞”打鼓，让谁来跟着“头伞”跑花等等，都是有“说道”的。跑在最前面的人就是打“头伞”的人,那相当于领兵的帅将,所以打“头伞”的人本身自然需要潇洒、干练、有心劲、懂进退；特别是，这角色的出身或家户大多是能让村里人“说得住嘴的人”。

村里有头有脸，名声不错人家的年轻人更有指望跑上“头伞”。有些人家破落不堪，或名声不好，这种家庭里的孩子自然也没人指点、推荐他跑到前面去。有时，有的父母在村里“为人”不好，口碑太差，用村里人的话说，就是“不懂人事”或“关上门朝天过”,这样的门户即使有几个适龄跑“闹玩”的孩子，但就是分派不到鼓子或其他的角色。没有角色安排出场的家庭，就少了这一年一次出头露面、为自己、更为全家做广告宣传的最后机会。特别是当家里的孩子齐刷刷地长大了，需要说亲戚找媳妇的时候，也是需要“是骡子、是马，要拉出去遛一遛”的时候，做父母的人迫切想把自己家的孩子展示出去，而村里人定夺后不给机会，为人父母必定遭到孩子的埋怨，此情此景，他们也只有回头反思、调整自己的为人了。这样看来，过年“闹玩”和“跑十五”每家角色分派的问题涉及村落秩序和民风乡俗的自我整顿。

听老人讲，在过去被安排上角色的人家要置办行头，特别是“扮花”的人都得穿绣花的绸缎裙子和夹袄，身佩红绸巾。家底厚实，有衣服的住户那就好办多了，家里女人的裙子、夹袄等绫罗绸缎只要能穿戴得出的，就全都显摆出来了，这叫“亮箱”。有的人身穿一件绸缎夹袄，再身披一件；有的人跑一场，换一身裙子，这衣服箱子亮得极为彻底。件件看似都是大老爷们玩的东西，但每个男人从头到脚全身佩戴的衣服装饰都显露着自家女人陪嫁的多少、家当的大小；而手鼓上所围的彩饰和伞面的装饰都是显示出自家女人的“眼劲”、针线功夫的高低、精心上心的程度。所以，一家分派上一个角色，那一家人都得忙翻了天。这是家庭财力、凝聚力和门风是否端正的整体大展现。

而家境贫寒的人家自然没有这些显贵露富的东西，就得向四处的亲戚熟人去借、去淘换，能借到十里八里地以外的村子里去，这也一点也不稀奇。有心劲的家长往往在年前就早早敲定、预订好富裕人家的衣服，只等着过完年，串完亲戚就可以来借用。跑“闹玩”，特别损费衣服，能借出来绝对是很大的人情。

著名导演胡玫（左）到孙集镇秧歌古村考察商河鼓子秧歌

衣物往外借时，主家自然是千嘱咐、万叮咛，要求穿时一定要爱惜。当然，不是很知己的亲戚也绝对不好意思开口去借。使用别人家这么贵重的东西，用时自然都端着千万个小心；跑完“闹玩”给人送还借用的东西时，往往包上一些分发的香烟、糖果什么的，借以表达谢意，也求来年好再开口，这叫“会来事”或“懂得人情世故”。在村落里，每一项活动都透着为人处世的道道和看不见但制约村落秩序的乡规民俗。

鼓子秧歌色彩艳丽的道具吸引了著名摄影家渠晋湘的注意

商河鼓子秧歌祭神娱乐功能对村落记忆与文脉传承

祭神娱人的村落传说 前面提到“闹玩”的队伍挂妆后，要先举行拜神祭祖的仪式，到族祠神庙前跑一个场；再犒劳村里的老少爷们，跑上几场。

具体来说，刚组织起来要在村里预演时，是不用“挂衣裳”的非彩装打扮；预演好了，就得上妆挂衣裳了。挂上衣裳出村表演前，要先到村庙去上供祭拜，为关帝爷跑上第一场。据说在郑路镇兴隆村的村南头河岸上有一座关爷庙，庙下埋有镇水灾的石龟和避邪的青龙偃月刀。锣鼓一响，大家打扮收拾停当，纷纷跑向集合地点，全村的男女老少也都跟来了。大家抬起牛皮大鼓，敲锣打鼓，排好队列，鼓足劲，打着“行程”，跑着花，浩浩荡荡地向村南河岸上的关帝爷庙行进。来到庙前，由村里的老人们主持祭拜仪式，上香烧纸，全体跪拜，极为肃穆；然后庙前跑一个场。其实，土改前不光是村村有庙，有的村还有好几座庙，如城隍庙和土地庙，供奉着不同的神灵。一有重要的活动，根据事情性质的不同，村民分别要到不同的庙里去上香烧纸祭拜，请求各位神灵保佑风调雨顺，万事安泰，方得安心。在多灾多难的世界里，乡民祈求神的保佑和对各方神祇有着至高的敬拜。在民国“废庙新学”和“改良运动”的话语到来之前，小小的县城处在各路神仙的护佑之中。根据商河的明清县志记载，县城的周围布满了祠堂、庙宇、寺院等祭祀点：如文庙、文昌阁、明宦祠、乡贤祠、忠义孝悌祠；先农坛、崔府君庙；城隍庙、关帝庙、火神庙等25处。

鼓子秧歌队里的丑角表演 （侯贺良 摄）

县志中的民俗记忆与表述 商河县城里供奉着各路的神仙，哪路的神仙都不可得罪。在不同的时令和节气里，当地村民抱着不同的心愿，供奉各路神仙，请求神灵的保佑。被传统村落围合的城镇是一个充满了想象力、令人敬畏的空间，有着些许的神圣。商河邑内的古人已去，但他们在县志中表述的或神圣的或世俗的生活世界，以及他们绘制的舆地全图和城池图，都体现着他们世俗生活和灵性生活的丰富性和灵动性。但自清末以降，随着外来话语的步步紧逼，神灵和民间传说的空间在逐步缩小，到最后让一度充满想象的民俗生活空间变得闭塞而单调。

地方风俗在商河的明清县志中都有记载。自古常言，“上行下效之谓风，众心安定之谓俗；风则相观而化，俗则相习而成。”如在清朝道光年间的商河县志中，有关“闹玩”扮耍的记载就出现在“民俗时令”篇中。文中记载：

立春前一日，官府率士民具芒神、春牛，迎春于东郊。里人行户扮渔樵耕读诸戏。结彩为春楼，以五辛为春盘，饮酒簪花，啖春饼。立春日，官吏各具彩杖，击土牛者三，谓之鞭春。制小春牛，遍送缙绅家，及门鸣鼓乐以献，谓之送春。

这是官、士、民、绅等一起，信奉农时，顺应天意，旨在祈春的娱乐活动。还有，到了元宵时节，又是三天的欢会：

元宵，张灯火，放花炮，酒宴乐歌，竞为欢会，凡三夜。十四日主麦，十五日主谷，十六日主豆。月明风恬者收灯也，有风为歉，无风为丰，名曰占岁登。更有人猜灯谜、跳百索和走百病等活动流行。

总之，在农村所有的娱乐是为了最终的秋报。在村落里从没有单纯的娱乐或娱人的演出，一切与农时、耕作和神灵的祭祀浑然一体，共同构成一个颇有诗意的乡土空间。

在这个空间里，遵崇的是尊人伦，守时序，止于礼仪。明清县志的卷四是“礼乐志”，其中的“礼仪篇”中有“迎春”一节，对迎春仪式的具体规定都有详细的记载，特别是对迎春的礼仪和春牛制作的规制描述非常详细，多有缘由和讲法，不能有丝毫差错。总之，在当地的民风乡俗中，凡事有讲法，最不能马虎的是对神灵的祭祀和供养的礼节，当地的父母官与民众一起谨守着农耕的时序，祈祷着农神的保佑。

商河鼓子秧歌所遭受民国外来话语体系的进入与民俗文化艺术的认同危机

改良运动的兴起，村落乡俗的颓败 时光进入到20世纪20年代的中华民国时期，一系列改良活动在商河县域内进行得有声有色，如“中华民国大改良，扒庙砸神修学堂”，另外还有剪发和放足等其他破除迷信的活动。一些传统的地方风俗、仪式被视为“陋俗”，被列为革除的范围；当地响应号召建立新式学校，推行维新理念，以造就民国新人，以期建立起一个全新的、可以与西方列强抗衡的民族国家。

大多数神祇寺院难逃脱被拆毁的命运，有些寺院存有百年的历史古迹，有些是明代的古迹遗物，也在摧枯拉朽的洪流中，被拆毁了。少有的几座古庙愣是被当地人保留下来了。在当地的村民看来，有的庙确实事关一个村或几个村的风水，届时有头有脸的人物出来说话，就顶住了被拆毁的压力；有些寺庙里的僧道、住持本身颇有来头，也挡住了风潮。如郑路镇梁王冢上面的大寺院和黄岭子村的药王庙在当时都逃过了废庙的风潮，又延续存在几十年。药王庙到了解放后才被拆毁，梁王冢上的寺院到了“文化大革命”时才被损坏。民国革命要对村落时空、村落人的信仰空间进行全面格式化。面对强势的外来话语体系和变革力量，当地村落人自然也在抵抗、妥协和放弃。

作为“巨观”与“陋俗”的民俗艺术 清末民初，在民族国家建构中，启蒙运动的转型开始，是一种价值观念的形成，新的语言出现了，开始了“他者”的建构。这种转型也影响了对地方民俗艺术的表述，最终导致它的变迁。地方文化精英受清末以来的国家观念和民族主义思潮的影响，书写表达了他们要革除陋俗的决心。但从这些地方精英对地方风俗表述的诗文中，又可以看出当时地方文人的一种矛盾心理或是对民俗文化的认同危机。

如在当地的《重修商河县志》(1936)曾摘录了当地廪生路程诲《路氏集咏录》的一首《上元节竹枝词》。作者是用妙笔生花般的描述手法，呈现了当地乡民举办这一民俗艺术活动热闹纷繁的喜庆场面和来自周边村民观看演出的兴奋情景，在诗文整篇的遣词造句中也可以看出作者对这一民俗艺术发自内心的喜爱。

如“举国纷纷兴若狂，新正十四挂衣裳。明朝但愿无风雪，尽力逞才闹一场。检点新衣待五更，晨炊未罢已锣鸣。梳妆草草出门去，传说游人早满城。”前五句话是对人们迫不及待“闹元宵”的心情刻画，人们个个欣喜若狂，祈祷明天是个好天气；还不到五更天，扮演角色的人早早就穿戴打扮好了；有人还没有来得及做完早饭，就听见外边的锣鼓声响起来了，只好匆匆梳洗一下，往城里涌去。

接下来是各路杂耍的：“倒骑驴的灯官”和“独杆的轿子”上台。最能引发想象力的是那些踩高跷的，“出人头地似神仙，足立空中可及肩。海外飞来长股国，云鞋缘木上青天。”接下来是旱船表演：“谁云陆地不行船？更有佳人坐上边。徒步篙失空用力，全舟尽在一身悬。”最让人叫绝的还是男扮女装的绝妙扮相：“凤阳花鼓自东来，高髻云鬓粉满腮。夫妇相逢浑不识，依稀认得鬓边钗。”就在当媳妇的依稀模糊之间，“美女队中见丈夫，暗通一笑意模糊。小姑年少无知识，偏向人丛指与奴。”

兴尽晚归来，尚是意犹未尽。“队队来起日已斜，游人兴尽各还家。同行女伴低声语，再到东关看采茶。”下午时分，演出各队都观看完毕，有的人兴尽回家，但有的人还是意犹未尽，特别是那些女孩子，她们与同伴商量再到东关看采茶表演。“游罢归来星满天，乡村处处起炊烟。灯前笑说城中事，共道今年胜去年。”游玩归来已是满天繁星，村落里炊烟袅袅，晚上灯下人们的话题中心仍然是县城里十五元宵的娱乐杂耍表演，感叹今年的演出比去年还要好。

作者在整首诗词中，用浓墨重彩而诙谐的语言描绘了节日期间当地“四乡杂耍”等传统民俗娱乐活动的丰富多彩和由此而引发的喜乐气氛，但作者又在这首词的词序中把这一活动表述成“陋俗”。词的序言如下：

商河习惯，本乡人大傩之遗意，于旧历上元节，四乡杂耍，齐集城内，先赴西关朝礼碧霞玄君，复到县府前表演。是日，仕女云集，途之为塞，自晨至暮，络绎不绝。民国以来，玄君庙废，乡人依循旧例，诚巨观也，亦陋俗也，戏咏其事以志之。

在清末民初的转型时期，地方知识分子之所以视“四乡杂耍”这些民俗文化“朝礼碧霞玄君”的拜神祭祀传统习惯为“旧例”和“陋俗”，是从理智上已认可民国以来的国家的观念，或曰西方的价值，要维新，要革除陋俗，但从情感上又非常认同或喜爱地方历史上形成的这些民俗娱乐传统，视其为“巨观”，故“戏咏志之”。作者在这首词本身和它在词序中对同一事项出现了矛盾表述，通过这一矛盾，可以体会到当地知识精英的复杂心情：他们对地方民俗文化确实是喜爱、认同的，但到目前为止，已失去现代知识体系的支持；他们理智上或许趋向赞同自上而下的要建构新的民族国家的价值理念，要力求维新，但这种赶超又缺乏切实、具体的情感支持。

从民国革命时期的改良运动开始，村落里的民俗艺术就失去了自发性或自主性，要么因其祭神为陋俗，要么因其某一艺术特点被曲解强调，不在场的是村落里乡民的生活愿景和时空观。

商河鼓子秧歌在改革开放语境下传统民俗艺术的复兴与鼓子秧歌展演

失落民俗的复兴 民国以降，革命运动接连不断，外来的话语体系时紧时松。“文化大革命”期间，所有的民间艺术都受到了质疑和批判。“文化大革命”终于结束了，农村土地承包制落实，村落里政治、民俗和文艺方面的控制也放松了，地方上一些传统民俗文化竟然没有被彻底革命掉，草根艺术的生命力之强令人唏嘘，各种民间艺术的展演也空前多元起来。

原来被取消的集市要重新恢复起来，要重新“立集”；当地“立集”的通例就是“打会”，即召集城乡贸易大会。“打会”时，各地文艺表演汇集。最有名的还属常王庄集上的“打会”。常王庄位于商河、济阳和惠民三县交界之处，秋后“打会”的时间最长，上演的戏曲种类也最多，如河北的梆子剧团，德州、商河的京剧团，济南的吕剧团，纷纷签约，相继登台演出；耍猴的、玩杂技的也来凑热闹。来村里说书的人也赶趟似的多了起来。特别是秋后场院门一关，说书的人就上门了，说好只说三个晚上，村里人听上了瘾，其实能让说书人一气说上十几个晚上。《岳飞传》《杨家将》《呼延庆打擂》等传统曲目轮流上演，老百姓百听不厌。很快各村的吕剧团、京剧爱好小组好像从地里冒出来似的都被自发组织起来了。秋后农闲或过年时节，就搭戏台为父老乡亲们上演节目了。上演的大都是当地老百姓最喜闻乐见的、很传统的曲目，如《借年》《小姑贤》《王定保借当》《墙头记》《姊妹易嫁》等。

县域各村很快像雨后春笋似的先后成立了“闹玩”队伍。有的村“闹”是“快板”，有的村“闹”的是“慢板”；还有的村“闹”的是“二传子”，即不快也不慢的“闹玩”。有的村闹得最惊险。有的村慕名到别的村拜师学习来了，村里派出了最好的“闹玩”把式外出去当师傅。

有的村子 20—30 年不玩了，都憋了一股子的劲，离过年还有 10-20 天的时候，村落里的人就等不及了，都早早地活动起来了。村里原来的乐器和道具都不知道扔到哪儿去了，都要重新置办。早些年曾经玩过这种玩意的老人特别兴奋，毕竟那里边承载了他们温暖的青春记忆；年轻人新奇，很虚心地向老人请教，这让老人感觉特别受用，不自觉腰板都好像挺直了不少。除了那些特仔细的个别人家，把先前一些“闹玩”的家什玩意保存得较好外，大多数人家的伞和高跷需要加固和重新打制。家里要出扮花、打伞等角色的人家就请木匠到自己家里来干活。

一听到擂大鼓的声音，全村上下、男女老少的精神劲都振奋起来了：没吃饱的，丢下饭碗就朝场子里跑；闲聊的也不聊了；串门的也不串了；晒太阳的老头也不晒了——或去表演，或去当观众。“闹玩”给人们带来的乐趣的确不少。以前茶余饭后，大家喜欢串门，或蹲在大街上晒太阳拉闲话，东家长西家短的，难免产生一些不愉快。而过年“闹玩”时节，村落里谈论的话题大多是，谁跑得最来劲，谁扭得最有板有眼的；或谁家的孩子根本就不会，连鼓点都踏不着，在场子里光出洋相，逗得大家直乐等等。过年时节为期不长的跑“闹玩”活动确实是对村落秩序和乡风民俗的一次综合治理和优化整顿。

闹玩兴起，串村依旧　到了 20 世纪 80 年代，农家干活依然多靠牛马、骡子、毛驴等畜力，但远路出行就多靠骑自行车了。“闹玩”队伍里仍然需要“探马”，但有了自行车，当时的“探马”也无需骑马了，主要是骑上自行车四处送信。当“探马”的人在车把上挂一块红绸子，一进村，把车铃铛按得叮铃响，那也是村庄里的一景。

外出演出串村，“坐桌子的”（管事的）还是老人。特别是刚“闹玩”那几年，老人是有绝对的权威和话语权的，如道具的购置、组织的时间、角色人数的多少和安排以及串村的先后等等；就“闹玩”的种种规矩来说，他们也最有发言权，年轻人得低下身、嘘着气地向老人们请教，学怎么跑场、怎么用劲、串村时有哪些讲究、怎么行事才算得体等。外出串村时，大鼓一响，就等于战场上吹起了冲锋号，各角色麻溜溜地拖起鼓子、扛起伞就往场地上窜去，当时没有一个“腚沉”（方言，意为拖后腿、动作慢）的。

跑“闹玩”是村落里群体性的广场活动，在以农耕为主的时空中，以血缘亲缘和地缘关系为依托的村落里，跑“闹玩”“跑十五”是大多数乡民欢乐和兴奋所在，即使有个体的喜好差异，但也大都要顾及到前后左右各方面关系的整体调整、家庭地位和权威秩序等因素的所在，一般不会或也不敢在大家基本认同的东西上犯别扭。纵使那个人自己不是很喜欢，也得“小心翼翼”地不让别人看出来你是个不同于乡邻的另类。当然，那些不能很好地认同村落文化和秩序的人，也大多是那些最有可能成为离乡人的人。但这些人离开了乡村，却离不开乡村里有关“闹玩”的记忆，或是属于自己的，或是属于别人的温暖记忆，这一切又与自己有着千丝万缕的联系。

有的村自20世纪70年代末跳到90年代初。在此以后，跑生意和外出打工的人越来越多，人们越来越不听招呼了，村落里组织娱乐活动难度越来越大。而与此同时，另一种外来的艺术专业力量开始了对这种民俗娱乐活动的关注。

商河鼓子秧歌进入艺术专业视野的话语体系之后的表现

艺术专业视野中的民俗艺术及名称变迁 随着外来话语体系的到来，曾一度遍及商河县域千奇百样的的民俗娱乐有了官名“鼓子秧歌”。这一名称的来历有一个演变过程，它主要源于外来文艺工作者的采风发现和某些适合于舞台表演的艺术特征。

早在20世纪50年代初期，文艺工作者深入商河调查采风，以艺术审美的专业眼光发现了商河县这一民俗活动中歌舞艺术的丰富多彩，就对其进行改编演出，并以“手鼓舞”名称首次把它推向济南的舞台；后来文艺工作者又进一步总结、提炼这一舞蹈艺术的特点，并对其命名进行全面深入研究。主角仍然是山东的艺术舞蹈工作者，他们根据自己在50年代的采风材料及重复调查总结，发现“手鼓舞”中的“伞鼓”表演动作中所包含的舞蹈形式最完整，文化内涵最深邃，就重点挖掘整理，随后逐渐启用“鼓子秧歌”作为“伞鼓舞”和“手鼓舞”代名词。目前可见“鼓子秧歌”最早出现在纸本著作里，是1958年由山东省群众艺术馆编著的《鼓子秧歌（附〈长工与二姐〉）》（山东人民出版社）一书。

学术话语体系中的民俗艺术 专业文艺工作者深入田野调查的同时，并连续发表文章和出版图书对商河鼓子秧歌进行介绍，除前述山东省群众艺术馆1958年集体编著出版《鼓子秧歌》外，张朝群在1982年曾在《舞蹈通讯》发表了《鼓子秧歌》一文；随后，张浔、刘志军在1983年出版了《山东鼓子秧歌》一书，分别对鼓子秧歌的舞蹈动作特点和组织方式作过全面的整理和分析介绍。后来这些提炼出来的舞蹈形式又被运用到舞蹈学院，并在民间舞蹈教材书上将其归类于汉民族北方四大民间舞蹈（山东秧歌、东北大秧歌、陕北秧歌、河北地秧歌）之一，被誉为“汉族民间男性舞蹈的代表”。有关商河鼓子秧歌的资料性汇总出现在《中国民族民间舞蹈集成》（山东卷）当中。

1992 年 2 月，中国舞蹈家协会副主席贾作光（右）与时任商河县文联主席、《商河鼓子秧歌》作者陈学孟在首届全国商河鼓子秧歌研讨会期间亲切交流

1992 年 2 月，“全国首届商河鼓子秧歌研讨会”在商河召开，根据研讨会的命题，共收到论文 19 篇，发言的有 16 人次，分别从不同的侧面对商河鼓子秧歌的渊源、流传发展、流派和特点、场子的变化规律、个人舞技的内涵、打击乐和表现力、服饰与道具、如何搬上舞台及如何开展教学等作了重点探讨。随后，这次会议的全部论文和发言集结成论文集。

2002 年 11 月，商河县文联原主席陈学孟的《商河鼓子秧歌》出版，对商河鼓子秧歌的渊源流传及发展、流派及特点作了比较全面详细的介绍，对县委、县政府的领导及县文化部门的改编推进工作进行了极大的称赞，同时，对艺术专家的指导也寄予了厚望。

2008 年，中央民族大学刘统霞博士基于对这一民俗艺术历时三年的田野调查，完成了博士论文《被表述的民俗艺术——对商河鼓子秧歌的历史人类学考察》。并由知识产权出版社于 2009 年修订出版了这一学术专著。作品从历史人类学的研究视角回溯了这一民俗艺术的缘起与历史变迁，特别是针对村落时空的话语空间面对各种外来话语体系的种种境遇和回应进行了学术性的探讨分析。

正如刘统霞在实地调查中所做的分析：一开始相当一段时间内当地的百姓并不接受“鼓子秧歌”这一名称，依然以自己惯用的俗语称呼这一民俗活动——“闹玩”“跑十五”或“闹十五”。民间的文化认同对一切的外来的话语体系都有一个适应的过程。这些民俗艺术活动的实践者或当地人大多没有把这项每年正月十五前后举行的民俗艺术活动仅仅看作是一项侧重舞蹈动作的艺术活动，而是更多地把它看作是年节到时进行迎春祭祀、闲耍娱乐、联络周围村落和沟通村际之间感情的民俗活动；他们认为这一活动是村落中有社会能力的人每年耳濡目染而自然习得的，或不需要费太多心思就能轻易掌握的一部分村落习俗而已；更多的人则是把它看作村里人年节闲暇期间进行的“乐乐和和”的事，也是“露脸”的事和“义和”的事，更是“老俗套”的事，讲的是“礼法”和“不该缺的道道”。

商河鼓子秧歌一年一度的汇演与作为文化遗产迹象的产生

政府主导的秧歌汇演 从 1980 年开始，商河县政府就开始组织秧歌汇演，到 2025 年已组织了 42 届。最初前来参加汇演的秧歌队伍很多，在县城的一个演出场地还盛不下那么多的演出队伍，需要另设分会场分别进行汇演。当时政府的会演组织工作也主要是为演出提供场地，对演出的形式、花样、服饰等并不做统一的要求，所以当年县城四周各村的演出队伍各显其能，当地人回忆说，“花样是多了去了”。只就打伞的玩法来讲，就有很多的不同，如县城东边

的村庄跑的是“插伞”，凝重浑厚，布阵严谨；北边的村子跑的大多是“扛伞”，飘逸潇洒；县城西南的村子大都是“举伞”，灵活轻巧。还有，并不是每支队伍都遵守着严格的跑阵图，在县城的南面，有些村里的高跷队伍并不跑场，也没有8伞16鼓或16伞32鼓的固定配置；只是由伞头领着圈上一个场，各路角色在场地上依次走过，也没有什么队形变化。当然踩高跷的人都是戏曲人物的打扮，大多是男人扮演，表演着当地老百姓喜闻乐见的地方大戏中的角色，如青蛇、白蛇和许仙组合，钓鱼的姜太公，上蹿

人山人海看秧歌

下跳的孙猴子，死皮赖脸的猪八戒，扮相俊美的唐僧。蹺脚很高，踩高蹺的人需要爬到墙头或平房顶上才能绑上高蹺。白桥镇白桥街的高蹺队，能翻桌子、走翘板、劈叉、张跟头等，确实是一绝！还有玉皇庙镇玉皇庙村的“芯子”表演，也让人唏嘘不已，令人称奇。有些队伍前面是伞、鼓、棒、花等跑场，后面紧跟着是唱小戏、划旱船、耍刀弄枪等表演，自然每个队伍里最少不了的是那些扮演丑角的，各色丑角扭摆到哪里，哪里就是笑声一片。

大众传媒的兴起与民俗文化的衰落　商河民俗艺术从20世纪80年代开始复兴，到80年代末期、90年代出现萧条，历经了十多年的时间。到了20世纪80年代末，商河各村的秧歌队就越来越少了。在商河县农村，随着农业技术的广泛运用，农村闲散劳力出现了，进城打工的人越来越多；同时，市场经济的全方位影响，人们的商业经济意识越来越强；随着电视等大众传媒的普及和娱乐节目的增多，人们慢慢脱离了乡土礼俗的羁绊，也淡化了基于地缘和亲

元宵节期间，济南今朝酒业厂区内群众自发进行的鼓子秧歌展演　（侯贺良 摄）

缘的价值观、生活方式和娱乐方式，年轻人的参与积极性一度大幅减退。而跑“闹玩”这种集体性的娱乐活动需要众人参与，一支队伍就需要百八十人才行。外出打工的人直到“年根底下”才回来，年后初五六就返城了。时间和人手成了限制“闹玩”的一大问题。即使不去挣钱谋生，年轻人也更喜欢打扑克、看电视、录像等，对“闹玩”也不“热”。大众传媒的出现，急速地转换了农村的时空，传统的秩序和祖祖辈辈传承下来的民俗娱乐，由此，政府组织的鼓子秧歌汇演难以有效阻止民俗艺术活动的整体萧条，所以鼓子秧歌作为非物质文化遗产的保护工作启动了。县域文化守护者们祖祖辈辈生于斯，长于斯，乐于斯，有着浓浓的地域文化情结和强烈的文化认同，开始携手同心开启了地域文化的传承和保护历程。

鼓子秧歌在新时代背景下的“三化”传承、保护

党的十八大召开后特别是近年来，商河县贯彻非遗保护传承工作“保护为主、抢救第一、合理利用、传承发展”的方针，坚持“政府主导、社

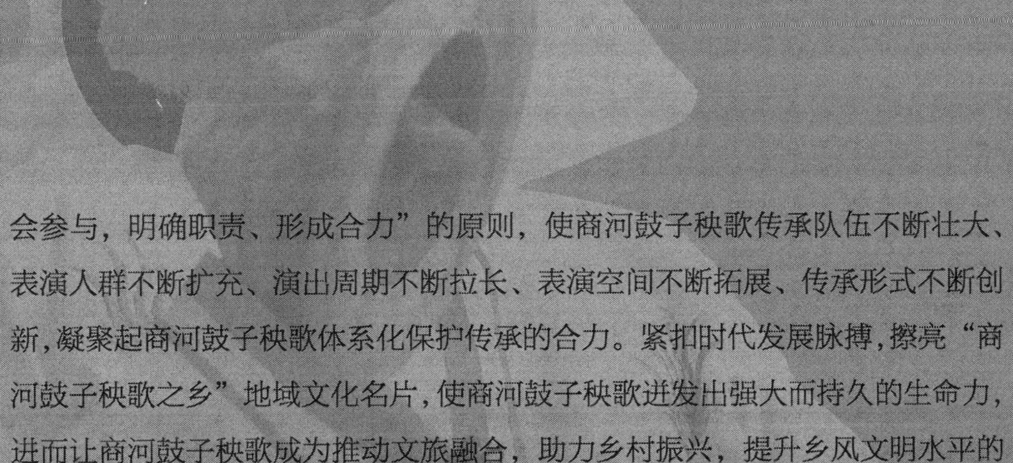

会参与，明确职责、形成合力”的原则，使商河鼓子秧歌传承队伍不断壮大、表演人群不断扩充、演出周期不断拉长、表演空间不断拓展、传承形式不断创新，凝聚起商河鼓子秧歌体系化保护传承的合力。紧扣时代发展脉搏，擦亮“商河鼓子秧歌之乡”地域文化名片，使商河鼓子秧歌迸发出强大而持久的生命力，进而让商河鼓子秧歌成为推动文旅融合，助力乡村振兴，提升乡风文明水平的重要纽带。

商河县的主要做法是立足新时代背景，通过“三化”拓展，实现商河鼓子秧歌从形态、空间、年龄阶层等方面的深度提升，增强商河鼓子秧歌保护传承实效性，使鼓子秧歌焕发出新的生命力和蓬勃活力：一是“非遗”文化物质化。加快商河鼓子秧歌校本课程教材体系建设，形成覆盖社会各阶层、多领域、具有广泛代表性的实用性商河鼓子秧歌教材体系。推动城市建设固态融入商河鼓子秧歌元素，在城市建设中固态融入大量鲜明的商河鼓子秧歌元素符号，大力营造商河鼓子秧歌保护传承的浓厚氛围；二是乡土艺术城镇化。连续举办 41 届鼓子秧歌全县汇演，成为商河县城区影响深远的新民俗，商河鼓子秧歌有效植入城市广场舞，带动相当比例的城区人群参与，为保护传承商河鼓子秧歌奠定了坚实群众基础；三是秧歌传承全龄化。着眼全龄传承，首先是向前延伸，从娃娃抓起。启动“商河鼓子秧歌进校园”活动，请非遗传承人授课，编写商河鼓子秧歌教材，让商河鼓子秧歌艺术在校园生根、发芽。其次，向后拓展。组织开展中老年商河鼓子秧歌展演等一系列活动，将离退休干部职工的兴趣爱好引导到商河鼓子秧歌上来，强身健体，陶冶情操，参演商河鼓子秧歌的老年群体成为一道靓丽风景，并在省市各类舞蹈比赛中获得优异成绩。

历经改革开放之后 40 余年的探索，商河鼓子秧歌这一旧民俗华丽转身，一跃而蜕变为新时代的新时尚，商河县因此整县制获评国家文化和旅游部 2018—2020 年度“中国民间文化艺术之乡”。

（作者刘统霞，商河县郑路镇兴隆镇村人，中央民族大学文化人类学博士，现为北京印刷学院文化产业管理系副教授，硕士生导师）

2017 年 2 月 10 日，第二实验幼儿园娃娃鼓子秧歌队参加商河县第三十七届鼓子秧歌汇演　（张广超 摄）

四、民间说秧歌之“故乡最美是秧歌”

“大鼓一响，浑身发痒。跑上一场，神清气爽。”这是商河老百姓对鼓子秧歌融于血液里的热爱之情。下面这段关于商河秧歌的回忆，从一位耄耋老人（被誉为商河县“乡土女作家”的周德香）的笔下娓娓道来，体现了民间百姓对商河鼓子秧歌的深切感受：

在我的记忆里秧歌和年是分不开的，年就代表秧歌，秧歌也代表年，没有秧歌的年不像年，秧歌也只有在过年的时候跑。

秧歌是种综合性的民间传统艺术，风格多种多样各不相同，山东省的三大秧歌——鼓子秧歌、胶州秧歌、海阳秧歌早已入选全国首批国家级非物质文化遗产，其中影响力最大的就是我们商河的鼓子秧歌。

有人提出秧歌的起源问题，但众说纷纭，清代吴锡麟在《新年杂咏抄》载：“秧歌，南宋灯宵之村田乐也。”这句话的意思好似说秧歌起源于宋朝。

还有一种说法是古代农民在插秧、拔秧等劳动过程中为了减轻劳作之苦，边唱歌曲边干活就形成了“秧歌”。

我觉得这种拥有两千多年历史的古老民间艺术是逐渐形成的，它可能与年有关，因为年是个喜庆节，总不能只吃饺子放鞭炮吧，总得闹点儿玩艺儿乐呵乐呵，这个“乐呵的玩艺儿”慢慢演变成了“秧歌”。这只是自己的推测，具体秧歌是怎么形成的还待考究。

其实秧歌在民间是深受广大人民欢迎的，二十世纪的农村没有多少娱乐活动，但不论村庄大小、穷富却都有自己的秧歌队，跑秧歌对一个村来说是件大事，它不仅代表着村风村貌，还体现出整个村庄的文化素质和经济实力，秧歌就是一个村的脸面。

秧歌的花样和方式基本上是一村一样，头数多少是根据本村的情况来定，但总模式都是分四个队。像大村跑九十六头的，小村跑四十四头的，花式基本上大同小异，像四趟街、二虎把门、担仗勾、灯笼卦、剪子股等。

我见过的秧歌大体分三种：大秧歌、小秧歌、高跷秧歌，通常我们见到的伞、鼓子、花儿为主角的是大秧歌，小秧歌没有伞和鼓子，高跷秧歌也没有伞和鼓子，只是外角一样最低不能少于四人。

大秧歌的主角是伞，又分花伞、绸伞。花伞的伞头大，绸伞的伞头小。

绸伞是扛在肩上的，主要是看胳膊和腿上的功夫，基本功是必须肱骨抬高，尺骨端平，双腿膝盖向外，身体下蹲，使腿成罗圈形，左手拧伞杆，伞头快速旋转，把围伞的绸子旋成平形，呼呼地带起阵阵清风。二目炯炯直视前方，表情严肃但不紧张只是专注。有时两人歪头对视，以目传情，以神对话，以此告诉对方是前进，是后退，是快步，是慢步，用“心领神会”这个词来形容是最恰当不过了。绸伞换角比较频繁，有些长得精神的小男孩，十四五岁就跑绸伞，看那个精神劲呗。跑绸伞的穿着打扮基本和跑花伞的一样，只是在伞的装扮上比较简单，只用一段绸子把伞围起来，而且还不用太鲜艳的，但他们也是戴白胡须。额头上还戴着个五色绒球的“英雄髻子”，是一种细钢丝盘的弹簧做成的，脑袋一动它也会随着颤巍巍地动起来，有的中间还嵌着一面小镜子，好看极了。

绸伞抢眼的是刹鼓这一节，蹲式两腿像罗圈，跑起来脚后跟踢腚垂儿，伞头旋起来像片云，敲鼓的睁眼配合，必须刹在“点儿”上。

花伞是竖着的，右肩左斜挎着一根带子，带子的下面吊着一只小鞋，鞋头朝下，里边放个酒盅，伞杆的下边是圆的，插在小鞋的酒盅里，这样整个伞的重量就压在了肩上，跑伞的人只用左臂扶稳伞杆用力旋转就行。

跑花伞的都是选一个懂行的秧歌把式。他们的行头是自己花钱置办，一挂飘逸的白胡须，宽松的白偏衫，灯笼裤，就像京剧里的老生打扮。花伞是越鲜艳越好，绸子越多越好。伞里边再挂一些小饰物，像黑色的小公鸡、黄色的腰葫芦、绿色的花篮子、鲜红的石榴，上面都用的丝线绣上图案和不同的花团。

新华社记者李锦 20 世纪 80 年代初在商河所拍摄群众迎接鼓子秧歌表演放鞭炮的场景

还得说明一点，花伞右手拿的是铃铛，绸伞拿的是骨板，这个工具很重要，是向对方传递信号的，一方举起铃铛摇动，对方听到后赶紧抬头注视，四目相对发暗号，下一步开始跑哪种花样不谋而合。

我见过的小秧歌有三种。

棘城西街跑的篮子灯，五人一组，用彩纸糊成灯笼状的花篮子，领头的用根软棍挑着两只篮子灯，后边跟着四个跑花儿的，也挺好看。

中街回民跑的是青蛇、白蛇领头，青蛇一身黑，因为黑也叫皂青，黑、白二蛇的装饰都是从头巾到鞋袜全是一色的，手中拿着一柄熠熠生辉的宝剑边走边舞，跑花儿用的绸子不分颜色，但都披在肩上，也是边走边舞。怪新鲜的。

高跷秧歌是韩庙乡五寨子于家寨跑的，也是分四队，只是领头的踩的高跷比其他人高一节，他们都画着京剧里的脸谱，戴着长胡须，手里各拿一把大拂尘，颜色不一样，各是黑、白、棕、灰。记得跑完正场那四个领头的还表演了一段“绝技”，在场子中间放上一条板凳，就像现在跳高跳远的运动员一样，从几米外跑过来再跳过板凳。这可是踩着高跷呀，记得当时我还替人家担心怕他们摔着呢。

跑秧歌主要是两点，第一是人气，第二是亮相。实际上穿戴比人气还重要，有句老话是“内行看门道，外行看热闹”，看秧歌的那么多人有几个懂行的？多数是看热闹的。秧歌队进村第一映入眼帘的是那些花花绿绿鲜鲜亮亮的装饰，不管你跑的好弱，这些抢眼的东西早已把观众的注意力吸引过去了，所以都懂得穿戴和打扮，像跑花伞的人家平时过日子万般算计节俭，过年跑秧歌不惜粜上二斗粮食买匹绸子装扮花伞。

跑秧歌要的就是精气神，不管男女大人孩子只要进了秧歌场就像换了个人似的，丑的变俊了，蔫的变精了，第一是鼓点儿催的，第二是形势逼的，生怕被别人落下。只要家里有跑秧歌的就觉得露脸和自豪。

跑花儿的是秧歌的绿叶，基本上都是女孩儿，穿的好，长得好，模样俏，扭起花来轻飘飘，当时的农村姑娘以能参加村里的秧歌队为一大荣幸。

还有那些跑外角的任务可大着呢，别看他挎个破篮子，拿把烂扇子，戴顶老婆帽子，插个朝天辫子，带个小风哨，一脸白粉子，这并不是光为了搞笑，外角必须懂行，他是眼观六路耳听八方，有人跑错路他会装作若无其事地赶过去给他们领道，还有哪个地方人少了他也会赶去补场，有人说外角是秧歌的魂，没有外角不成秧歌。

如果说外角是秧歌的“魂魄”，鼓点就是秧歌的“精髓”，没有鼓点儿秧歌就乱套了，咋跑？我们常说谁谁谁一举一动浑身上下都在“点儿”上，某某某瞎哆嗦就是跑不到“点儿”上，这个“点儿”就是“鼓点”。

我也是个秧歌迷，六岁就被母亲打扮好跟在跑花伞的父亲身后跑花儿，八岁出徒成为正式秧歌队员。周家村子不大但思想进步行动超前，其他村改革开放后跑秧歌才启用了女花伞，现在说话七十一年前的 1953 年周家的秧歌队就开始改革，用了四顶女花伞，分别是徐荣清、周文莲、赵玉兰和我，当时竟轰动一时成了新鲜事儿，外村的都说看看女的跑伞啥样啊？实际上我们跑得并不好，可是看的人却越来越多，可惜那时没有秧歌比赛，更没有拍照录像，竟成了件憾事。

最后还得说件事，那时候通讯条件落后，甭说打电话连辆自行车也没有，凡事都得两条腿跑着去送信。比方今天咱村的秧歌要去赵家演出，总得提前告诉人家吧，这个提前送信的人就叫“探马”。当然他们不是跑着去的，富村有骡马的就选上几匹好马，穷村就用小毛驴脑门上系条红绸子，脖子上挂个铃铛串，驴背上再搭一条花花绿绿的棉褥子，挑几个标致帅气的小伙子骑着去报信，探马进村后，先不去找管事的人，而是吆喝着坐骑在村里来回地跑，哒哒的马蹄声和着清脆的铃声，是首欢腾振奋的乐曲，引来那些看热闹的孩子跟在后边嬉闹，这时候就惊动了村里的大人，忙向前打招呼询问，驴背上的小伙子就跳下来，很有礼貌地说我们是某某村派来送信的，俺村的秧歌要来贵村献丑等客气话。

知道某村的秧歌要来，秧歌委员会的人就开始分派任务，鼓乐组的人就抬着大鼓去村口敲鼓迎接，某某去谁家用大锅煮绿豆汤，某某去准备回赠的礼物。那些前蹿后跳的孩子多数先回家告诉大人来秧歌了，再脚不沾地地跑去看热闹。

时代在发展社会在进步，上述情况已成历史，我记忆中的那些祖辈父辈的秧歌迷们怎能想到，现在的秧歌可不只是过年的时候才跑呢，一年四季都跑。晚上拉开街灯一招呼凑几个人跑一场，心里高兴没事干吗，有的老人说："不年不节的跑啥秧歌？"

年轻人一笑："吃饱了撑的！"

哈哈哈，这句答得好，农民也是一天三顿大白馍馍吃着，不乐呵干啥。

退休教师霍相新传授鼓子秧歌技艺

为活跃乡村居民的精神文明生活，享受新时代新农村的新生活。跑秧歌成了家常便饭，晚饭后几个青年男女一商量，敲鼓，跑会儿秧歌再睡觉，秧歌不仅丰富了大家的精神生活，更展现了村民积极向上的精神面貌，彰显了乡村文化的魅力，树立广大群众健康向上的良好风气，为美好乡村建设营造了浓厚氛围，更让移风易俗观念深入人心。

地下的老秧歌迷们更不知道，商河的秧歌在上世纪五十年代末已跑进了北京城，继而跑出了国门，跑向全世界，让洋鬼子们看看中国不但有先进的航天航海武器，还有老祖宗留下来的鼓乐“健身操”，知道吗？这玩艺儿叫——秧歌。

秧歌已成了商河的招牌，无论举办什么活动必须先来场秧歌，人逢盛世精神好，都想来把秧歌跑，敲大鼓，舞绸伞，露咱商河人的脸。

老秧歌迷呀，你们的在天之灵看到现在家乡秧歌这么火爆眼热了吧。快来商河投胎转世吧，托生到别处哇，只有看秧歌的份，可没有跑秧歌的差。

愿家乡的秧歌队再创新成绩，跑出新花样，为商河人增光添彩！

（作者周德香，商河县沙河镇大胡村人，乡土女作家，2018 年度“感动商河”人物，所著长篇小说《奇人三奶奶》由国家图书馆收藏）

五、商河鼓子秧歌"申遗"那些事儿

冯骥才（天津大学冯骥才文学艺术研究院教授，博士生导师，著名作家、画家，非物质文化遗产保护专家），被称为"中国非遗保护第一人"，在中国非物质文化遗产研究和保护领域有着巨大而深刻的影响和贡献。

陈晓东（曾任商河县招商局局长、山东商河经济开发区管委会主任，现任商河县人大常委会主任），作为一名成长于商河、工作于商河的干部，第一时间向县委提出商河鼓子秧歌申遗的建议。

一位作家、画家、学者，一位非文化系统的干部；一位是国家级层面，一位是县级层面。看似风马牛不相及，但深植于骨子里的爱国爱乡情怀让两人在各自层面刻上了浓厚的"非遗"烙印。

2003 年联合国教科文组织颁布了《保护非物质文化遗产公约》，"非物质文化遗产"（以下简称"非遗"）一词被正式提出。2004 年我国正式加入《保护非物质文化遗产公约》，成为正式的非遗保护缔约国。短短两年之后，2006 年 5 月 20 日，商河鼓子秧歌作为山东三大秧歌之一成功列入首批国家级非物质文化遗产保护名录。

商河鼓子秧歌，源于秦汉，历经千年风雨，至明清时期达到鼎盛。它不仅是一种舞蹈艺术，更承载着深厚的历史文化底蕴和民俗风情。其起源与发展，如同一条绵延不绝的文化长河，见证了鲁北平原人民的生活变迁与情感寄托。在历史的洪流中，鼓子秧歌逐渐从祭祀活动演变为集歌舞、丑角表演于一体的民间艺术形式，成为商河乃至山东地区独特的文化符号。

随着现代化进程的加速，传统文化面临着前所未有的挑战，商河鼓子秧歌也在所难免。在经济开发区工作的陈晓东2003年底读到《读书》上的一篇文章指出，商河鼓子秧歌像中国的许多民间艺术一样，面临着深刻的危机：表面上，市场化、正规化的潮流使之变得越来越“好看”“正规”而火爆，而实际上，人们失去了参与它的内在热情。毕竟它是农耕文化的产物，面临重重自然灾害威胁的祖先们，在少有的丰收的季节需要一种宣泄；同时人们之间的交流和族群的凝聚也需要一种恰当的方式。如今它所依据的社会生活变了，正如气候的变更使恐龙消失一样，它的消逝也许是不可避免的。

陈晓东看在眼里急在心里，总想为商河鼓子秧歌做点什么。2004年《经济日报》刊登的一篇关于世界非物质文化遗产申报的文章令他眼前一亮。他即刻提笔写了一份建议书，送到县委。时任县委主要领导很支持，立即批示到相关文化部门。

县文化部门联合专家学者，启动了鼓子秧歌的抢救性保护工作。申遗专班工作人员起早贪黑，深入田间地头，找寻鼓子秧歌老艺人，调查、记录整理老鼓子秧歌的历史资料、表演形式、音乐曲谱等。有的老人不会写字，也表达不具体。专班人员就引导老人画出来，力求全面、系统地保存这一文化瑰宝。时值夏日，正是蚊虫肆虐的季节。专班人员的房子前，门头灯柔和的光线中，两个汗流浃背的身影在蚊子的十面埋伏里，边摇蒲扇，边整理、撰写申报材料。当时，我国是第一次搞“非遗”申报活动，没有任何模板可以借鉴，只能摸着石头过河。两人多次到省市相关部门，请教专家，反复修改，以求精益求精。

2006年5月20日，商河鼓子秧歌正式被国务院批准列入第一批国家级非物质文化遗产名录，这个里程碑式的日子，是对鼓子秧歌艺术价值的肯定，更是对其背后深厚文化意义的认同，是无数文化工作者、民间艺人以及社会各界人士的共同努力，他们以高度的文化自觉和责任感，推动了鼓子秧歌从地方走向全国，乃至世界舞台。既提升了商河乃至山东的文化影响力，更为商河经济社会发展注入了新的活力。鼓子秧歌已经成为商河文化强县的四大靓丽名片之一，成为商河文化旅游的重要资源，吸引了众多游客前来体验，促进了文化产业和旅游业的融合发展。

商河鼓子秧歌申报国家非遗成功后，为了确保这一古老艺术形式的“血脉”得以延续，历届县委、县政府采取了一系列措施，推动鼓子秧歌的保护与发展。建立了多层次的传承体系，包括设立传承人制度、举办各类培训班以及将鼓子秧歌引入校园教育，通过教育体系培养新一代传承人。鼓励创新，将现代元素融入传统表演之中，使古老的鼓子秧歌焕发出新的生命力。

商河鼓子秧歌申报国家非遗的历程，是对传统文化的一次深刻反思与现代转型，是一场关于文化自觉、保护与传承的壮丽史诗。它在保留传统艺术精髓的基础上进行创新，使之更加贴近现代社会的发展和需求，既尊重传统，又勇于创新。

在当今变幻莫测的世界发展中，我们每个人都有责任和义务守护好这千百年来形成的固有的文化根脉，守护好我们共同的精神家园，让中华文化的薪火代代相传，熠熠生辉。

六、商河鼓子秧歌大事记

（1955—2025 年）

1955 年

3 月　商河鼓子秧歌队代表山东省赴北京参加全国群众业余音乐舞蹈观摩演出会，获优秀奖，主演韩振玉等在中南海怀仁堂为国家领导人汇报演出，并受到接见和合影留念。

1980 年

2 月　商河县委、县政府举办第一届全县商河鼓子秧歌汇演，北京舞蹈学院教授许淑媖观摩指导。

6 月　商河鼓子秧歌代表山东省赴北京参加全国农民业余艺术调演，获优秀奖。其间，到中南海怀仁堂汇报演出，受到国家领导人的亲切接见和合影留念，随后参与纪录片《泥土芳香》的拍摄。

1984 年

10 月 20 日　为编撰《中国民族民间舞蹈集成（山东卷）》，山东省戏曲学校的民舞专家、“山东卷”常务副主编刘志军和省舞蹈家协会（简称“舞协”）的专家，到商河县杨庙村、商家村，搜集整理商河鼓子秧歌资料。辽宁省舞协的专家也同时到商河学习和研究商河鼓子秧歌。

1988年

5月 山东电视台拍摄的商河鼓子秧歌《美在人间》获美国电影电视优秀节目奖。

1989年

9月30日—10月3日 商河鼓子秧歌参加在四川省成都市举办的“中国舞·蓉城之秋”舞蹈节，荣获“最佳节目”、最佳方队、最佳组织奖三项大奖。

1990年

12月 商河鼓子秧歌参与拍摄贺岁电影《吉庆有余》。

1991年

7月 商河鼓子秧歌参加山东省建党70周年庆祝活动。

1992年

2月14—16日 山东省文联、济南市文联联合在商河县组织“全国首届商河鼓子秧歌研讨会”，并成立“中国商河鼓子秧歌研究会”，中国舞蹈家协会原副主席贾作光任会长。来自全国各地的音乐舞蹈专家、学者近百人，参加了研讨会。

9月16—22日 商河鼓子秧歌参加第二届中国沈阳国际秧歌（民间舞蹈）节暨全国优秀秧歌调演，荣获“优胜奖”“编导奖”“优秀演员奖”“组织工作奖”。

10月 山东电视台根据杨庙村“头伞”李传祯五十年秧歌史，录制了电视片《秧歌李》。

12 月 商河鼓子秧歌参加了沿黄七省电视台《舞韵》拍摄。

1994 年

6 月 商河鼓子秧歌参加“中国舞 · 三峡之夏”大型舞蹈演出活动荣获金奖。

7 月 23—31 日 商河鼓子秧歌参加“94 北京国际舞蹈院校舞蹈节”展演。

9 月 23 日 商河鼓子秧歌参加济南市“94 济南金秋经贸洽谈会暨龙山文化艺术节”开幕式。

1995 年

11 月 5—12 日 商河鼓子秧歌队参加第五届全国少数民族传统体育运动会，荣获二等奖。

1996 年

9 月 商河鼓子秧歌参加全国第六届“群星奖”广场舞蹈大赛，获铜奖。

11 月 文化部授予商河县“中国民间艺术之乡”(民间舞蹈)称号。

1999 年

9 月 24—30 日 商河鼓子秧歌参加第六届全国少数民族传统体育运动会，荣获一等奖。

9 月 20 日—10 月 1 日 商河鼓子秧歌参加了中华人民共和国 50 周年大型庆典活动,获得首都国庆联合晚会总指挥部颁发的“五好表演单位”荣誉称号。

2001 年

9 月 商河鼓子秧歌参加首届济南市农民文艺汇演,荣获创作、表演特等奖。

2002年

2月 商河县杨庙村商河鼓子秧歌队参加北京“龙潭花会”民舞大赛，获金奖。

11月1—4日 商河鼓子秧歌参加“欢天喜地”—中国（威海）新秧歌大赛，荣获“演出大奖”和“编导大奖”。

12月 商河鼓子秧歌参加“江苏中国民间艺术节”演出。

2004年

3月31日 商河鼓子秧歌参加中央电视台《舞蹈世界》栏目，录制“全国各地不同风格的民间舞蹈展示”节目。

4月3日 商河鼓子秧歌参加在连云港举办的“中国（连云港）民族鼓乐精英赛暨连云港之春”活动，获得一等奖。

4月21日 商河鼓子秧歌参与中央电视台《舞蹈世界》栏目录制庆“五一”专题活动。

8月 商河鼓子秧歌参加第二十七届“哈尔滨之夏”音乐会（文化部和哈尔滨市人民政府主办），选派40人参加大型鼓乐表演《鼓舞龙江》，荣获精品奖。

9月25日 商河鼓子秧歌参加第七届北京国际旅游文化节。

9月26日 商河鼓子秧歌参加在山西榆次举办的“福田汽车杯”第六届中国民间艺术节，获得银奖。

2005年

9月22日 商河鼓子秧歌参加在临安市举办的“华夏一绝”全国民间表演艺术大赛，荣获铜奖。

10月17日 “山花奖·中国民间鼓舞鼓乐展演暨中国华门首届锣鼓艺术节”在山西省临汾市举办，商河鼓了秧歌参加展演，获入围奖。

2006年

1月 文化部将商河鼓子秧歌列为首批国家级非物质文化遗产项目。

是月 商河鼓子秧歌参加济南市农民文化艺术节秧歌大赛(在大观园举办)荣获表演一等奖。

5月 商河鼓子秧歌队参加中国沈阳世界园艺博览会，选派30名商河鼓子秧歌队队员参加。

6月10日 商河鼓子秧歌参加“山东省暨济南市非物质文化遗产保护成果展演”，荣获表演荣誉奖。

6月28日—7月2日 商河鼓子秧歌参加“锣鼓喧天庆七一”慕田峪长城民间鼓舞邀请赛，荣获“神奇之鼓”奖、组织奖。

12月22日 30余人商河鼓子秧歌队参加首届山东农村文化艺术节开幕式表演。

2007年

7月 以商河鼓子秧歌为主题的数字电影《盛世秧歌》在商河开机拍摄。

2008年

5月8—10日 商河鼓子秧歌参加在青岛市胶州举办的首届“中国秧歌节”，获得优秀节目奖、组织奖。

5月29日—6月2日 商河鼓子秧歌队赴韩国仁川市富平区参加第十九届风物节文化交流演出活动。

7月23日 80名队员组成商河鼓子秧歌队伍参加济南奥运火炬传递主场演出。

2009年

7月 商河鼓子秧歌参加中央电视台《舞蹈世界》栏目“国家级非物质文

化遗产—山东三大秧歌”特别节目“山东商河鼓子秧歌”节目的录制。

9 月 5 日 商河鼓子秧歌《欢天喜地》参加“歌颂新中国·喜迎全运会”系列群众文化活动大型广场演出启动仪式。

2010 年

1 月 17 日 商河鼓子秧歌参加中国文联在人民大会堂举办的“百花迎春”中国文学艺术界 2010 春节大联欢演出。

5 月 11 日 商河鼓子秧歌参加在广东省广州市举办的第十五届“群星奖”决赛的比赛。

5 月 21 日 商河鼓子秧歌参加在青岛市胶州区举办的第二届中国秧歌节系列活动，在全国优秀秧歌展演中获“最佳风采”荣誉称号。

7 月 8—12 日 商河鼓子秧歌参加上海世博会“山东活动周”开幕式演出，每天参加世博园博成路的串街巡游表演。

2011 年

11 月 商河县被文化部命名为 2011—2013 年度“中国民间文化艺术之乡”。

2012 年

1 月 6 日 商河实验小学商河鼓子秧歌队参加 CCTV 少儿频道第一届“龙子龙孙贺新春”2012 少儿频道春节大联欢，除夕夜并在中央电视台少儿频道播出。

5 月 25 日 在第三届中国胶州秧歌节上，商河县荣获“中国秧歌之乡”的荣誉称号。

9 月 30 日 商河县举办首届非遗传承展演。

是月 商河鼓子秧歌参加济南市国际友好城市文化交流暨泉水文化节对话活动演出。

10月30日　韩庙镇站南村商河鼓子秧歌队在“济南市第五届少数民族文艺调演”中获得一等奖。

2013年

2月22日　商河县三支商河鼓子秧歌队参加“第四届齐鲁民间艺术（“非遗项目”）展演”，获得金奖一个，银奖两个。

3月13日　商河鼓子秧歌参加在河南淮阳举办的“中原古韵——中国（淮阳）非物质文化遗产展演”。

3月16日　商河鼓子秧歌参加中央电视台《舞蹈世界》栏目举办的全国性的非遗展演。

6月2日　300人的商河少年商河鼓子秧歌参加了在北京天安门举行的“万名青少年文体展演活动”，获得一等奖

9月30日　商河县举办第二届非遗传承展演。

2014年

2月14日　60余人的农民商河鼓子秧歌队参加“延安过大年”春节文化系列活动中的元宵节秧歌汇演活动。

9月13日　商河鼓子秧歌参加上海国际旅游节大巡游演出。

9月30日　商河县举办第三届非遗传承展演。

是月　韩庙镇站南小学商河鼓子秧歌队参加山东省第九届少数民族传统体育运动会，获得二等奖。

12月16日　商河县入选文化部2014—2016年度“中国民间文化艺术之乡”。

2015年

6月11日　商河县举办第一届老年商河鼓子秧歌展演。

6月17—18日　参加山东省群众文艺创新作品汇演舞蹈门类展演。

9月 商河鼓子秧歌赴日本新潟市参加“东亚文化之都”中韩文化交流演出。

是月 商河县实验小学编排的《鼓乡娃娃跳得欢》荣获山东省第五届中小学艺术展演一等奖。

10月22日 商河县举办第四届非遗传承展演。

2016年

1月28日 商河鼓子秧歌参加首个山东省非物质文化遗产月系列活动。

2月8日（正月初一） 中央电视台《新闻联播》播出了商河鼓子秧歌在济南大明湖演出的新闻报道，题为“千家万户中国梦、欢乐吉祥过大年”。

2月16日 商河鼓子秧歌参加济南市第十三届民族文化艺术展演。

2月21日 商河举办第三十六届商河鼓子秧歌汇演。

2月22日 商河鼓子秧歌参加在陕西省安塞举办的全国鼓乐精英大赛。

6月14日 商河县举办第二届老年商河鼓子秧歌展演。

6月21—23日 商河鼓子秧歌队赴宁夏参加中国·宁夏回族舞蹈展演，获得优秀节目奖、优秀组织单位奖。

9月2日 商河鼓子秧歌参加济南市第四届泉水节的开幕仪式。

9月21日 商河鼓子秧歌参加第四届中国非物质文化遗产博览会。

9月22日 商河鼓子秧歌参加济南市文化惠民交流演出季活动商河走进槐荫专场。

9月28日—10月7日 商河鼓子秧歌参加山东省第六届花卉博览会(商河)的演出。

10月28日 商河举办第五届非遗传承展演。

2017年

1月18日 商河实验小学商河鼓子秧歌队表演的《鼓乡娃娃庆丰年》受邀参加了济南电视台少儿春晚。

2月10日 商河举办第三十七届商河鼓子秧歌汇演。

4月29日 商河举办首届商河鼓子秧歌擂台赛。

6月10日 商河举办第三届中老年商河鼓子秧歌汇演及首届民歌展演、非遗产品展销会。

6月1日 商河县第37届商河鼓子秧歌汇演入选省文化厅评选的“山东省冬春文化惠民季活动品牌项目”（首次）。

6月22日 商河文联成立县商河鼓子秧歌艺术家协会，县文化馆原馆长付军燕当选首届主席。

7月 商河鼓子秧歌参加第五届世界摄影大会济南站系列活动演出。

9月27日—10月7日 商河鼓子秧歌参加第三届中国（济南）花卉园艺博览会现场表演。

10月27日 商河举办第六届非遗传承展演。

12月27日 山东省文化厅公示第五批“山东省民间文化艺术之乡”名单，商河县再次入选。

2018年

1月15日 商河鼓子秧歌为来访英国巴斯市议员魏漠霆表演。

2月7日 组织商河实验小学商河鼓子秧歌队参加了“山东省非物质文化遗产月暨运河沿线城市非遗展演”启动仪式。

2月9—14日 商河县受山东省文化厅委托组织商河鼓子秧歌艺术团前往瑞典参加“欢乐春节”系列活动。

2月24—28日 成功举办2018山东（商河）秧歌文化旅游节。

3月1日 商河举办第三十八届商河鼓子秧歌汇演。

5月1日 商河县第二届商河鼓子秧歌擂台赛在郑路镇举办。

5月7日 山东省文化厅公布了全省2017—度冬春文化惠民季活动品牌名单，第三十八届商河鼓子秧歌汇演入选（连续第二次）。

6月23日 “中国秧歌大赛落户山东商河暨中国文化民俗秧歌走出去”新

闻发布会在北京钓鱼台国宾馆举办。

8 月 29 日　商河鼓子秧歌参与的第十一届山东国际大众艺术节——大型山东民间舞蹈诗《俺的山东大秧歌》在省会大剧院演出。

9 月 10—11 日　商河县承办了第五届中国非遗博览会“国家非遗项目秧歌汇演”活动。

9 月 12 日　新西兰惠灵顿日本艺术基金会主席珍妮弗·金等三人来商河县考察商河鼓子秧歌。

9 月 13 日　商河鼓子秧歌参加了第五届中国非遗博览会开幕式演出。

9 月 14 日　大型山东民间舞蹈诗《俺的山东大秧歌》在北京民族剧院隆重演出，商河鼓子秧歌作为压轴节目，惊艳亮相。

9 月 20 日　商河鼓子秧歌《黄河鼓韵》参加在青岛胶州市举办的第五届中国秧歌节。

9 月 28 日—10 月 7 日　商河县选派 8 支商河鼓子秧歌队在第四届济南花卉园艺博览会暨第一届济南都市农产品博览会上表演。

9 月　韩庙镇站南小学商河鼓子秧歌队参加山东省第十届少数民族传统体育运动会，荣获金牌。

11 月 28 日　商河鼓子秧歌《伞舞飞扬》荣获年度济南市新创作优秀群众文艺作品评选二等奖。

2019 年

1 月 7 日　商河县国家级非遗传承人杨克胜、张继福被评为年度济南市“优秀民间艺人”。

1 月 27 日　商河鼓子秧歌、花鞭鼓舞参加“山东省非物质文化遗产月”济南市系列活动启动仪式演出。

是月　商河县文化和旅游局荣获全省非遗保护工作先进集体荣誉称号。

2 月 16 日　2019’山东（商河）秧歌文化旅游节在商河县秧歌古村举办。

2 月 18 日　商河县举办第三十九届商河鼓子秧歌汇演。

2 月 19 日 商河鼓子秧歌队参与了济南市元宵节传统舞蹈汇演活动。

是月 商河县入选文化和旅游部 2018—2020 年度“中国民间文化艺术之乡”。

5 月 1 日 商河县举办第三届商河鼓子秧歌擂台赛。

6 月 22 日 商河鼓子秧歌受邀参加北京世界园艺博览会“济南日”的演出活动。

是月 商河鼓子秧歌《鼓韵风情》在山东省乡村题材小型文艺作品展演中获二等奖。

7 月 15 日 第三十九届商河鼓子秧歌汇演荣获“2018 年度山东省冬春文化惠民活动品牌”（连续第三次）。

9 月 13 日 韩庙镇站南小学回族商河鼓子秧歌队参加第十一届全国少数民族传统体育运动会，获得二等奖。

9 月 21 日 商河鼓子秧歌参加济南市庆祝新中国成立 70 周年文艺演出。

9 月 23 日 商河鼓子秧歌参加济南市庆祝中国农民丰收节文艺演出开幕式，并登上当天中央电视台《新闻联播》。

是月 商河鼓子秧歌参加大型山东民间舞蹈诗《俺的山东大秧歌》晋京展演，获得优秀组织奖。

10 月 12 日 商河鼓子秧歌《欢欣鼓舞》参加山东省第二届优秀广场舞蹈作品展演，获得优秀展演奖。

11 月 29 日 商河鼓子秧歌《伞韵》荣获济南市新创作群众文艺作品评选三等奖。

是月 商河鼓子秧歌参加了“文化山东·齐风鲁韵”山东省非物质文化遗产海外展演活动，先后赴澳大利亚、新西兰和印度尼西亚等国家和地区，活动共 9 天，举办 6 场展演。

2020 年

1 月 商河鼓子秧歌参加第三届中国非遗春晚的录制，并于大年初五在

CETV（中央电视台教育频道）播出。

5 月 18 日 《商河县打造山东大秧歌品牌，推动乡村振兴和全面小康展现新作为》案例，入选山东省非遗保护十大亮点工作。

7 月 商河县文化馆编排的原创舞蹈作品《秧歌少年》入选由文化和旅游部全国公共文化发展中心和中国文化馆协会主办的“我和我的祖国”——文化新生活全国广场舞展演推荐作品，济南市唯一一件，全省 9 件。

8 月 20 日 商河鼓子秧歌参加 2020 嘉年华青岛市第十八届“大地放歌”乡村艺术节暨青岛市首届乡村广场舞大赛演出。

9 月 28 日—10 月 7 日 商河鼓子秧歌参加第六届济南花卉园艺博览会暨第三届济南都市农产品博览会演出。

10 月 23 日 商河鼓子秧歌参加第六届中国非遗博览会开幕式演出。

11 月 23 日 商河鼓子秧歌参加第十二届中国民间艺术节演出。

11 月 27 日 由商河鼓子秧歌改编的广场舞《鼓乡美》在“舞动千万家”广场舞惠民项目工作推进会上提名，并将向全省推广

2021 年

2 月 7 日 “商河鼓子秧歌”短视频入选文旅部首批“视频直播家乡年”推荐项目，山东省共有 3 个项目入选。

5 月 27 日 商河鼓子秧歌《秧歌少年》入选第十二届山东文化艺术节。

6 月 3 日 商河县以《“非遗 IP”推动文旅融合助力乡村振兴》入选山东省非遗保护十大亮点工作名单。

是月 商河县组织商河鼓子秧歌、花鞭鼓舞、花棍舞、商河民歌、郭氏吹打乐、迷戏和采茶舞等 7 项非遗项目的演出队伍参加济南市“文化和自然遗产日”非遗节目展演。

8 月 6 日 商河县入选“山东省民间文化艺术之乡”。

9 月 28 日—10 月 7 日 17 支商河鼓子秧歌队参加第七届花博会驻场演出，观众超过 20 万人。

10 月 1 日 商河鼓子秧歌在泰安市参加了“国庆吃面国泰民安”新民俗倡议活动。

11 月 10 日 商河县入选为文化和旅游部 2021—2023 年度“中国民间文化艺术之乡”。

12 月 23 日 商河鼓子秧歌应邀参加“河和之契：2021 黄河流域、大运河沿线非物质文化遗产交流展示周”开幕式。

2022 年

1 月 12 日 山东省文化和旅游厅公布了全省省级非物质文化遗产传承教育实践基地推荐名单，商河县实验小学和第二实验小学上榜，济南市共 10 个单位入选。

1 月 23 日 商河县首次举办“村晚”在怀仁镇储家村“村晚”录制，商河鼓子秧歌、花鞭鼓舞、花棍舞、商河民歌等参与，商河鼓子秧歌国家级非遗传承人杨克胜等参演，“村晚”于 1 月 30 日在国家公共文化云展示，观众超 10 万人次。

4 月 18 日 “文旅中国 · 百城百艺”非遗传播活力 top100 名单公布，商河县以 6936 的成绩排名全省第一位（全省共入围 14 个区县），全国第十二位。

是月 国家公共文化云平台公布了 2022“村晚”优秀短视频推优结果，商河县所拍摄的《商河鼓子秧歌庆新年扭出新年新气象》短视频获评“优秀作品榜”和“最具人气榜”两项大奖，是济南市唯一入选的县区。

5 月 6 日 商河鼓子秧歌国家级非遗传承人杨克圣、商河民歌参加了“山河无恙 · 抖靓青春”线上直播活动，活动受到来商河因新冠疫情隔离的 1000 多名山东大学师生的关注。

5 月 30 日 商河鼓子秧歌参加央视热播剧《三泉溪暖》剧里剧外的有效呼应，山东电视台记者专程来商河采拍商河鼓子秧歌和国家级非遗传承人杨克圣。

6 月 1 日 《秧歌情》荣获全省群众性小戏小剧一等奖，是济南市唯一获得一等奖的作品。

是月 山东省舞协推出了“舞动千万家”广场舞蹈首期教材，共有 4 部作品，其中商河鼓子秧歌广场舞《欢欣鼓舞》成功入选。

7 月 13 日 商河鼓子秧歌《大河之声》被山东省文化和旅游厅推荐参加第十九届群星奖广场舞比赛。

8 月 19 日 商河鼓子秧歌《大河之声》《鼓乐升平》《欢腾的鼓乡》在“喜迎二十大起舞向未来”2022 济南市广场舞大赛中分别获得一等奖第一名、二等奖第二名、三等奖第二名。

8 月 25 日 商河鼓子秧歌《大河之声》作为山东省唯一的代表参加了在宁夏银川市举办的“喜迎二十大 · 奋进新征程”第十九届群星奖广场舞决赛，获入围奖。

10 月 26 日 省文化和旅游厅公布了“喜迎二十大舞动新时代”——山东省广场舞展演获奖名单，代表济南市参赛的商河鼓子秧歌《大河之声》力拔头筹，荣获一等奖第一名。

是月 《秧歌情》在全省群众性小戏小剧“大擂台”评选中获“铜奖”。

11 月 21 日 文化和旅游部对“中国民间文化艺术之乡”建设典型案例名单进行了公示，商河县商河鼓子秧歌《以创建为引领助推乡村振兴推动文旅融合发展》案例成功入选。山东省共 3 个单位入选。

是月 商河鼓子秧歌市级非遗传承人王宗来荣获“济南市年度优秀民间艺人”称号。

2023 年

1 月 14 日 商河鼓子秧歌《大河之声》参加山东省非物质文化遗产月启动仪式文艺线上演出活动，“国家公共文化云”进行直播。

2 月 4 日 商河举办第四十届商河鼓子秧歌汇演，现场观看观众 8 万余人，线上累计观看人数超 600 万人次。

4 月 11 日　文化和旅游部全国公共文化发展中心开展的“舞出中国红”全国广场舞作品创编征集活动获奖名单公布，商河县选送的《大河之声》入选。

4 月 21 日　商河鼓子秧歌作为山东省代表性项目，在第十七届中原民间艺术节精彩亮相。

5 月 12 日　商河鼓子秧歌参加省文化和旅游厅在滨州市阳信县洋湖乡开展“大地欢歌”——“山东省民间文化艺术之乡交流展示活动”启动仪式暨首场“商河鼓子秧歌”展演。

6 月 10 日　商河县组织商河鼓子秧歌、花鞭鼓舞、老粗布制作技艺等一批特色非遗项目参加济南市“文化和自然遗产日”主题活动。

6 月 29 日　商河鼓子秧歌《大河之声》参加由“清风廉韵颂党恩”济南市“庆七一”廉洁文化专场文艺演出。

9 月 20 日　商河鼓子秧歌参加由山东省委宣传部、省农业农村厅主办，省广播电视台、济南市委宣传部承办的“乡村振兴齐鲁样板——村村有好戏”宣推活动启动仪式的演出。

9 月 28 日　商河鼓子秧歌参加了在江苏常熟市举办的首届民间民俗艺术节的演出活动。

9 月 28 日—10 月 6 日　商河鼓子秧歌队参加第八届济南花卉园艺博览会暨第五届济南都市农产品博览会驻场演出活动。

10 月 18 日　原创商河鼓子秧歌小剧《鼓舞青春》荣获济南市优秀小戏小剧展演三等奖。

10 月 27 日　商河鼓子秧歌《鼓韵风情》参加了由中央广播电视总台主办的“在中国大地上边走边跳”河南三门峡站广场舞互动活动节目录制。

11 月 5 日　全国优秀群众文艺作品（群星奖）示范性巡演活动在临沂大剧院举行，商河原创商河鼓子秧歌舞蹈类《大河之声》受邀参加。

11 月 18 日、25 日　由商河县文化和旅游局、许商街道办事处联合举办的“欢腾鼓乡”城区商河鼓子秧歌展演在人民公园商河鼓子秧歌广场进行。

2024年

1月18日 商河原创商河鼓子秧歌舞蹈《大河之声》受邀到阳信县洋湖乡秧歌人家大舞台，参加2024春节山东乡村文化旅游节“舞动千万家”—山东省“扭起秧歌过大年”主题活动暨阳信商河鼓子秧歌展演。

1月30日 商河原创商河鼓子秧歌舞蹈《大河之声》受邀到山东省文化馆参加“龙跃齐鲁乐享非遗”2024年“山东省非物质文化遗产”启动仪式。

2月15日 商河鼓子秧歌受邀到陕西省榆林市参加全国秧歌展演，来自全国9省（自治区）的12支秧歌队和陕西地区的秧歌队参加。

2月22日 山东体育休闲频道《徒步山东》:“跑秧歌贺新年”领略商河鼓子秧歌。

2月24日 商河鼓子秧歌和花鞭鼓舞参加了济南市文化馆组织的“祥龙献瑞”济南市元宵节传统舞蹈展演活动。

是月 商河鼓子秧歌受邀赴东营市六户镇黄河口文化艺术城参加了东营城南庙会演出。

2月25日 山东卫视《品牌山东》播出《商河鼓子秧歌：民间舞蹈走向世界舞台》。

3月2日 商河举办第四十一届商河鼓子秧歌汇演，现场观众近10万人，新华社、大众网、齐鲁晚报等10余家媒体进行报道，线上直播观看人次超过300万。

3月22—26日 数支商河鼓子秧歌队参加商河县（怀仁）第九届踏青赏花文化旅游节的演出。

3月30日—4月6日 数支商河鼓子秧歌队参加商河县（殷巷）第九届踏青赏花文化旅游节的演出。

4月20—22日 数支商河鼓子秧歌队参加第十一届“郑路珍珠红”西瓜文化旅游节演出。

4月25日 商河鼓子秧歌《星月之花庆丰年》参加济南市优秀新创群众

文艺作品展演，荣获三等奖。

4 月　与山东省舞协联合推出的《民间舞蹈课间操（商河鼓子秧歌版）》，并在商河县实验小学试行，共培训学生 256 人。

5 月 11 日　商河鼓子秧歌队参加了山东省暨济南市“全国防灾减灾日”宣传活动。

5 月 30 日晚　商河鼓子秧歌《大河之声》在济南市文化馆参加“济风武韵·共赴山海”鲁渝协作交流暨武隆旅游 30 年宣传推介活动。

5 月 30 日　在济南“文化进万家——视频直播家乡年”活动中，商河县在各平台视频上传数量上名列第五位（多为商河鼓子秧歌表演视频），济南市文化和旅游局进行了通报表扬。

6 月 19 日　商河县总工会舞蹈队表演的商河鼓子秧歌《巾帼鼓韵》在山东省广场舞展演——济南市展演（决赛）中荣获一等奖第一名。

6 月 22 日　商河鼓子秧歌参加济南市社会体育指导员健身技能精品项目展示大赛，荣获一等奖。

7 月 12 日　商河原创商河鼓子秧歌《大河之声》亮相青岛“上合之夏”舞蹈展演周开幕式，与胶州秧歌《花绣鞋》、海阳秧歌《货郎小小俊翠花》同台演出，另外东北秧歌、安徽花鼓灯等非遗项目也参加活动。

7 月 13—19 日　商河鼓子秧歌队在许商街道单园村“枣呀枣呀”未来村开业期间进行驻场演出。

8 月 20 日　商河鼓子秧歌在泰安市参加山东省全民学习活动周启动仪式演出。

8 月 30 日　商河鼓子秧歌在参加济南残联运动会开幕式演出。

9 月 3 日　“山东省商河县开展暑期非遗培训和研学活动”被《非物质文化遗产信息摘报》（2024 年第 14 期）采用。

9 月 10 日　商河鼓子秧歌参加商河县怀仁镇储家“三·八”（农历）文化大集成立十三周年展演活动。

9 月 30 日—10 月 4 日　商河鼓子秧歌、花鞭鼓舞，省级非遗项目花棍舞等 14 支演出队伍在“温泉花卉・黄河大集”期间轮番演出。

10 月 1—6 日 数支商河鼓子秧歌队参加了在县金融中心举办的首届商河“未来少年”艺术节演出活动。

10 月 17—21 日 商河非遗作品《花鞭鼓舞俏夕阳》参加第八届中国非物质文化遗产博览会驻会演出；商河老粗布制作技艺、糖酥火烧制作技艺、薄荷糖制作技艺、小磨香油制作技艺等 6 个市、县级非遗项目的 7 家企业参加了博览会的“和合共生”民俗荟展示展销活动。在 17 日开幕式上，由山东艺术学院表演的商河鼓子秧歌作为开场节目。

11 月 11 日 商河鼓子秧歌艺术团荣获文化和旅游部评选的 2024 年全国“百团汇演”优秀群众文艺团队名单。

11 月 13—16 日 商河原创商河鼓子秧歌《大河之声》赴浙江宁波参加由文化和旅游部公共服务司组织的“百团汇演”成果展示活动。

11 月 16 日—12 月 28 日 商河“周末秧歌荟”活动启动，12 支社区商河鼓子秧歌队参加演出。

12 月 27 日 商河县许商街道鑫源社区（商河鼓子秧歌：草根队伍演绎民间风采）、许商街道帝景城社区（商河鼓子秧歌：从社区走向央视的非遗队伍）、许商街道实中社区（商河鼓子秧歌：坚守非遗的原生态演艺）、许商街道宝源社区（商河鼓子秧歌：宝源“文化大院”的非遗活态传承）、许商街道公园社区（商河鼓子秧歌：公益培训助力社区文化振兴）等 5 个社区案例入选济南市“非遗在社区”优秀案例，入选数量位列全市第二位。

12 月 31 日 商河鼓子秧歌参加《启航 2025——中央广播电视总台跨年晚会》演出活动，再次将商河鼓子秧歌展现到全国观众面前。

2025 年

1 月 22 日 山东省非物质文化遗产月暨非遗年货大集启动仪式在省文化馆举行。商河县原创非遗节目《庆丰收》与《秧歌少年》惊艳亮相。

2 月 4—5 日 商河鼓子秧歌应邀参加陕西省榆林市 2025 全国秧歌展演。

2月5日 商河鼓子秧歌应邀参加烟台市海阳市“百花汇海”海阳大秧歌贺年会。

2月10日 商河鼓子秧歌宣传片成功登陆美国纽约时代广场，在广场户外大屏幕全天循环播放。

2月11日 商河举办第四十二届商河鼓子秧歌汇演。现场3个学校和12

个镇街的商河鼓子秧歌队伍、1000 多名队员，奉献了精彩演出，现场观众 5 万多人，线上观看人数超过 150 万。

2 月 12 日 在济南弘阳北广场举办的“金蛇迎春”元宵节传统舞蹈展演中，商河鼓子秧歌和花鞭鼓舞惊艳亮相，与全市其他 8 支队伍同台竞技。

鼓乡少年

七、秧歌艺人传略

秧歌奇人韩振玉

杨庙村是一个在中国地图上找不见的小村庄，它隶属于山东省济南市商河县。就是这个离县城十几里的小村庄，却因为一位叫韩振玉的人而闻名全国。

韩振玉，杨庙村人，全村就他一家姓韩，他为什么不姓

杨而姓韩呢？这里面还有一段曲折的故事。

1916 年，韩振玉出生在杨庙村一个姓杨的人家，他家境贫寒，自幼喜好秧歌，并且十分有天赋，刚刚会走就能随着鼓点儿起舞。两岁时，父母把他过继给韩伞村的舅舅韩成，从此他改姓韩，取名韩振玉。韩成是一位秧歌爱好者，喜欢扮丑角，家境颇丰，且无儿无女。韩成既是养父也是师父，他不但将自己毕生所学的秧歌阵法尽数传授给韩振玉，还让韩振玉读了私塾，成了当时为数不多的有文化的秧歌人。

到十六七岁时，韩振玉已经是基本功扎实的领头伞。看到村里的秧歌队在同一地点反复表演那几个简单的秧歌阵法，韩振玉已经不满足这些，他要创新，要改革。他打听到每年元宵节八个片区的秧歌队都集中在龙桑寺搞秧歌汇演，就在养父的支持下，参加了当时的国民政府军，利用在汇演现场站岗执勤的便利条件，站在最高处观摩各路秧歌。

他取各家所长，将每一场秧歌中的闪光点和好的阵法、动作记在心里，回去画在纸上，反复琢磨，融会贯通，借鉴《杨家将》中的天门阵法，又融入一些民间故事，给阵法起上名字，什么“闯王进京”“八面威风”“金丝缠葫芦”等。他决定创新秧歌阵法，丰富秧歌动作，改进服装头饰。汇演结束不久，韩振玉弃枪回家，专心整理秧歌阵法，继续钻研他爱好的秧歌。

谁知天上飞来横祸，二鬼子趁夜色浓重，抢了韩振玉的家，还打伤了老韩成，韩振玉连夜背着韩成逃回了杨庙村。那时，韩振玉杨庙的父母已经去世，只有一个弟弟，因为日子穷，没有娶媳妇。韩振玉在杨庙乡亲们的帮助下，很快在杨庙安了家，并给老韩成养老送终。韩振玉还是姓韩，一直到他重孙子这辈儿才改回了杨姓。

这些不幸的遭遇，没有影响韩振玉对秧歌的热爱，他很快融入杨庙秧歌队，继续研究秧歌。当时，村里鼓子秧歌的领头人是李仁友，他在生活上给了韩振玉很多帮助，韩振玉回村不久，就把自己绘制的阵法图，还有服饰以及道具动作的改革方案拿给了李仁友。年事已高的李仁友坚信，传承祖先的招式总是没错。老辈儿秧歌人都站在李仁友一边，改革一度受阻。幸亏韩振玉的想法得到了杨兆坤等年轻人的大力支持，他们整理了一套秧歌阵法，利用农闲时节反复演练。还依照韩振玉的策划，将头伞装扮成白衣白髯，头戴白头巾，一袭白衣彰显儒家风范。鼓子队员服装统一，模仿红巾军的装扮。韩振玉模仿武松打虎的鞋子，自制了一套铁鞋样儿，要求队员们做好白鞋帮儿后，拿到他家用铁鞋样儿比着，用墨汁染出一道道黑斜纹。鞋脸儿上钉红色或黄色的绒线球。装扮整齐的秧歌队员一个个威风凛凛，英姿飒爽，这在当时是别出心裁，就是放到现在，也是很养眼的一道风景。可以说韩振玉的到来，为杨庙村秧歌队带来了生机，为杨庙村秧歌独成一派奠定了基础。

1955 年 3 月，正值壮年的韩振玉，带领杨庙村鼓子秧歌队，一行 15 人，代表山东省赴京参加了全国群众业余音乐舞蹈观摩演出会，获得优秀奖，受到党和国家领导人的接见。这是杨庙秧歌第一次进京，回来后，韩振玉加入了中国舞蹈协会山东省分会，达到他秧歌人生的巅峰，也将杨庙鼓子秧歌推向了全国。

70 年代初，人民公社形势一片大好。韩振玉利用给生产队看庄稼的时间，在田间地头用孩子们的铅笔头写写画画，他把自己能想到的秧歌阵法绘制成了一百单八式，每天晚上在村子里试演、排练。铿锵有力的锣鼓，成功地吸引了全村老少加入秧歌队，形成了人人热秧歌、人人会秧歌的大好局面。涌现出李传祯、杨兆坤等一大批优秀秧歌队员，从此杨庙村鼓子秧歌名声大振。

1980 年 6 月，秧歌队大队人马二次进京，60 多岁的韩振玉因有病在身未能前往，成了他秧歌人生的一大憾事。

秧歌队出发前，在村里演练时，他带病教练、辅导演员，并嘱咐带队的李传祯，好好表演，为家乡增光。正是他这种对秧歌的热爱和执着，影响着一代代杨庙人不断把鼓子秧歌发扬光大。现在，村里的老支书杨克胜已经是国家级非物质文化遗产传承人，他带领杨庙人将杨庙秧歌变成了商河秧歌，将杨庙秧歌扭进了商河的校园，扭上了世界的大舞台。

1985 年 7 月，韩振玉这位秧歌奇人，因病去世，享年 69 岁，直到生命的最后也没有放下他心爱的秧歌。

“秧歌李”传奇

在商河县，一说起李传祯，老辈儿人都知道。李传祯，山东电视台称他“秧歌李”，山东省商河县杨庙村人，生于 1933 年，自幼受叔父李仁友（当时杨庙村的秧歌带头人）影响，喜欢跑秧歌，15 岁就学会了一身跑头伞的好功夫。1954 年冬天，李传祯跟随杨庙村秧歌队代表商河县参加山东省文化局举办的农民业余音乐舞蹈演出会，演出成功，受到省委领导表扬。

1955 年 3 月，李传祯随韩振玉等村里的八名秧歌队员（四把伞：韩振玉、杨兆坤、李传祯、徐兆明，四个小鼓：杨克胜、杨云盛、杨寿亭、杨孝元，还有惠民的四个小鼓）代表山东省赴京参加群众业余音乐舞蹈观摩演出会。那年李传祯 23 岁，他身材魁梧，长相英俊，舞蹈动作潇洒飘逸。这次演出获得了“优秀奖”，当天进中南海怀仁堂汇报演出，受到了党和国家领导人接见。

改革开放以后，商河县又一次掀起全民闹十五跑秧歌的热潮，李传祯伐倒门旁的大榆树，和大儿子李洪文连夜为村里的秧歌队赶制了八把伞骨。他还成功地把李洪文教练成了一位出色的秧歌头伞队员。

1980年，李传祯带队和杨克胜等20名演员二次进京，参加全国农民艺术调研，荣获优秀节目奖，秧歌队在中南海怀仁堂受到中央领导万里、谷牧、姚依林、文化部长黄镇等领导人的接见，并合影留念。演出结束后，文化部留下山东代表队，在八一影片厂拍了影片《泥土芳香》，把商河秧歌这一农民艺术节目搬上了银幕。

这次演出圆满成功以后，中国舞蹈协会副主席贾作光带领团队连续几年都来杨庙村学习秧歌，或者邀请杨庙秧歌队进京参加表演活动，也就是这时，李传祯、杨克胜和杨庙秧歌队在全国声名大振。

1989年10月，中国舞荣城之秋农民文艺调演，李传祯、杨克胜等人代表山东队参加，获“最佳节目奖”“最佳组织奖”“最佳编导奖”，捧回三奖一杯，为山东赢得了荣誉。

1990年，李传祯等百名秧歌队员参加祖国风情片《吉庆有余》拍摄，使我县秧歌走出国门走向世界。同年9月，李传祯被济南市文化艺术农民技术人员职称评定委员会评为农民文化教员。

2009年，李传祯传授鼓子秧歌技艺

1991 年山东电视台专门为李传祯拍了文艺片《秧歌李》，并把节目报送中央电视台播放，让全国人都知道了“秧歌李”的故事。

1996 年春节，济南电视台国际部再次来到“秧歌李”家，把李传祯的秧歌故事拍成了电视剧，一部《秧歌人家》在全国引起反响。

2012 年 6 月，李传祯因病去世，享年 79 岁，去世前几个月，李传祯还带病坚持给商河县老年人康乐联谊协会的老年人鼓子秧歌队授课，他怕自己思路不够清晰,就将要讲解的“二龙出水”“嘶马蜷蹄”“八卦连环”“十面埋伏”“蝴蝶金线”“闯王进京”等秧歌阵法画在本子上。

李传祯去世后，商河县老年人联谊会为他刻碑立传，碑文是这样评价这位优秀的民间舞蹈家的：李公一生务农，酷爱并致力于传承商河鼓子秧歌，中华人民共和国成立后多次参加国家、省、地、市、县举办的民间舞蹈展演，荣获多种奖项，为鼓子秧歌这一古老的民间艺术——国家非物质文化遗产的发展作出了重要贡献。

八、非遗撷萃

音乐舞蹈

鼓子秧歌 （见前文记述）

花鞭鼓舞 曾称花鼓、花鞭鼓。是流传于商河县张坊境内特有的民间艺术形式，已有一百多年的历史了。它最初是集市上、走街串巷的商人、艺人和乞讨者，用于招揽顾客或获取施舍的一种手段；有边舞边唱和只舞不唱两种表演方式。后来只舞不唱这种表演方式，经过不断发展完善，演变成纯粹的民间舞

20 世纪 80 年代初，苟家村花鞭鼓代表队演出

蹈艺术形式——花鞭鼓舞。1998 年出版的《中国民族民间舞蹈集成·山东卷》收入了花鞭鼓舞。花鞭鼓舞的独特之处，是舞者手中所持的两根花鞭：柄为木制，长 22 厘米；鞭用两根牛皮条编成，从鞭头开始向上系有两个疙瘩，鞭间饰以彩线、彩绸，鞭子粗如小指，长 50 厘米。花鞭鼓舞艺人表演时，挎一腰鼓于左胯间，两条花鞭上下翻飞，甩至背后、胸前、胯下，用鞭头的疙瘩击打鼓面。人随鞭舞，鞭飞鼓鸣。其花式有前八步、后八步，有鹞子翻身、鲤鱼跃龙门、张飞骗马、苏秦背剑、就地十八滚、古树盘根、菊花盖顶、金丝葫芦等 30 多个动作。花鞭鼓舞的参演人数，可单人单鼓，亦可二人挎鼓对舞。群体表演形式的出现，则是近年的事情了。

花鞭鼓舞的历史和技艺，是通过传承人身教口传而延续的。据花鞭鼓舞的第四代传承人张继福所说，花鞭鼓舞是由商河县张坊镇王新村王立礼（1886—1969）、王立义兄弟，在清代末年创立的。王立礼、王立义兄弟，略通医道，家境贫寒，以跑江湖卖膏药为生。清光绪二十九年（1903），王氏兄弟在京城拜民间艺人李桂珍、李明雄为师，学习李派花鼓的技艺，以招揽顾客。走南闯北的王氏兄弟见多识广，他俩将流行于商河一带的民间秧歌、武术、杂技的招式，以及民歌音调等，融入李派花鼓中去，逐渐形成了具有独家特色的花鞭鼓舞。相传，清宣统三年（1911），王氏兄弟在京城前门大街设摊卖膏药，兄弟二人的花鞭鼓舞被清廷官吏相中，二人曾应诏进宫演出，因在演出时拴鼓的绳子被扯断，获得溥仪皇帝所赐丝制黄龙绳一缕，花鞭鼓舞由此名声大振。黄龙绳的故事，至今王新村村民仍津津乐道。

王氏兄弟的传奇经历，让四邻八乡的村民对花鞭鼓舞产生了浓厚的兴趣，相继向王氏兄弟讨教花鞭鼓舞技艺。久之，张坊境内的王佃乙、刘庵、苟家等村花鞭鼓舞落地生根，成为当地民俗活动中重要艺术表演项目。王佃乙村的李国兴、王元风得到了王氏兄弟的真传，他俩不仅全面传承了王氏兄弟的花鞭鼓舞技艺，而且有所发展，成为花鞭鼓舞的第二代传承人。李国兴是王立礼、王立义的姑表兄弟，王元风是李国兴的要好朋友。苟家村张继福的父亲张风云，

张继福在传授花鞭鼓舞技艺

是花鞭鼓舞第二代传承人王元风的女婿。在岳父王元风的精心传授下，聪明勤奋的张风云很快就掌握了花鞭鼓舞技艺。在旧社会，张风云家庭贫困，他的花鞭鼓舞技艺高超，大多用作乞讨施舍的手段。解放后，在专业舞蹈工作者帮助指导下，张风云等艺人对花鞭鼓舞进行了多次的挖掘整理，使花鞭鼓舞在鼓点的变化、挥鞭的姿态和腿部的动作上有了很大的发展完善，增配了小镲伴奏。经过加工提炼的花鞭鼓舞，又被搬上了舞台。20 世纪 50 年代初，大连歌舞团派人到商河县苟家村“采风”，跟张风云学习花鞭鼓舞。1956 年，在山东省农村文艺汇演中，张风云与同村李希平表演的花鞭鼓舞荣获一等奖。1957 年，张风云、李希平代表山东参加了在北京举办的全国民间舞蹈会演，又荣获一等奖。在参加全国民间舞蹈会演时，张风云、李希平还受到了刘少奇、朱德、周恩来等党和国家领导人的接见。1958 年，张坊业余演出队成立，14 岁的张继福和父亲张风云一起加入了演出队。

1980 年和 1984 年，中央电视台、山东电视台及辽宁电视台播出了纪录片《花鞭鼓舞》。1990 年和 1991 年，商河县文化局连续两年举办“花鞭鼓舞艺术研讨会”，花鞭鼓舞再次引起专家学者的关注。2006 年，花鞭鼓舞被列入山东省第一批省级非物质文化遗产名录，2008 年又被列入第二批国家级非物质文化遗产名录。

张继福作为花鞭鼓舞第四代传承人，被命名为山东省省级非物质文化遗产项目代表性传承人。2010 年，张继福受聘于张坊乡希望小学，为小学生传授花鞭鼓舞。2013 年，张继福又受聘于商河县老年干部局，向老年人传授花鞭鼓舞，这些学员后来大多成了各社区活动点的花鞭鼓舞教员，花鞭鼓舞不仅后继有人，而且全面开花，成为张坊镇一张特色名片。

2019 年 1 月 27 日，“山东省非物质文化遗产月”济南市系列活动启动仪式在市文化馆群星剧场举行。启动仪式上，山东省、济南市有关领导分别向 2018 年度济南市“优秀民间艺术人才”“青年文艺之星”颁发荣

儿童花鞭鼓舞表演

誉证书，商河县张坊镇张继福获得“优秀民间艺术人才”荣誉证书，在随后的优秀民间艺术展演中，张坊镇张继福、张继全带领花鞭鼓舞队表演的《花鞭飞舞闹新春》舞姿刚劲豪迈，形式丰富多变，充分展现了“非遗”的独特魅力。

扇鼓舞　起源于明朝末年，历经 300 多年的发展传承，有着悠久的历史。扇鼓舞的主要道具是扇鼓，舞动起来像扇子，故名“扇鼓舞”。其音乐铿锵有力，节奏简洁、明快，动作下蹲、踢腿，豪迈奔放。整套表演气势恢宏，跌宕起伏，有联系，有发展，有转折，体现了扇鼓舞的瞬间美和变化美，转身踢腿，干净利落，有着极强的观赏性。扇鼓舞主要流行于玉皇庙的东、西温桥一带。扇鼓舞的道具除了大鼓伴奏外，主要有两种：一是伞，二是花鼓。伞，跟鼓子秧歌中的伞大致相同。花鼓无论从质地还是样式上，都与鼓子秧歌中的鼓子有很大的不同。花鼓的直径大约有 25 厘米，鼓棒是用筛面用的罗圈改造而成，鼓面是用农家自制

扇鼓舞表演

的白布蒙制，鼓帮周围系有农家妇女织的老粗布为带子，鼓面贴有各种剪纸。如今老粗布带子换成了五彩绸缎，舞动起来十分好看。花鼓非常轻盈，击打起来也很轻柔，鼓的作用主要是表演，而非讲求音响效果。2020 年，商河县文化馆向社会招募学员，举办了首届扇鼓舞培训班，将这一舞蹈形式很好地传承下来。

高跷　高跷，以表演形式丰富、扮相俊美、高难动作多远近闻名，中华人民共和国成立后多次参加省市县各类大赛，均获优异成绩。其中白桥镇白桥街、窦家村、岳桥街、贾吴村知名度最高。

高跷是正月十五元宵节“闹十五”的一种表演艺术，历史悠久源远流长，其发源可以追溯到明末清初，距今已有近 400 多年的历史。高跷最初产生于农民的生产劳动实践，在生产条件特别简陋的背景条件下，人们为了登高摘果，创造性地在双腿上捆绑木制的跷腿，一方面可以增加身高并便于灵活移动，另一方面当摘到果实后趁势在跷腿上手舞足蹈，表达丰收的喜悦心情，后来就逐渐形成了以这种形式庆丰收和祈福新年的群体表达方式，再经过一代一代人演练，最终固化为一种民间舞蹈的娱乐形式。白桥高跷起源于明末清初，盛行于清末、民国时期。1936 年日本入侵前，白桥镇顺五乡，包括今之关庙、瓜王、指挥李、徐李、大小侯、豆家等村一带，元宵节有抢供泰山奶奶的习俗。泰山奶奶庙位于白桥街南门外正南方，是三间土墙瓦房，泰山奶奶姊妹三个皆是描金木像，平时坐在轿里，元宵节那天，哪个村秧歌队起得早先抢到，就请到村里先供奉起来，为排座次供奉引起各村争斗不少。泰山奶奶起驾时仪仗有金瓜钺斧朝天凳，落轿后泰山奶奶被请进一个闲院子里安座，进香时给泰山奶奶披上红绸子，献上鞋，挂上红旗，许愿生孩子的人家也有送小孩鞋的。村民抢供泰山奶奶期间，秧歌队表演过程中多数夹杂着高跷表演活动，成为抢供仪式的一大看点。1937 年日寇入侵后，民不聊生一度中断高跷表演。1945 年商河解放后，白桥境内逐渐恢复高跷表演活动。中华人民共和国成立后，特别是 20 世纪 80 年代以后，随着农村经济发展，农

高跷表演

20 世纪 80 年代的高跷表演

村文化生活迅速活跃起来，县乡多次组织秧歌汇演比赛，白桥高跷的发展达到鼎盛期，高跷表演艺术得到了更快的发展和创新，打破了旧时高跷队演出只限于男子的旧规，姑娘、媳妇们也破例上跷表演，高跷的高度也由原来的60厘米增加到80厘米，演出队伍由原来的50多人增加到100余人。改革开放后，随着时代变迁又加入了勤劳致富等许多当代元素。进入21世纪后，由于农村道路、场地的硬化，高跷高难动作的表演受到一定影响，观赏性有所降低，并在农村广场舞的冲击下，高跷表演趋于消失。

高跷演员扮演的都是“戏出子”，也就是戏剧里面的人物，如《西游记》里的孙悟空、猪八戒，梁山伯与祝英台，《白蛇传》里的白蛇、青蛇与许仙，嫦娥奔月，武生、书生，也有杂技内容。还有光头扎小辫的丑小子，摇蒲扇的老太婆等。其中打棒的演员功夫最高，有翻跟头、上木板、劈叉、单腿跳桌子、走板凳、上杠等高难动作；其次是打锣鼓的，后面跟着做。为了活跃气氛和表示对秧歌队的欢迎，接待村庄的群众要往地上撒烟、糖，叫高跷演员劈叉去抢，这也是显示演员功夫的地方。最精彩的是上扁担，底下一层高跷演员紧紧排成一排，肩上横着扁担，第二层演员站或者跪在扁担上，第三层演员再上到第二层演员肩上，高度比房屋还要高，这时观众欢呼声如雷霆，演出达到高潮。高跷队一般由100—150人组成。表演时间一般每场约30—45分钟。整场表演是在两个打棒的男演员的指挥下，队员随着鼓乐的引领进行表演。其套路灵活多变，许多场阵名称与鼓子秧歌的场阵名称高度吻合，主要场阵有"剪子股”“十字街”“里四外八”等。表演动作有夜叉探海、苏秦背剑、怀中抱月、鹞子翻身、大鹏展翅、张飞骗马、猛虎跳崖等。近几年，花样不断翻新，惊险性、艺术性得以增强，特别是跳人、上杠（上扁担）等高难度表演，令人叹为观止。跳人表演：一高跷队员用手和跷腿支撑弓背伏地，另一个高跷队员从他的头顶高高跳过，然后也并排弓背伏地，接下来是第三个、第四个……最后由一名技艺高超的队员助跑、起跳，一个鲤鱼跳龙门高高越过人墙，然后一个前滚翻平稳着地起立，场面非常惊险精彩。最为精彩的高潮戏是上扁担：底下一层高跷队员紧紧排成一排，肩上同扛一块长约5米、宽十几公分的木板（俗称扁担），奠基成第一层；第二层再站上脚踩高跷的男女队员，第三层演员再上到第二层演员肩上，整个高度比房屋还要高，最后第三层队员后空翻从上面落下，整场演出演员动作配合协调，紧张有序，惊险刺激，高潮迭起，这时观众欢呼声如雷霆，掌声久久不息。

花棍舞　花棍舞是流传于商河县的一种独特的民间舞蹈艺术，清朝末年就在商河许商街道、怀仁镇、殷巷镇一代广泛流传。花棍舞又称打花棍、霸王鞭。相传，从旧中国穷人讨饭时的防身工具演变而来。一根直径 3 厘米、长约 155 厘米的竹竿，两头系上铜钱，振动花棍时哗哗作响。武术技艺蕴含其中，挥舞响动使四肢都得以运动。从乞讨防身，到今天的体育健身，商河花棍舞走过了一段漫长的路。一般为 30—40 人为一个队伍，男女各半，分列对打。表演的场子有“剪子股”“单十字街”“双十字街”“单棉条”和“双棉条”。花棍舞既是一种民间舞蹈，同时又带有武术动作，其活动范围大，动作规范，从人体的肩部到脚部都得到了活动，动作

儿童花棍舞表演

优美大方，动律感强，实属体育舞蹈的范畴，欣赏起来韵味浓厚。由于历史的原因，花棍舞一度濒临失传。20 世纪 90 年代，从花棍舞老艺人应邀到怀仁镇中心小学传授花棍舞技艺开始，花棍舞才慢慢回到人们的视野之中，开始从沉睡中复苏。2008 年，商河县全面推进“非遗进校园”活动，花棍舞艺人们主动走进小学指导学生学习花棍舞，怀仁镇中心小学、贾庄镇中心幼儿园还把花棍舞作为学校的校本课程，从此打破了影响花棍舞发展的传承壁垒，“非遗进校园，花棍舞蹁跹”，花棍舞逐渐展现出独特而耀眼的光彩。

采茶舞 是商河民歌的重要组成部分。相传，出生于商河东关的明代官员王心一，曾任云南南州吏目。衣锦还乡时，他把这一舞蹈艺术带回了家乡，并根据家乡人的习俗加以改造。每年收秋之后，就组织村民自娱自乐，且传承至今。在鼓子秧歌流派纷呈的商河县，东关的采茶舞独树一帜。采茶舞属于宫廷舞曲，边歌边舞。内容多与采茶有关，包括《采茶》《冰轮曲》《金莲曲》《正茶曲》《高腔》《倒茶曲》《高腔调》《四景曲》等 8 首民歌。

以上扇鼓舞与采茶舞曲，虽然在商河的广泛性不高，但在局部地区却广为

采茶舞蹈表演

流传。特别值得一提的是，其别具一格、不同凡响，具有很高的艺术价值。

迷戏 起源于二十世纪二十年代，解放前流行于商河县东部的郑路、常庄等一带。迷戏乐器主要是坠琴、扬琴、京胡和三弦等，打击乐用脚踏梆子，一个人就能完成。1925 年至 1928 年间，郑路镇有了迷戏艺人的固定活动场所，队伍逐渐发展到 20 多人。1929 年，郑路镇组建了戏班，在郑家一带唱戏演出，当时都俗称为“蹦板”。由于演出深受大家欢迎，观众越来越多，其戏迷越来越多，优美的曲调、动听的唱腔，迷倒了观众，群众把坠琴说成是“迷戏弦”，慢慢地也就把“蹦板”改称“迷戏”，且沿用至今。

商河民歌 商河民歌在漫长的历史发展过程中逐步形成了西北区、东北区和城南区三大特色区域，在这三个区域中，怀仁镇作为西北区的典型代表以其极具乡土气息的唱词、独具特色的曲调和惟妙惟肖的表演赢得了无数人的喜爱，其中，东信村是怀仁镇的民歌中心村，活跃着一批老当益壮的“民歌迷”，他们自娱自乐，以自己的方式诠释着对于民歌的喜爱和忠诚。

《商河民歌选》封面

商河民歌代表作品有《裁单裤》《瞎子算卦》和《小货郎》等。

扎行车 据说，大约二百多年前，孙集镇李家庙村的人们为了祈求新的一年五谷丰登、户户平安，大年初一拜年的同时就开始准备扎行车。

现年七十四岁的李世明谈起其家族在扎行车活动中扮演着的举足轻重的角色，还流露着自豪的神色。作为活动的主要负责人，他家祖上开始一直是以身作则，率先从自家珍藏中取出压箱底的精美布料。在他家的带领下，其他参与者也纷纷响应，竭尽全力搜集各种精美的布料。老太太各种花纹的织布，大姑娘小媳妇珍藏的嫁妆也无一例外。有户人家拿出崭新的绸缎被面，不仅质地优良，而且色彩斑斓，图案繁复，堪称稀世珍品。大家开玩笑说，这是你家刚娶进门的孙子媳妇的嫁妆吧，你是怎么拿出来的？那幽默的老者一捋胡须，表情稳重地说，为了咱们村今年的传统味道更浓更好，我是给孙子媳妇下跪才拿出来的。笑容洋溢在大家的脸上，笑声荡漾在新春温暖的阳光里，整个村庄都流淌着欢乐和喜庆气息。

年迈的智者们在五彩斑斓的布料旁，以其非凡的巧思与精湛的技艺，无论是质地厚实的手工老粗布，还是轻薄如蝉翼、柔滑似水波的丝绸，都被巧妙地做成了可以悬挂的艺术瑰宝——彩球。每块布条，都被赋予了生命一般，灵动地跳跃；每一个结扣，都凝聚了老人无数次尝试与改进后的智慧结晶。这些看似简单的装饰物，实则承载着深厚的文化底蕴和美好的寓意。老人们却很痛心，很遗憾祖祖辈辈传下来的，在特殊时期断送了的那些流失的手艺，曾经那些用布做成的活灵活现的小狗小猫等小动物，再也没有机会悬挂在行车四周展示风采了，因为再也没有人能够做出来了。年富力强、精力充沛的小伙子们是扎行车的主力军，他们在一位德高望重的老人精心指挥下，齐心协力地将一个巨大的木头车轱辘，稳稳地平置于一辆大型的类似老牛车的木板车架上。这轱辘仿佛是一位传承的使者，静静地躺着，仿佛在等待着什么。承担着绳子任务的一团团手工老粗布、几根沉重的木头和几块重重的石头奔袭而来，为这位使者赋予了新的生命活力。一棵大树轰然倒下，被精雕细琢光滑之后，以一把巨型大伞的身份悄然插足于轮毂中心孔，仿佛这才是它最终的归宿。车轱辘，这位久经沙场的老将，对于这位不速之客的到来显得格外高兴，好像这把伞原本是它的一部分。它们俩，一个躺着，一个站着，像久违的老朋友，悄悄地说着无声的话语。一根小臂般粗的光滑横木，也跟着凑热闹，横亘在伞柄一米多高的位置，美名曰推木。

一块块大大的布料翩然而上，瞬间将行车的骨架隐蔽起来。布料与布料之间相互交错，形成隐形门。一辆高与直径都是四米左右的圆柱状行车的大致模样，赫然闪亮在眼前。此时，彩球和飘带便成了这独特装置不可或缺的装饰品，它们轻盈地悬挂于伞架外端，随风轻轻跳起欢快的舞蹈，宛若春节最灵动的舞者。伞顶上，两根精心雕琢的伞骨的四个端头，都有用老粗布系着的适合孩童的座位，好像是四位慈祥的长者，承载着保护孩子们的重任。据说，以前是三根伞骨，六个端头，坐六个孩子。三四天的功夫，人们期待了一年的伞行车扎好了。人们开始打起鼓，敲起锣，欢天喜地闹秧歌。在秧歌队伍的最后，两头性格温驯的壮牛，悠然自得地拉着壮观的伞行车缓缓前行。老牛长长的睫毛不断扇动着，灵性的眼神中透露着宁静致远的智慧。踏实的步伐稳健而从容，每一步落地都踏着大地的心跳，与车内悠扬的调子的节奏完美契合。牛头高高昂起,如同两座小山般坚实可靠;双角弯曲有致，犹如精心雕琢的艺术品。最引人注目的莫过于牛头上装饰着的小型花球——红艳艳的，挂在脑门中间，既增添了几分喜庆，也赋予牛儿以生机勃勃的气息。伞形车上的彩球们时而相互碰撞，时而静静地待在原处，那鲜艳夺目的颜色为周围的一切增添了几分生机与活力；那些柔软细腻的飘带，如同轻歌曼舞的少女般羞涩。悬挂着的几位花枝招展的小姑娘，朗声唱着流行歌曲《绣金匾》《在北京的金山上》等。车内，两名善歌者，扮作老生的样子，分立于横木两端，一人推一头，伞头便跟着转动起来，伞骨四个端点坐着的孩子也跟着旋转，边推边唱，多数唱当时流行的吕剧或者京剧片段。推手旁边有乐队，敲锣、打鼓、拉二胡……尤其是拉二胡这位至关重要，需要有一定功力和反应灵活能力。推手歌唱很随意，他们唱什么，乐队就得拉什么。唱吕剧，拉吕剧，声声入耳情意浓；唱京剧，拉京剧，字正腔圆韵味足。唱歌曲，拉歌曲，旋律悠扬心自舒。外边悬挂着的孩子，仿佛被无形的旋律所牵引，亦步亦趋地加入了这场天籁之音的盛宴。声音如同春日里破土而出的新芽，清新而富有生机，闪烁着纯真而又不羁的灵魂风采。此等艺术形式，能以乐传情，以音绘色，令人陶醉，百看不厌。真是“此曲只应天上有，人间能得几回闻。”

这辆备受关注的伞形车前边，还有一辆几乎同样架构的偏子车。车前驾上是一个小型舞台，用布帘和车厢内隔开。表演者坐在车内，伸出偏子进行表演。传统的偏子是纯粹的木偶，眼睛、嘴巴、胳膊等都能动。木偶戏又叫傀儡戏，故操作木偶唱戏又叫挫偏子。表演的剧目是地方传统小戏《王小赶脚》《空城计》《箍篓子挑担锔大缸》等。若干年后，传统偏子这一手艺完全失传，人们只得请来胡楼村锔盆子瓦瓮的工匠来帮忙。工匠根据制作瓦瓮的原理，造出了娃娃脸状泥模型，用破旧报纸层层粘贴在泥娃娃头的泥模子上，晾干后小心揭出来，经过高手描眉画眼、抹粉子等一系列化妆后，插到木柄上，木柄上再加装一根可以活动的横棍，棍子顶端都有牵引线，在表演者手中，然后用绸子等好看布料罩起来。外形看起来就是扎煞着双臂的小娃娃，表演者牵动线，小娃娃的双臂就会来回摆动，有点像皮影戏的操作。

两辆行车一前一后，其速度与前方鼓子秧歌的节奏相协调，随着秧歌阵势的变化，牛车亦步亦趋，时而前行时而静止。牛车上的歌者和表演者们的激情从未减退，始终如一地传递着欢乐。歌声悠扬动听，表演轻盈曼妙，两者相得益彰，共同编织出一幅生动活泼的画面。

铿锵的鼓点，昂扬的歌声，精彩的表演，欢乐的笑声，热烈的掌声……充分展现了传统文化的魅力所在。只可惜，这场穿越时空的心灵之旅，没能跟上时代的步伐，已经中断四十多年了。据说李家庙村的行车有三辆，传到人们手里只有上述两辆。估计，上述两辆现在也不一定能够传下去。毕竟那时的亲历者们，年轻的也已经六十来岁了。

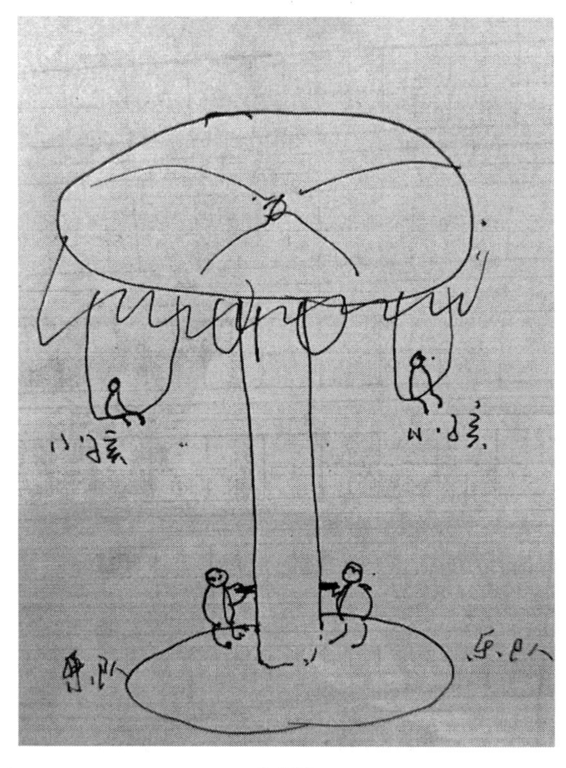

伞行车

想象那些缓慢移动的脚步，那些随风摇曳的花球，那些欢声雷动的人们……一幅多么动人心弦的美丽画卷啊。如果时间可以倒流，让我们再次细细品味那些平凡而又珍贵的瞬间，该有多好。

历史的车轮滚滚向前，丢失的传统不仅仅是李家庙村的扎行车，还有很多同样遭遇的举世无双的艺术，我们是无可奈何的。如何在传统与现代之间找到完美的平衡点，创造出属于自己的独特未来？或许，答案在不久的未来。

（手绘图由李家庙村退休教师李传地 画）

地方武术

刚柔相济的串膀锤 “串膀锤”是商河及周边县市区闻名已久的传统武术，是长拳散打的一种，其主要特点是二人对打，上肢不停地变换招数，下肢是寸步不离，刚中有柔，动作非常洒脱飘逸。其创始人是出生于1893年的商河县贾庄镇沙河董村董才华。因长期习武，董才华身体健康异于常人。1985年11月，在全国首次开展的评选“健康老人”活动中，92岁的农民董才华被评为全国“健康老人”。根据董才华的自述，沙河董村靠近大沙河且地处商河临邑交界处，旧时土匪出没为害一方。为保一方平安，董才华离乡学武并练就独门功夫，因其动作晃膀幅度大，出拳距离远，遂称“串膀锤”。回乡后，他组织武术队并义务教大家习武，自此，当地土匪强盗闻风丧胆，不见了踪影。

八翻掌和鹰手棍 商河传统武术有着悠久的历史渊源，门派众多，习武者甚广。其中“八翻掌”和“鹰手棍”是由孙东昌传入商河的。八翻掌，其动作要领是两掌臂向上、向前、向后伸展，形似一个倒“八”字形。在精、气、神的催动下，不断翻、展、旋、穿、劈、撩之中，幻化出阴阳、刚柔、奇正、迅猛之威势的百般变化。鹰手棍，则劲足力猛，实战性极强，棍长齐眉，勇猛刚烈，抖绞缠崩、上挑下盖、左扫右带，势如破竹。这套棍术多次在国家、省、市比赛中获奖。

传统工艺

锡器制作 锡器制作技艺在明朝时期就流传于商河一带，商河县目前尚有几个以“铁匠”命名的自然村，尤以沙河镇张铁匠村最具典型性。清中期“锡艺”的传承与快速发展，丰富了群众的文化生活，传承了中华民族的优秀文化，具有较高的研究价值、历史价值和现实价值。近年来，“锡艺”多次参加了传统手工技艺大赛，受到广大群众的欢迎，“锡艺”已辑入《中国民族民间手工艺品·山东卷》。商河锡器制作技艺目前一直坚持纯手工制作，锡器种类涉及礼器、酒具、茶具、艺术摆件等，以精锡为原料，制作技法上采用锻、塑、雕、焊、镶嵌、多材质组合等技法，凹雕、线雕、浮雕并用，经设计、化锡、制板、下料、焊接、铣磨、雕刻等十几道工序制作而成，造型紧凑、玲珑、简约，收放自然，比例协调，深受当地群众的喜爱。

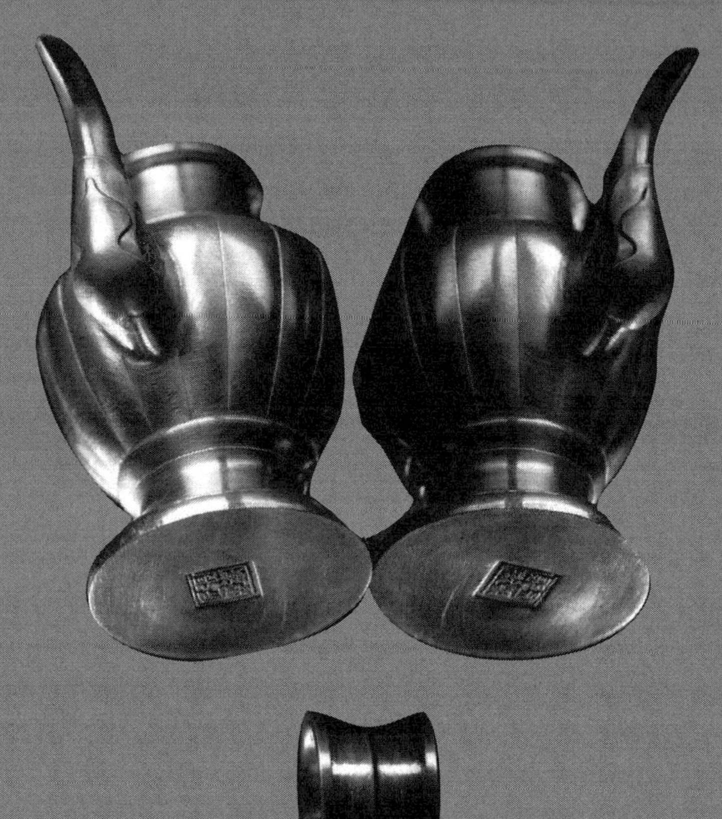

近年来，商河锡器匠人在传统的锡器技艺的基础上，还改进了制作工艺，改善以前的不足之处，使制作工艺更加完善：一是浇筑锡板，以前浇筑锡板面积小，厚薄不均，改进了浇筑锡板的工具，使其更加好用，既厚薄均匀，又方便使用。二是焊接方面，也是结合以前的焊接办法，改进新思路，现在把每一个焊接点用支撑物支好，使锡熔液焊透，把需

要焊接的地方熔为一体，这样一来，焊接点面平如镜，打磨出来，没有半点的痕迹，这样使物件更加完美。三是雕刻，以前的雕刻，是用刀尖滑刻，曲线不流畅，现在改进了雕刻方法，把花鸟人物图案用笔画好底板，用刻刀深度雕刻，使花样有种立体感，新老结合的手段，打造的物件更加完美，更加具有观赏性。

“锡是历史！”“锡是传承！”“锡是岁月！”“锡是创造！”这是锡器艺人们对中华优秀传统文化的“新时代解释”。在乡村振兴大背景下，传统的锡器制作工艺焕发出新的生命力。近年来，沙河镇张铁匠村、龙桑寺镇王泰开村先后建成锡器文化展厅，成为展示中华优秀传统文化亮丽风景线。

台湾客商在欣赏商河锡艺制品

沙河镇张铁匠锡艺手造工坊展示馆

老五甑酿酒现场

今朝“老五甑” 商河酿酒业历史悠久，源远流长，老五甑酿酒工艺始于清末民初，以买虎站和县城东关所酿白酒著称。每个窖池分为：二个大渣、一个小渣、一个面糟、一个回糟，采用混蒸混烧，续渣发酵，每个窖池入五甑，俗称“老五甑”酿酒工艺，是商河当地酿酒技艺的典型代表。

济南今朝酒业有限公司前身是脱胎于清末民初私营作坊并于 1945 年建厂的老国营酒厂，于 2002 年改制成民营企业。2012 年将银河路 3 号老厂区灌装线搬迁至产业园新厂区，新厂区位于商河县城区产业园新兴街 56 号。目前厂区建设规划整齐，生态环境良好，有四条先进的灌装生产线。2017 年，位于银河路 3 号的酿酒车间已不再生产。随着酒业市场发展，厂区为宣传酒文化和满足成品酒的储存需求，2017 年，在新厂区投资 7000 余万元建设“包装厂及配套设施项目”，主要建设内容为白酒文化馆、酒瓶库和储酒库。公司一直注重产品工艺的继承与保护，特别是国际酿酒大师赖高淮将该公司总经理刘鑫收为关门弟子，在业界引起强烈反响，通过师徒口传心授的方式将“老五甑”酿酒工艺传承下来，今朝系列酒是本地区市场占有率和销售量最高的产品。

商河铁编 商河铁编是一种民间手工艺品，具有200多年历史。品种繁多。解放前仅有铁笼和简单网类，现在已发展到铁笼、日杂品、拧花网、方眼网、电焊网、六角网等七大类，100多个品种规格。用途由一般民用扩大到建筑、化工、采矿、交通运输、养殖、航天等多种行业。

商河铁编始于清朝，起源于县城东部的孙集、常庄一带。民国初年，商河铁编已闻名遐迩。当时，有许多商河铁编艺人漂洋过海，远销日本、朝鲜及东南亚等国。1936年编纂的《重修商河县志》曾有“本县向无工厂，故工业不甚发达，唯所制之铁丝物品，如铁网、铁笼等较为优良，多有出省、出洋营业者”的记载。至解放前夕，商河铁编艺人的足迹已遍及北京、上海、天津、沈阳、太原、武汉等城市。

据考证，商河铁编是借鉴条编技艺和商河土布纺织技术而逐步发展起来的传统产品。编制方法有两类：一是手工编织，主要产品有日杂品、拧花网、拔花网等；二是机械编织，主要产品有方眼网、电焊网、六角网等。解放前，编织工艺落后，且所有铁丝自己不能拔制，全部从外地购进，通过手工和木机编织。解放后，在继承传统工艺的基础上不断采用新技术，各种规格的铁丝均由本县拔制，旧时的木质织机被新型的织机所替代，形成拔丝、镀锌到编织的一条龙生产，实现了机械化、半机械化生产。到20世纪80年代，商河铁编生产逐渐形成了以县五金编织厂、乡镇铁编厂为主体，集科研、生产、供销、为一体的专业集团，是全国三大金属网基地之一。商河铁编产品各具特色，并以其精湛的编织技术享有盛誉。

九、文化遗迹

梁王冢遗址

明、清《商河县志》均有“商河八景”的记载，其中“长堤凝翠”景观位于郑路镇境内的前张村附近以西的土马河畔。“长堤”在当地又称“金堤”，相传是古代用作挡水的大堤，筑于秦代，民间曾流传“秦始皇北修长城南修堤”的说法。至民国时期金堤在前张以西的遗址尚十分明显，堤高 5 米、底宽 20 米、顶宽 10 多米，夏秋之际，翠色森然，巍峨蜿蜒，十分壮观。至今，前张村西“金堤”遗址仍模糊可辨。金堤以东数里，就是 2000 多年以前的梁王冢遗址，与金堤东西相望，成为郑路镇境内土马河潺潺流水里古老而又悠远的传说。

梁王冢遗址保护标志

梁王冢旧貌

梁王冢位于鲁北平原腹地，坐落于商河县城东 15 公里处，郑路镇梁王冢村以北。此冢南北长 70 米，东西宽 50 米，面积 3500 平方米，冢高 5 米，用土

1700余方。传说此冢是战国时期梁惠王东征齐国时战败，长子战死埋葬于此所形成。据《商河县志》记载，战国时期梁惠王率兵至此会盟，长子亡，惠王命兵卒从东海之滨负土在此修墓，故得名“梁王坟”，又称“梁王冢”。冢土全部是黑色黏土，内有大量贝壳和春秋时鬲、豆等物残片，历经2000多年风剥雨蚀，固若沙石，依然保持原貌。传说是当时十万士兵从东海之滨兜土堆成此冢。1996年4月29日，商河县人民政府把梁王冢列为第一批重点文物保护单位。2013年10月，被公布为山东省第四批省级文物保护单位。

自战国时梁惠王之子葬于此后，梁王冢以其高大加之冢上长有青草、灌木，亦常有狐类活动于此，人们渐觉仙气弥漫，梁王冢于是逐渐成为十里八乡人们逢节遇事祭拜祷告场所。并留下诸多口口相传关于泰山奶奶在此显灵的传说，梁王冢的知名度随之越来越高，声势越来越大，前来祭拜的人由原来的十里八乡波及方圆几百里以外，不知从何时起在冢顶修建了小型的泰山奶奶庙。当时修建的奶奶庙占地5亩，有正房10间。奶奶庙里供奉泰山奶奶神像，为香客

梁王冢遗址现状

拜祭场所。东西厢房共18间，供香客寄宿和庙内8名道士居住。冢东南有一巨型古槐，三人合抱粗细，枝繁叶茂，历千年之久，相传所产槐米乃一名贵中药，百病皆治。树下一神井，至今犹存。相传此井水脉与东海相通，千年不涸。树上挂一巨钟，有2米多高，4人合围粗细，据说三人同在钟下避雨，绰绰有余。道人清晨撞钟，钟声远震十里以外。庙内日常活动由8名道人负责管理主持。

遗址毗邻的梁王冢村联合周边小贾家、河西齐、小赵家、满家、苑家、营子、冯家、小李家、张安、郑家等18个村集资创立庙会。每年三月三日庙会则由 18个村中的2个村轮值管理主持。梁王冢庙会从每年三月三日开始到三月九日结束，会期5天。庙会期间，梁王冢周围人山人海，盛况空前。牲口市、木料市、粮食市、布衣市等交易火爆，杂货铺、包子铺、小酒馆、茶馆及各种摊贩生意兴隆。小剧团、杂技、杂耍、秧歌、地方戏应有尽有，热闹非凡。南来的北往的，烧香的逛景的，人们扶老携幼，前呼后拥，各得其乐。冢址周边数里内爆竹声声，人欢马叫，一派盛世繁荣景象。

2006年11月，梁王冢庙会被列为济南市第一批非物质文化遗产（民俗类）保护名录。

梁王冢庙会上的鼓子秧歌表演

山东第二寺——福胜寺

在济南南部山区美丽的四门塔景区之中，隐藏着一座久负盛名的寺院遗址，这就是号称山东第一寺的神通寺，神通寺相传于公元 351 年创立。向北跨越黄河，百余公里之外的商河，也隐藏着一座年代更为久远的寺院遗址，这就是号称山东第二寺的福胜寺。福胜寺虽说是号称第二，但却比号称第一的神通寺创立早了 300 余年。相传，商河福胜寺初创于东汉时期的公元 31 年。

福胜寺遗址位于商河县城老城区西南部、福胜街以西，革命烈士陵园以北，南北长约 300 米，东西约长 150 米，占地面积约为 45000 平方米。根据明朝侍读学士吴节所题《重修福胜寺记》，福胜寺始建于东汉，于后周显德二年（955）置石幢，表明那个时候福胜寺存在于该地已经近千年时间了。元朝末年，因为兵荒马乱，福胜寺也陷于一片荒凉，杂草丛生。至明朝初年，有位名叫程悟真的僧人从关中地区云游到此处，见寺院荒废，于是重新整修用以延续香火。十余年后，悟真和尚成为福胜寺的主持。明成化年间，当时福胜寺的首座泽智与徒弟浩全募集精铜八千余斤，铸造大士文佛，置于福胜寺大雄宝殿之中，铜佛高 3 米，重 4000 余斤，盘坐于莲花座上，双手合十，笑眼微睁，嘴角上翘，耳垂下端缀一副碗口大金环，头顶桂冠，庄严华贵。大铜佛两侧，精选上等木料雕刻释迦、弥陀二佛立于左右。铜佛背后铸有“大明成化十八年铸造”字样，距今已有 540 多年。此次整修之后，福胜寺大殿更加气象巍然，金碧辉煌，近前观看者油然而生崇敬之意。

数百年来，福胜寺流传着许多神奇玄幻又形象生动的趣闻。根据玉皇镇张大人村乾隆四十八年（1783）续修的《张氏族谱》所录《少司马桐冈祖序》记载，明弘治（孝宗 1488—1505）年间福胜寺有位智念和尚，双目失明但道术高深，能预知祸福之事。据说因为七夕之夜偷看织女渡河，所以受到摘除双眼的天庭惩罚。张大人村少司马张九叙（1470—1529）跟智念和尚是非常要好的朋友，经常问事于智念和尚。张九叙参加弘治乙丑(1505)春季科举考试的会试前，智念携酒前往送行，张九叙就问起这次考试能否考中的事。智念和尚却说，现在为时尚早，考试结果延迟到8月份才能知道。张九叙不以为然，心想既然马上就动身应考，考试结果还不就立时知道吗。智念和尚一边喝酒，一边叮嘱："此次考试，会有小小的波折，凡事要多加小心。"话说张九叙到了京城考试院一切妥当，发下试题刚铺纸作答时，突然火光满院，参加考试的举人们东奔西跑，哭叫连天，却找不到逃生的出口。正在危急之时，忽见火光中有红脸大汉，手持大刀，站立在院墙之上大声呼喊："张大人跟着我来！"张九叙恍惚之间就想往前靠近，身子还未动，就觉被大刀一挑，身子已在墙外！因此幸免于难。到第二天，才知道应试的举人被烧死者无数，焦头烂额者有几千人！又听说考试院被烧损，短时间难以修复，考试延迟到8月份了。这才回想起之前福胜寺智念和尚所说"考试结果要延迟至8月份才能知道"的话，这才明白所言非虚妄。又想起智念和尚所说考试中间有波折的话，也才明白智念和尚逢凶化吉的本领确实非同一般。智念和尚临终之时，跟他的徒

福胜寺被毁铜佛遗存之残指

弟们说："切记切记，若县城西南门开，就是我回来了。"后嘉靖二十九年（1550），商河县城西南门开之时恰好沈晃到任商河知县，徒弟们都笃信不疑认为这位沈晃知县是智念和尚转世的化身。

经由智念和尚的神奇传说，福胜寺的香火更加兴旺，明清之时，以"梵宇春晖"名列商河八景之一，号称"山东第二寺"。后来福胜寺被焚，铜像两侧所雕刻释迦、弥陀二佛均被烧焚，唯铜佛完好无损。辛亥革命后，福胜寺大殿又被毁，该寺曾被命名为中山公园。解放前，汉奸田敬堂于1943年修复部分建筑，改称大寺，将大铜佛供奉于正殿。1945年商河解放后，拆除寺庙，重盖小屋以保护大铜佛。1966年"文化大革命"开始后，为保护大铜佛，将其移至县文化馆院内加以保护，但后来仍未逃脱惨遭毁坏的厄运，被视为"四旧"砸烂后当作废铜卖掉。现仅剩一根手指，重1.5公斤，藏于商河县博物馆。

福胜寺废弃之后，原址北部曾为商河县畜牧兽医站家属院居住区。1967年，商河县拨专款在福胜寺旧址修建革命烈士陵园。1976年，对陵园进行扩建时建起一座"革命烈士纪念塔"。1987年，于塔后建立烈士纪念堂，纪念堂匾额题字由著名军旅书法家陆逵书写。1996年3月，重修烈士陵园纪念塔及陵园院墙。1997年春及2007、2017年，先后三次对烈士纪念堂进行维修。

福胜寺遗址目前是商河县唯一保存较好的大型寺庙遗址，其文化内涵丰富，具有较高的保护价值和历史研究价值。已被公布为县级重点文物保护单位，并先后入选山东省文化和旅游厅"全省第一批不可移动革命文物名录""山东省第六批省级爱国主义教育基地"。

才子岳父题写刘祯墓志铭

历史上江南四大才子又称"吴门四才子"，是指明代时生活在苏州的四位才华横溢的文化人，一般认为是指唐寅（即唐伯虎）、祝枝山、文徵明、徐祯卿。这里说的就是祝枝山的岳父李应祯，他也是四大才子之一文徵明

刘祯墓碑

的老师，曾经受命为商河县大刘村的刘祯题写墓志铭，传为一段佳话。

大刘村位于商河县孙集镇政府驻地北 4 公里处，原名坡北刘，刘氏于明朝永乐年间由山东省青州府乐安县（今山东省东营市）迁至此地。祖先刘祯有六子，现为村内刘氏六支的源头。

刘祯字彦祥，曾任怀柔县知县，明成化九年（1473）以子刘朝宗贵，封为文林郎南京左军都督府经历司都事（掌管往来公文及本衙门各种日常事务），成化二十二年（1486）加赠奉直大夫中军都督府经历（统领京师周边军队的具有监督职能的正六品军职文官）。刘祯去世后葬于大刘村靠近商东河西侧，

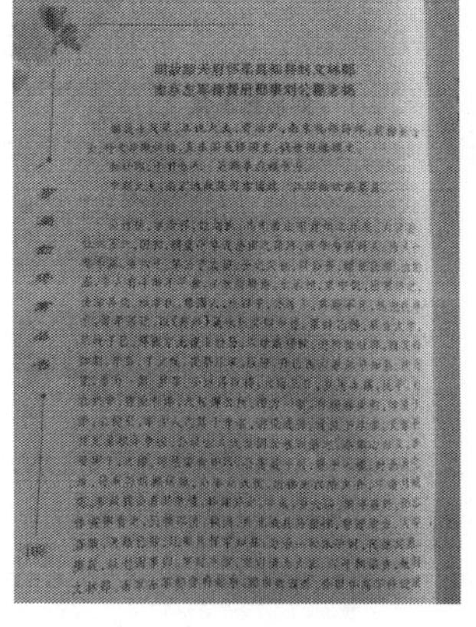

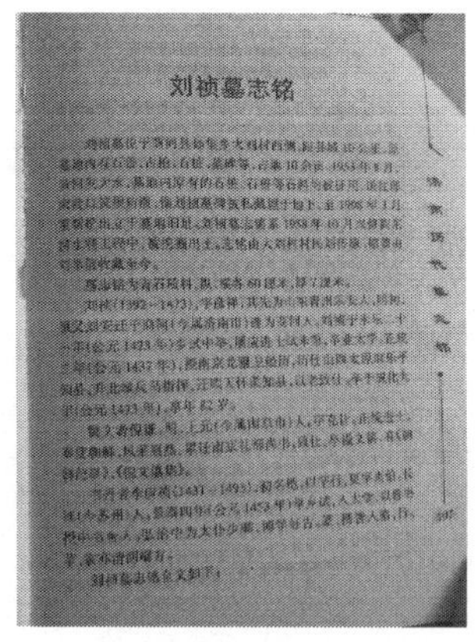

刘祯墓志铭

《济南历代墓志铭》一书所载刘祯墓志铭

原墓地内有石兽、石桩、墓碑等占地十余亩，古柏高大茂盛。1953 年 8 月，黄河发大水，墓地内原有石桩、石兽等石料均被征用，送往邢家渡口筑坝防溃，唯有刘祯墓碑被私藏埋于地下，埋藏 40 年后，于 1998 年 3 月重新挖出立于墓地旧址。

墓碑高 300 厘米，宽 80 厘米，厚 30 厘米，莲花碑座，石质为汉白玉质，略呈灰色。刘祯墓志铭由大刘村村民刘传康、铭盖由刘学信二人收藏至今。墓志铭为青石质材料，60 厘米 ×60 厘米 ×7 厘米。铭盖俱全，弥足珍贵，由倪谦撰文，徐世英篆盖，李应祯书丹。

书丹者李应祯，长州（今苏州）人，官至太仆上卿（负责马政的管理，还要协助皇帝参与相关的重大决策），是明代著名书法家，为江南四才子之一文徵明的老师，也是祝允明（枝山）之岳父，其书法真、行、草、隶皆清润端方，称为国朝第一。从墓志书法看，真、行并列，竖成行，横无序，显得别致而清晰自然，神采生动天真，耐人寻味，堪称书苑奇葩，收藏至今 500 余年，字迹清晰，收藏价值很高，当地已经采取玻璃护封形式予以保护。

吕东古楼掠影

中国民俗文化源远流长，有许多值得欣赏的民俗文化，而民俗建筑又各具特色，欣赏起来也是别有一番风味。近年来，有关单位组织评选了包括福建客

家土楼、广东开平碉楼、山西省灵石县王家大院、山西省祁县乔家大院等在内的中国最美十大民居建筑，因为评选时间的关系，商河县吕氏古楼虽未入列“十大”最美民居建筑，但每一个亲临现场的人无不惊叹，吕氏古楼之美不亚于任何一个“十大”最美民居。

吕氏古楼位于商河县城正南方向 12 公里处的玉皇庙镇吕东村。据传清康熙年间，吕氏三兄弟由河北武邑枣强一带迁入，初名吕常。后因村庄规模过大，1958 年后分东西吕常，该村居东，故名吕东。吕氏古楼位于该村西部，为上下二层之古楼，长 12 米，宽 6 米，高 8 米，层高 2 层，砖木土结构，砖是大青砖，瓦是小布瓦。古楼始建于明末清初，距今近 400 年，据传当年吕常村闹灾荒，人们粮食收成很少，村里有位乡绅，为救济灾民而建砖楼，目的是给帮工的乡邻借以周济口粮。因此，邀请的工匠及村邻

做工非常认真精细，又十分出力，青砖磨制非常光滑、方正，质量堪称完美，迄今保留完好。

吕氏古楼面阔三间一进，八面窗，硬脊垂山。外面是厚约 20 厘米的青砖，里面是厚达 80 厘米的夯土，青砖和夯土之间使用硬木立柱和木棍连接，类似于今天建筑中的钢筋，使得民居历经 400 多年不倒，可见古人在建筑方面的聪明智慧。据吕氏族人回忆，吕氏古楼屋基较高，需要几层台阶才能到达门口，两侧有门台。民居坚固美观大方，对于研究济南市黄河以北平原地区明末清初民居建筑具有一定的学术价值。

历史上，吕氏古楼饱经沧桑，历经坎坷，保存至今实属不易。吕氏古楼的窗户和门都比较狭小，这样的设计冬暖夏凉，也便于防御。古楼外墙分布有不少射击孔，是为了向外射箭或者开枪射击使用。据说当时民居周围还有一个四合院，另有三座土楼，可惜均没有保存下来。1900 年左右，土匪见此二层砖楼，前来抢劫，吕氏族人凭借民居易守难攻将其击退。1966 年“文革”开始后，吕氏古楼遭到毁坏。尽管吕氏族人多次进行修缮，但是很难再现原始风貌。

2015 年 10 月，文物保护部门对吕氏古楼民居进行了保护性修缮，并布置了明清家具、家谱等展品，其中共征集到吕氏家谱、二甲张家谱、李氏家谱、国氏家谱和孙氏家谱等十多种。2016 年 4 月，该古楼作为“吕东民居”正式对外免费开放，成为吕东村民的集体记忆，也承载着吕氏族人的集体乡愁，更寄托着商河县 64 万人民的美好祝愿。

宁家古屋一瞥

宁家村位于商河城东北 20 公里处，今属沙河镇。明末清初，宁氏祖先由河北省枣强县迁徙而来，以姓氏命名为宁家。后来，一位宁氏武官，在家乡修建了一片宏伟的建筑群，也就是当地人口口相传的“宁家古屋”，历经百年风雨的侵蚀，在横贯商河县北部的大沙河畔，宁家古屋静静伫立，现独存四梁八柱楼宇一栋，经全国第三次文物普查予以登记为市级保护单位。

据传此房建于明朝中期，而济南考古考证此楼房建于明末清初时期。主楼占地面积 80 平方米，分为三间，内部设计为墙壁是砖、土构成，房顶是木质结构，四架梁，房顶的外部全是青色布置构成，阳台有四根松木圆柱，顶部有方形木条和木板构成。主楼后面三排楼的设计、构造、形状都相同，每座楼的左右都是厢房，门楼安有木制大门，两边镶有石柱，很是美观。至今，古屋保存完好，仍旧有宁氏族人宁传相居住。

宁家古屋现在的主人宁传相今年已经 70 多岁，这宁家古屋正是他的祖上传下来的。宁传相现在住着的这间三开间老屋，正是宁家古屋的主要建筑。老人说，早先，宁家古屋是地道的宁家大院，院子的大门是雕刻精美的垂花门，除了三开间的主屋，院子里还有东西厢房。而这只是宁家大院的第一个四合院，整个宁家大院有三个南北排列的四合院，大院的最北边，还有一幢两层小楼，“坐在小楼上往南望，能够看得见四里地外的杨家市村”。

1958 年，大炼钢铁，宁家大院两层小楼被拆了，砖头扒下来后被用来打井，铺井台子。到了“文革”，宁传相害怕自己住的老屋也受冲击，就偷偷把檐头高高翘起的两个龙头弄下来藏了起来。十分可惜的是，这两个精美的龙头，后来竟然不知所终。

宁传相已经不知道家族辉煌时期的那个祖上叫什么名字了，但他记得一些老辈人传下来的信息，“据说我的祖上是个武官，在村里有很多地，盖宁家大院的时候，在村子附近挖了三个河湾，到现在村子西南角还有一个宁家湾。”老人记得的另一个故事发生在 100 多年前重修宁家大院时，“祖上请了有名的工匠来修屋顶，工匠一天修三垄瓦，祖上为了加快进度，盛情招待工匠，好吃好喝，结果工匠一天反而只能修两垄瓦。祖上不解，怎么我提高招待规格了，你的维修进度反而降低了，工匠于是把一个压麦子的大石碾子弄到屋顶，石碾子压过以一天三垄进度维修的瓦时，瓦略有松动，压过以一天两垄进度维修的瓦时，瓦纹丝不动。”

虽然时常需要自己花钱维修，但宁传相对这幢住了一辈子的老屋还是颇感骄傲，他甚至把早前报纸上刊登的有关宁家大院的介绍用镜框装起来挂在了墙上。而维修房子时替换下来的一些木窗构件，也被小心地保存在院子里。如今的老屋，虽然经过数次维修，但典雅的气度依然还在，四根木柱撑起三开间的房子，梁柱、屋顶完好，从房子的内部看，墙壁是砖、土构成，房顶是木结构，设计得中规中矩。

有人住，老房子就有了生命。在宁传相家北侧那个院子，原本同属宁家大院，如今却早已成为废墟。相比之下，这有生命的老屋更像一种“活化石”，成为历史的见证，也成了宁家村人乡愁乡情的寄托。

十、民间故事传说

刘秀与商河

龙桑寺的传说 商河县十二个街镇中，有一个名称是直接缘于封建帝王的，那就是地处商河县城东北方向三十里的龙桑寺镇，它的得名来自一个金头玉蝼蛄的传说，而这一传说的主人公正是光武帝刘秀。

话说西汉末年，王莽篡夺汉室江山，建立了新朝。为了斩草除根，消除后患，王莽就派人追杀汉室继嗣刘秀。正值夏秋之交，天气炎热，刘秀连日逃亡，进入商河境内时已经连续三天三夜未合眼。困乏难熬之时，就在路旁一棵桑树下卧坐，本想歇息片刻，谁知身子刚一沾地就进入酣睡状态。直到第二天正午时分，猛然感觉脊背下蠕动不止，痛痒之际惊醒了过来。

刘秀坐起身来扭头一看，原来是一只蝼蛄作怪，正用两只前腿在用力挠自己，一气之下就顺手把它撕成两段，扔在一边。这才抬头看了下正午火辣辣的太阳，只见身旁桑树枝干拧着几道弯在为自己遮阴纳凉，这也难怪酷暑天气里能够睡得那么香甜。刘秀当即对仍旧努力拧着身子的桑树拱手施礼，并脱口而出说："损身护驾，日后必封。"转身正要继续赶路时，猛然间远处尘土飞扬，人喊马嘶，王莽的追兵眼看就要到近前了。刘秀这才突然想起，刚才多亏那只被自己伤害的蝼蛄在身下蠕动救驾，让自己从梦中惊醒，不然定遭大难。于是，他赶紧俯身捡起碎作两段的蝼蛄，顺手从树上折了个细枝，把头和身连接起来，口中念念有词说道："是寡人错杀于你，你救驾有功，就封你个金头玉蝼蛄，拱山根去吧！"说完就一路狂奔，逃命去了。

后来刘秀光复了汉朝，建立了东汉。在洛阳登基坐殿后，刘秀又回想起当年桑树损身护驾的事，当即加封桑树为树中之王。当时，地方官吏为了讨好朝廷，在刘秀歇息的地方大兴土木，建起了一座寺庙，请来高僧，延续香火。为了讨好皇帝，就把护驾的桑树命名为龙桑，把寺院定名为龙桑寺。寺庙的原址，就在今龙桑寺镇驻地以北 500 米李家村附近。

由于年深日久，寺庙失修，现在痕迹无存，但传说甚广。至于当时的蝼蛄虽然受封，长的金头玉身，但头和身仍靠棘针状的硬刺连接，它由于没听清皇帝加封的话，让它拱山根误听成拱山东了，所以，直到如今山东蝼蛄还很多。而救驾刘秀的龙桑树，直到 20 世纪末，在龙桑寺镇政府大院内尚存一株，后因市场开发建设而不知所踪。在其原址上枯木逢春，重新长出三棵龙桑树，现已被移植到镇政府驻地斜对面的龙桑广场。

刘秀与腊八蒜 “小雪腌菜，大雪腌肉。”腌菜在中国有着悠久的传统。《周礼・天官》就有“大致五味也，铏羹加盐菜矣”的说法。所谓羹就是用肉或咸菜做成的汤。这是我国对咸菜吃法最早的文字记载。而对商河来说，醋腌咸菜同样可上溯至周朝时期，堪称“一瓣腊八蒜，半部春秋史”，而腊八蒜与刘秀的渊源又格外耐人寻味。

史载，商河县春秋战国时期属齐国，称麦丘邑，因其地以麦著称而谓之“麦丘”，成语典故“麦丘三祝”的故事就发生在商河县的麦丘之地。“麦丘三祝”典故里齐桓公田猎至麦丘遇当地 83 岁老人，老人捧酒“三祝三谏”成就一段千古美谈，也把商河县酿酒的历史上溯到春秋时期，也因此把酿酒过程中的伴生物——醋的历史上溯到春秋时期。当地百姓偶然发现醋在食品保存过程中具有很好的杀菌效果，醋腌咸菜因此在当地广为流行。公元前 119 年，汉武帝派遣张骞第二次出使西域，并带回西域的大蒜等土产，直到公元前 17 年，汉代经学家许商在商河治水，大蒜已经在商河大地广泛种植，杂史野记里已有当时参与治水的河工零星食用醋腌大蒜的记载，表明醋腌大蒜的历史在商河至少可追溯到西汉末期。

话说刘秀逃难的时候，白桥一户杨姓人家曾经因为偶然的机遇救过饥肠辘辘的刘秀，特别是用以招待的醋腌大蒜让刘秀惊叹不已，表示有朝一日登基一定向这家主人报恩。果然就在当年，也就是公元 25 年 8 月 5 日（农历二十五年六月二十二日），刘秀登基，建立东汉王朝。建武六年，也就是公元 30 年的腊月八日，白桥这户杨姓人家来了几位气度非凡的官员，点名要买这家人的醋腌咸蒜，区区不过一坛子醋腌咸蒜，对方竟然付了 8 罐子五铢钱，这在当时是天价的财富。杨姓人家惊诧不已，对方却说“收下吧，这是当今圣上给你还 5 年前的旧账来了”。这家人算了算，恰巧5 年前就是偶然营救刘秀皇帝的那一年，感念之余，杨姓人家“腊八蒜”的名声不胫而走。而且，当地商贩腊八这天到欠钱人家里送醋腌咸“蒜”以催“算”欠款，由此相沿成习成为腊八节的来历之一。“腊八蒜”因此不仅只是一种风味食物，更是商贩之间互相遵守的风俗“信”物，一直流传至今。

抗战时期，因为特殊的地理环境，白桥历史上匪团势力猖獗一时，素以“三张四董一窝猴”著称，黑团土匪势力主要活跃在 1937 年秋至 1939 年初，此后曾短暂消停一时。说起来，匪团势力一度风平浪静还有腊八蒜的“功劳”。史料表明，1938 年末，八路军萧华东进支队和王权五的商河县支队革命触角伸到了白桥境内，东进支队一个骑兵连于 1938 年 12 月驻扎东瓜王村，连续驻扎了两次，其间在东瓜王村曾经和李光明、张训杰两大匪首以腊八蒜佐酒深夜谈判，据说，之所以用腊八蒜当下酒菜，这是谈判双方潜意识里“不遵守承诺小心秋后‘算’（蒜）账”的约定。八路军参加谈判的有季明和史甄（民运部长）、匡根山（锄奸部长），初步达成了李、张黑团归顺八路军的意向，在此带动下，白桥境内的黑团势力一度风平浪静。

从此，咸中带酸、酸中含辣的腊八蒜在当地格外增加了一层革命英雄主义的色彩。

刘秀与魁王金丝小枣　刘秀定都洛阳之后，兴致盎然，到处游玩。适逢秋天来临，刘秀便带随从自洛阳来到麦丘邑（今商河县）赏秋，同时遍访救他有恩的龙桑寺和土马店。在一风光旖旎的小镇——殷巷，刘秀停留了下来，发现这里人们安居乐业，街道繁华，便微服出行，与民同乐。一日，他兴致很浓，便在一小酒馆痛饮起来。小店里有一种特色主食俗称“黄面”，就是用黍子面和大枣蒸的窝头，刘秀吃得津津有味，尤其是镶嵌在黍面中的大枣，个大，肉多，香甜，味美，深得刘秀喜爱。于是，刘秀问店家，这枣从何来？店家答曰：这是殷巷高坊村盛产的一种大枣，比乐陵的金丝小枣还要强很多倍呢！济南城北方圆几百里，唯有高坊村的大枣最出名！刘秀一听，大喜，遂饭后命随从一同来到高坊村赏枣。

刘秀向一位老者打听枣的来历，老者也语焉不详。但老者说明了枣的另一种用途，那就是治病。据说，当地一员外家的女儿病了，茶饭不思，憔悴不已，遍访多医无治。员外想尽了办法，都束手无策，后来一老媪说高坊村的大枣加红糖熬水喝可见效。员外立即派人来村买枣熬水喝。果然，员外女儿连喝带食大枣七日后便脸色红润，貌似花魁。刘秀听后感觉很奇怪，命人摘来几颗尝尝。但见此枣果大长圆，皮薄肉厚，香甜可口，余味悠长，感觉高坊大枣像珍珠、像玛瑙、像红宝石，如少女涩红的脸，便联想起因枣而愈的员外“花魁女”，便赐名为“魁王枣”。

刘秀与问王村　在孙集镇驻地西北五里，有个问王村。相传这个村庄还是东汉光武帝刘秀经过的地方，该村名也由此而来。这个故事在当地广为流传。

据史料记载，刘秀为光复汉室，起兵反莽，在河南叶县一带一战大败，遭王莽追兵疯狂追杀，刘秀不得不四处奔逃。

一日，他逃到龙桑寺一桑树下驻脚歇息（即是现在的龙桑广场），这时王莽的追兵已近，一蝼蛄为救刘秀性命，抵醒正在睡梦中的刘秀。刘秀醒来一见，气不打一处来，遂将蝼蛄掐为两截儿。后方听到王莽追兵的骏马嘶鸣，知蝼蛄为救他而被误杀，随即找一根桑刺将蝼蛄头部及身子关连上。此时，王莽追兵已到，为免遭擒拿，不留踪迹，刘秀急中生智，舍弃战马，徒步窜入北部林中，警觉而行。谁知，慌不择路，竟一直向西北逃去。

刘秀夜间奔走，已不能辨别方向，更不知身处何方。远远望见一村庄，走近，见一老人闲坐门前，鹤发童颜，神态安详，精神矍铄，问之，方知老者王姓，此处为牛堡地界。善良的老者将刘秀让至家中，以粗茶淡饭相待，刘秀心中甚为感动，又念自己竟落难如此，内心凄楚，忍不住悲从中来，十分颓丧。

老人察言观色，见刘秀虽然落魄，但须眉漂亮，高鼻梁、大嘴巴、宽额头，有帝王之相，便知其日后必定飞黄腾达。于是，老人微笑道：吾乃土生土长的庄稼人，知道每年的收成有丰有歉，但却不能因一季歉收而放弃耕种。近观君相，必是今世英雄，如此常理岂能不知？刘秀闻言面有愧色，起身作揖，问路而去。

后刘秀称帝，常感念该村老人指路且指点迷津之事，欲加赏赐，谁料被老者婉拒，言助人为乐为本性，不为酬谢。光武帝问“路”工姓老者，这便是问王村名的来历。如今故事依旧流传，村民们也将善良美德得加以相承。

刘秀与饮马村　东汉末年，刘秀被王莽追杀，跑到饮马村歇脚。时值盛夏，刘秀人困马乏、饥渴难忍。忽见路旁有一水井，急忙来到跟前，但见清水凌凌，可没有水桶，无法解渴。这时，眼看追兵就到，刘秀焦急万分，无奈对着那井大喊：“水井呀，水井，你就不会歪一下，让我的马喝点水吗？”话音刚落，那井便忽地歪了，清水流出井口。刘秀人马解渴后，继续往前奔走。从此，这个村就叫饮马村。为了保护这口井，村民在井的旁边建了一座小红庙。

后来，饮马村人丁兴旺。有一年小麦大丰收，有位李姓财主为了庆贺丰收，在村西南角的洼地里打了一个“响场”。所谓“响场”，就是在这片三十多亩的洼地里，摆上几十个石碾，碾上铺上宽木板，木板的下面挂上铃铛，将收割的小麦放到木板上摊开晒干后，由牲口拉着石碾在木板上轧场。偌大一片洼地，炎阳如烤，石碾林立，马轧小麦，泠泠作响，众人围看，非常壮观！

刘秀与土马店　商河县殷巷镇东南五里，有村庄名土马店，村东至今还有一长形土台，据说土台原先形似一匹卧姿骏马。相传，土马店的村名是东汉光武帝刘秀御赐，这其中还流传着一段有趣的故事。

据说，刘秀为光复汉室，起兵反莽，在河南叶县一战大败，遭王莽追杀，四处奔逃。一日，在龙桑寺境内歇息，多亏桑树遮阴，蝼蛄救驾，方才惊醒，一看王莽追兵已到，为免遭擒，刘秀弃马徒步而走，谁知，慌不择路，竟一直向西奔去。王莽追兵来到桑树下，见一匹马拴在树上，认出了是刘秀的坐骑，断定刘秀尚未逃远，便分头四下搜捕。

刘秀由于昼夜奔波，腹内无食，体力渐渐不支，两腿像灌了铅，再也走不动。这时王莽追兵又到，刘秀自觉难以脱身，性命难保。因此，仰首对天长叹：“苍天不助汉室，我命休矣！”说完只等束手就擒。正在这时，忽然驰来一匹白色的高头骏马，就在刘秀跟前自行卧倒，刘秀见状，使尽全身的力气，飞身上马，两腿一夹马腹，大喝一声“驾……”只见那马一跃而起，驮着刘秀，驾起云头，奔驰如飞。刘秀唯恐摔下马来，吓得双目紧闭，俯身马背，双手死死抓住马鬃，任其驰骋，只听耳旁风声呼啸，嘶声长鸣。不知过了多长时间，那马“咯噔”停住，刘秀方敢睁眼，只见那马汗水淋淋，气喘吁吁，回头再看追兵早已甩得无影无踪。又见路旁有一客店，顿觉饥渴难忍，刘秀便把马拴好，入店进餐。饭未熟，刘秀坐等，便与店家闲聊，方知店家姓陈，此处属张乡（今商河境内）地界。刘秀正要吃饭，想起了那匹救命的白马，跑了半天，大汗淋漓，一定口渴，于是便向店主借来一只水桶，到店旁井中汲水饮马，待走近那马一瞧，大吃一惊，一匹活生生的白马却不知啥时变成了一匹泥马，卧在地上，再也不能动弹。刘秀言道：“救驾有功，日后必封。”

后来刘秀做了皇帝，建立了东汉，定都洛阳。一日临朝欲加封救命之物。一大臣出班奏道：“大树可封为树中之王，蝼蛄也能赐予金头玉蝼蛄之美誉，那泥马在村头店旁，万岁就赐以村名吧。”

刘秀心想：泥马经日晒，早已变成了土马。于是御笔题写“土马店”三字，村名一直沿用至今。

商河仙异故事

卧牛城的传说　商河当地素有“先有卧牛城，后有麦丘邑”的说法。故老相传，商河城酷似一头卧牛，太上老君的坐骑青牛偷吃了仙丹，被贬于此。当时此处乃一片荒凉之地，玉帝罚此牛将其耕作开垦，不久此地便成了肥沃的良田，先民在这片土地上种植小麦，“麦丘”之名由此而得。有一个黑心的财主，欲霸此牛为己有，买通了张天师，让太上老君打制了一副铁鼻钳穿在了牛的鼻子里，拴上缰绳牵到自己家里。一日，神牛趁人不备，挣脱缰绳朝西南而去。

在犁丘（今临邑）梵岗寺外的瓜田里，神牛正在休息吃草，被云游此地的南方相士皮三发现，这位风水先生知是一宝，顿起邪念，摘取金瓜朝神牛打去。神牛受伤，长哞一声向南狂奔，皮三追至华山脚下，将其逼入一山洞中，驱使其将隐藏在地下的金磨拉出来。神牛因瓜伤在身、铁钳穿鼻，受制于皮三，成年累月地拉磨不止。当金磨拉出地面之时，神牛因身体失重而窜出山洞，往西跑了不远劳累而死。神牛拉着金磨累死的地方变成一座小山，就是现在济南动物园内的金牛山，号称“天下第一牛”的塑像就立在那里。

玉皇庙的传说　自盘古真神开天辟地之后，天地间一片祥和。后来由于各路神仙争强斗狠，天地间又陷入一片混乱。为此，太白金星与众神商议，决定亲自下界找一个德高望重之人，邀上天庭来扭转这种混乱局面。

太白金星云游至此地一个叫张家湾的地方，发现邻里和睦相处，人人谦逊有礼。而管理这方圆几十里人口数万人的寨主，是一位乐善好施、仁义为怀的人，名叫张玉皇，又名张百忍，深得民众拥戴。“张玉皇，为什么会取这么个名字？”太白金星知道，下界有皇帝，是为万民主宰，权力至高无上；玉为极品珍宝，是美好与高尚的字眼。一个普普通通的小寨主，连王都算不上，怎么敢称玉皇？难道天庭也应该仿照下界，有个皇帝来统管三界？这位张玉皇，难道便是本神寻找之人？

为了进一步试探张玉皇的好口碑是真是假，太白金星便化为一个重病缠身的乞丐，昏倒在张玉皇家门前。张玉皇得到家人通报后，赶忙将太白金星抬至内屋，亲自喂汤煮面，并请来郎中为其把脉调养，直至“完全康复”。之后，张玉皇又劝其留在本地做个自食其力的“张家湾人”。

在张家湾“养病”的三个多月里，太白金星亲眼看到了张玉皇从自家取出钱粮招募众人修渠筑堤，扶弱济贫，兴建书院，教化乡里。十里八乡偶遇矛盾纠纷，张玉皇不论亲疏一律秉公而断。其以德服众的管理才能，深得太白金星的赏识。终于有一天，太白金星趁夜深人静之时现出真身，并向张玉皇道明缘由，随即携其升上天庭做了天帝，后张玉皇被尊称为玉皇大帝。

张玉皇升天之后，张家湾一带百姓念其功德，自发捐钱捐物在大湾北侧修建起一座庙宇，每逢正月初九张玉皇生日这天举行隆重的祭祀活动。随着时间的推移和故事的广泛流传，以及后来玉皇庙会的影响，张家湾村名亦被玉皇庙所替代。

在玉东与玉西两村分界处，现有一棵古槐树，传说是张玉皇七岁时所种。后来，铁拐李大战白佛老祖时将树干扫掉，幸存的一株嫩芽复成大树；再后来几经雷击火烧终不受死。如今这棵老槐树仍然枝繁叶茂，生机勃勃。

而传说中的“张玉皇升天大道”至今犹在。另据 2008 年前来此地帮助扑灭美国白蛾的一位飞行员透露，当年他在无意间发现，该玉皇庙与泰山玉皇顶竟在同一经度线上，恰与多位学者在玉皇庙文化研究中的有关地理科学论断相吻合。

岳桥的传说 早年的徒骇河，河宽数丈，水深流急。渡船在河中行驶，经常发生船翻人亡的事故。人们都以为是河妖作怪。沿岸各村庄的艄公已多年不敢在河中摆渡，两岸交通断绝，于是南北两岸以河为界，河北岸为商河县，河南岸为济阳县，两岸不相往来。人们都盼望来个能工巧匠，在河上架一座桥。一天，雨过天晴，东南天空出现了一条彩虹，只见这条彩虹飘飘摇摇从天而降，落在徒骇河两岸，变成了一座木桥。据说人们的心愿被已升为仙人的鲁班知道了，他做了一座木桥，送到了人间，从此两岸恢复了交通。但是，这座木桥自落下后，桥身不稳，一直摇晃，只能过行人，不能走大车，人们几经加固，想尽了法子，就是固定不住，谁也不知是什么原因。有一天，八仙要东去蓬莱仙阁，乘船路过此处，见桥身摇摆，不能过河。找来土地神询问才知道，桥头下压着一只大乌龟，桥落那天乌龟到岸边土窝里生蛋，木桥落下时正好压在它的背上，乌龟身子一动，桥身便随之晃动。八仙施出大搬运之术，霎时从泰山移来一块巨石，压在桥头上，木桥立即稳固。人们给桥起了名字叫“压桥”。再看巨石下面压着一只四肢舒展，头朝前伸的乌龟，巨石上刻有四个大字：五岳独尊。人们这才知道，这是一块泰山石，因而改名“岳桥”，乌龟驮石碑由此开始。至今人们还是将“岳”读作“yà”。

梁王冢与碧霞元君 据史料记载，当年马陵之战，梁惠王被齐国打败，他的长子死于此战。梁惠王本来打算将战死的长子送到泰山南面的山脚下埋葬，当时著名的阴阳五行家邹衍路过，知道了梁惠王的想法之后劝他说，不如把儿子葬在此地。因为这里是碧霞元君泰山老奶奶的娘家，只需要在坟顶修一座奶奶庙，在上面设上玉皇顶，这里的灵气便可以与泰山相通，这样的效果和埋在泰山是一样的。另外，还需要从东海边运土修建坟墓，并且在坟墓的东南方向凿一口深井，可以与东海相通。梁惠王依邹衍的话而行，从东海边运土修墓，修建了奶奶庙和玉皇顶，并在东南方向凿了一口深井。现遗址高出地面 5 米。遗址上原有庙宇始建于明代，毁于民国时期。而三月三梁王冢庙会传承至今，每年吸引周边县区及河北、河南等地大量游客前来祈福，游客规模最高达 15 万人。

老姜背老婆　相传商河城西北的古鬲城人有种爱占便宜的坏风气。一天，一位卖油翁来到鬲城，他边走边喊："卖油来，卖油来，一葫芦四两，四葫芦半斤（16 两为 1 斤）。"听到吆喝，全城家家户户都来争买四葫芦，住城东的姜老头却连买两个一葫芦，还附到卖油翁耳边说："老兄，你这个卖法不行啊，四葫芦油正一斤，你怎么按半斤卖，这样不把老婆孩子全赔上吗？"卖油翁毫不在意地说:"没关系，我家买卖大。"接着又吆喝:"一葫芦四两，四葫芦半斤，快来买呀！"姜老汉叹了口气走了。一天夜里，卖油翁突然出现在姜老汉面前并对他说:"老弟呀，全城数你最忠厚，告诉你几句话千万别外传。"接着唱道:"远打雷，近打闪，天一下雨去庙前，门前狮子红了眼，忙背老婆城外搬。"话音刚落就不见了。姜老头半信半疑,仔细一想,话音还清清楚楚记得。从这天起，每逢下雨姜老头都到庙前去看。一天，正要下雨，不知谁家一个调皮孩子把吃剩的柿子皮贴在石狮子眼上。姜老头老远就见到石狮子两眼发红，急忙跑回家，背起老伴顾不得雨急路滑一口气跑出城外，刚喘了口气，就见一道白光伴着一声巨响，鬲城转眼间变成了一片汪洋。城里人都葬身于废墟之中，只有忠厚善良的姜老头和老伴大难不死，后来，百岁而终。人们崇尚姜老头忠厚善良的品德，至今人们闹元宵还在扮演"老姜背老婆"，同时，这也是一首广泛流传于张坊镇、怀仁镇的民歌。

羊角岭的传说　传说羊角岭村东北三里之外的徐芦坊村一张姓老者某日早起外出访友，恍然望见前方有两只羊在顶角，老者赶紧到近前看时，羊却突然不见了，只有一道高高的土岭横在眼前，似乎一夜之间冒出来的一样，老者就认为这是一块风水宝地，遂举家迁来居住，从此该村得名羊角岭。后来，佟姓于商河解放前迁入羊角岭村。历史上，羊角岭村奇闻轶事颇多。村民口口相传早在明代，该村一名少年聪慧绝伦，闻名乡里，靠母亲纺线织布供他读书，年十六岁考取状元，但非常遗憾的是皇榜送达之时，少年却因一场大病刚刚病故，仕途功名尚未开端就宣告结束。功名未能彰于乡间，但这位少年状元曾经手植的一棵国槐生命力却异常顽强，历经数百年风雨仍傲然矗立于村中央，树高五丈，树冠百余平方米，树干中空而扭曲，苍劲古朴呈现出岁月的沧桑。据说，明清之际，村民在古树下掘井，掘地三尺而水涌如注，当日砌砖出于地面，第二天砖沉于水底踪迹全无，复又砌砖如昨，次日仍无踪迹，如此往复四五个来回，砌井才得以成功。但原来掘地三尺的井，却又深不见底，深不可测。井水虽然如此之深，但村民若不慎落入井中必神奇地浮于水面，并不沉于水底危及性命。曾有传说，此井井水与渤海相通，所以常年不涸。

“烟墩”传说　《商河邮电志》记载，沙河镇烟墩村之“烟墩”始建于公元前475年，历史十分悠久。当地村民至今口口相传着许多有关烟墩的神奇故事，比较有名是两件事。一个是关于红白大事借桌椅的事，说的是旧年贫穷的时候，村民家里逢有

烟墩村老教师庞玉可生前根据记忆手绘烟墩图样

红白大事桌椅家什凑不全的场合，就会由事主家里德高望重的人前一天晚上到墩下焚香祈求，并保证办完大事即时奉还。往往是前去焚香求助的人还没走回家，家里先前凑不齐的桌椅家什就全部齐整整地摆放到各个席位上了。多少年来，村民也信守着用完即还的规矩，每次红白大事办完，仍然是趁着夜黑天高，到墩前焚香叩头感谢，每次表示感谢完毕，人还没回到家，家里先前那些“借”来的家伙什又早已不知去向，人们相信那必是回到墩里去了。第二件事更有点玄乎，说是有位时年六七岁的儿童，跟着一伙十几岁的少年在墩前玩耍，不知是谁拿了把铁锨站到了墩顶，比比划划作兴奋状，哪知一个不留神，铁锨从手里脱落，锨头朝下直直地落了下来，不偏不倚，正好插在这位蹲在墩下的六七岁儿童的天灵盖上，瞬时血流如注，儿童不哭不喊立马没了声息，一伙人当即吓傻了。过了一会儿，有个胆大的走到近前，试着把铁锨从儿童头上轻轻地往外拔，让一伙人讶异的是，铁锨每往外拔一点，儿童的伤口就闭合一点，最后铁锨完全拔出来时，儿童头上的伤口完全没了痕迹，就连一滴血也看不到了。这时，儿童也睁开了眼睛，恍若一场大梦刚刚醒来，还萌萌地问大伙都围着他干啥。如今，这位当年墩下化险为夷的儿童现在已年近六十岁，对于当年的经历仍然记忆犹新。村里人坚定地相信，他当年能够逢凶化吉，必定是多亏了“墩”的保佑。

古杏林传说 古杏林，位于商河县怀仁镇洼李村，北依大沙河，古树林木较多，林果规模较大。相传，杏花村很早以前叫杏花坞。每年初春，村里村外到处开着一树又一树的杏花，远远望去像天上的红云飘落人间，甚是好看。杏花坞里有个叫石狄的年轻后生，他膀宽腰圆，臂力过人，常年以打猎为生。初夏的一个傍晚，在村后射猎归来的石狄，正走过杏林，忽听得一丝低微的抽泣声从杏林深处传来。他循声过去，发现一女子倚树而泣，很是悲切。心地善良的猎人忙问情由，姑娘含泪诉说了家世。才知是因家遭灾，父母遇难，孤身投亲，谁知，亲戚也亡，故无处安身，在此哭泣。石狄看着姑娘那张杏花带雨般的清纯面容，顿生怜悯之心，领其回村安置邻家，一切生活由石狄打点。数日后，经乡亲们说合，俩人结为夫妻。婚后，你恩我爱，夫唱妻随，日子过得很甜美。

农谚道“麦黄一时，杏黄一宿。”正当满树满枝的青杏透出玉黄色，即将成熟时，忽然老天爷一连下了十几天的阴雨。雨过天晴，毒花花的日头晒得本来被雨淋得涨胀地裂了水口子的黄杏“吧嗒、吧嗒”都落在地上，没出一天工夫，满筐的黄杏发热发酵，眼看就要烂掉。乡亲们急得没有法子，脸上布满了愁云。夜幕降临，忽然有一股异香在村中幽幽飘荡。既非花香，又不似果香。石狄闻着异香推开家门。只见媳妇笑嘻嘻地舀了一碗水送到丈夫跟前，石狄正饥渴之际，猛喝一口，顿觉一股甘美的汁液直透心脾。这时媳妇才说：“这叫酒，不是水；是用发酵的杏子酿出来的，快请乡亲们尝尝。”众人一尝，都连声叫好，纷纷地问做法，争相仿效。从此，杏花坞有了酒坊，清香甘醇的杏花美酒也远近闻名。原来姑娘是王母娘娘瑶池的杏花仙子，因不甘王母责罚，才偷偷飘落下凡。今见乡亲们遇到困难，故用发酵的杏子酿出美酒，解了众人之急。

太平淀洼的传说 在商河、惠民两县交界的地方，有个大洼叫太平淀。从前，这个大洼方圆百里，洼中心有座城，叫太平城。成千上万的人在城里居住。有一天夜里刮起了狂风，狂风嗷嗷怪叫，卷着飞沙铺天盖地而来，遮住了满天星斗，顿时天昏地暗，伸手不见五指。人们都被这怪风吓坏了，家家关门闭户，落锁上闩，灯不敢点，觉也不敢睡，躲在炕头上连眼都不敢睁。房屋好像在晃动，人们都觉得像是坐在一条船上。只听到树枝和篱笆吱咯吱咯乱响，盆碗瓢勺碰得叮叮当当，鸡叫狗咬，孩哭娘吵，都以为是妖魔作怪，大祸临头，害怕得要命。俗话说穷大胆，穷大胆，穷人不怕难和险。当时这太平城里，还住着两户靠小手艺生活的穷人。一户是编簸箕的老常家，一户是制卖皮弦的老王家。为了糊口，他们整年累月没黑没白地做活计。这一夜尽管狂风大作，景象异常，他们照样干了一夜。狂风刮了整整一夜。第二天天亮，一切都恢复了平静。人们从家里走出来，准备开始一天的营生。一出大门都愣住了。原来是一夜过后，门外就一切都变了。街道比早先宽了好几尺，土路面也变成了石头的，饮牛的水湾不见了，吃水的井一时也不知道在什么地方。街东头那棵两搂粗的枣树也没有了，街南空场的槐树倒变成了松树。向四外一看，周围都是大大小小的山头。除了自己的房屋和小院还是原样外，到处都变了模样，人们都感到蹊跷，可谁也说不上是怎么回事。随着太阳的升起,大街上的人越聚越多。不知谁喊了一声:“走！到城外看看去！”大家呼呼啦啦地一起涌向城门。在城外,人们看到了山,山坡上长着一人多高的野草和一些叫不上来的树木。自己家乡那平平整整的农田，亲手种下的庄稼找不到了。曾经放过牛羊的荒草地也看不见了。众人都不解地说：“奇怪呀！咱们怎么都跑到山旮旯里来了！后来人们才知道，那天夜里的那阵狂风，把整个太平城搬迁了好几百里地。相传，这个地方就是淄博市的周村。姓常的和姓王的两家，因为刮狂风的夜里掌灯干活到天亮，才没有被搬走。他们就在太平淀定居下来，祖祖辈辈一直在这里生活。后来就形成了常家村和王皮弦村。至今这里还流传着“先有太平城，后有周村街”的说法。

商河地名传说

杨广坞的传说 玉皇庙镇杨广坞村名自隋炀帝杨广在此屯兵开始，一直沿用至今，从未更改过。据村中老人介绍，与此有关的还有一座杨广城，不过，这座城只是一种海市蜃楼之幻象，村中五十岁以上的人偶尔见过几次，近四十年来杨广城幻象从未再现。据传说，当年杨广在此屯兵剿匪（一说是东征高丽时路过），此地还是一片沼泽，前行无路可走，只得在此安营扎寨。当时还筑有一座烽火台，与相隔四十里的理合坞（现属德州市临邑县）遥相呼应。有一民谣至今仍在流传：“杨广坞传令理合听，招呼三声发大兵。”可见杨广在此屯兵并非一朝一夕。既然屯兵就需筑城。于是杨广就命人寻得一风水大师，来此地勘察。结果是：此地有轿座（现村庄所在位置），有轿顶（现村西北方向一高坡地，如今仍被村民称为“桥顶子地”），唯一缺的就是方圆十几里地从没有杀过人，不宜筑城。风水大师一句话，一座新城就这样泡了汤！也许是皇帝一言九鼎，连上天也得默契配合，实城不能建，海市蜃楼总可以吧？于是，杨广坞就出现了一种幻象：每逢正月初一清晨（也有老人说平时也出现过），站在村西南的某一高墙上向东北角望去，一座城池便浮于半空，城门、城墙乃至兵马行人清晰可见，直到东方发白天将亮才隐约散去。

三村易名的传说 很久以前,贾庄镇苗家村北面有一个叫“牛家”的小村庄,住着几十户人家。因为“牛”要吃“苗”，犯了苗家村的忌。苗家村西边两个邻村因世代与苗家友好，打抱不平，将村起名“鞭庞村”和“鞭张村”，其目的是用鞭子赶打牛，不能吃我们的友好近邻苗的意思。牛家村遭到三个村的反对，怎么生活下去呢，于是在本村村民的商议下，开始把原来的村庄改叫“小庞村”。这样一来几个村子里的人们就相安无事了，鞭庞村和鞭张村为了与乡邻和睦相处，也改名叫“边庞村”和“边张村”去掉了“牛”和“鞭”字的邻里之间融洽了，人们相互友好地世代生活下来。这古老而美好的传说，体现了劳动人民追求睦邻友好、平等和谐的美好愿景。

张六真的传说 传说张六真村的张衣经商多年，家有积蓄，有乡邻张敬梓，家贫无粮且性格拘谨，年关临近，未等敬梓开口相借，张衣趁夜黑之时，携弟二人肩扛手抬数百斤精细粮食送至张敬梓家，并说是送个年礼，不用相还。敬梓一家老小跪拜在地，长泣不起，自此与张衣情如一家。又有传说张衣借粮“大斗出小斗进”。旧时，正常的测粮工具一斗相当于 40 斤，而张衣家却专门制作了两种木斗，一种 50 斤的斗是用来放租给百姓的，一种 30 斤的斗是用来向百姓收租的。一年下来，张衣相当于白白补贴乡邻百姓上千斤粮食，这与“大斗进小斗出”残酷剥削农民的某些恶霸地主形成极大反差。张衣对百姓情同手足，对横行乡里的恶霸却疾恶如仇。一户孤寡老人家里有一棵数代流传下来的百年梨树，枯树开花，硕果累累，被一个外号“半吊子”的无赖盯上，堂而皇之地搬着梯子爬到梨树上，任凭老人树下呼喊仍不停手，急得老人老泪纵横，恰好被路过的张衣看见。张衣并不着急上前制止，而是倚门外抱肩而立，待“半吊子”从树上带着满满一筐梨下到地面，一边怒喝一声“吊子休跑”，一边从门后抄起顶门杠，旋风般闪到“半吊子”跟前，先是一个扫堂腿，继之手起棍落，半吊子一个趔趄跌倒在地，满满一筐梨也从手中震落地面，刚要破口开骂，看到张衣横眉怒目的样子后抱头鼠窜。张衣弯腰给老人捡起一筐梨笑着说：“这省得您老人家受累摘梨了。”随之转身离去并嘱咐老人注意关门防贼。自此，“半吊子”再也不敢在村里祸害百姓了。受这户孤寡老人依靠百年梨树维持生计一事的启发，张衣四处购入杏、桃、梨、枣、苹果、葡萄等六种易于宅院种植的果树苗，赠送分发给庭院有闲的村民，作为村民自己补贴家用的收入来源。数百年来，村里“六果”种植习惯延续至今。张衣20岁行冠礼之时，父亲张柔为其取字“六箴”，出自南宋大儒王应麟《小学绀珠·儆戒·六箴》“清、公、勤、明、和、慎”的六字箴言，寄托了对张衣修身养性兼有“清、公、勤、明、和、慎”六种品质的美好期望。族谱记载张衣“居家孝悌，处世和平，为商四方，家业兴隆，全县知名”，确实不负其“六箴”字号。张衣娶郭刘氏，生四子——汉炜、汉鼎、汉灼、汉煜。族谱记载汉煜孝友忠厚，颇具“六箴”之风。尤其在张柔、张衣、张汉煜祖孙三代影响带动下，李、张、王三姓聚居，和睦相处，守望相助，传为佳话。

轶闻传说

龙桑寺三十二联庄大集 龙桑寺立集，最早是在清末。辛亥革命后，于1916年就有毛税缴纳的记载。因此地处在商、惠之间要冲，每逢五排十大集，进出三天，经济繁荣，买卖兴隆，来自四周临县做生意的商贾，南到济阳、章丘，西至临邑、德平，北至乐陵，东达惠民、阳信县。逢二、七是小集，专营棉纱、白布交易，多达32条凳子（庄商），来的客商是济南、新泰、莱芜各地的，来时带姜、麻，回去换成白布或棉纱。“七七事变”后，兵荒马乱，民不聊生，二、七集逐渐取消。为适应当时经贸的需要，虽然此处无住家农户，但有好几家茶馆、店铺。据时人回忆，1926年，此地除区公所、邮政局外，还有“东盛德”酱菜铺（属袁家村）；张友坡（属谢家村）、付兆禄（属付家村）两个杂货铺；有“义德堂”医药铺；再就是付兆云、苏连成、苏老四等六七个茶馆店铺，给来往此地的客商出入提供服务。境内旧说，龙桑寺集是三十二联庄分片共治，每逢集市，在传统的管理方面，三十二庄联合治理，分四个角头，东北、西北、东南、西南四角，每个角八个村，共三十二个村：东北角由邱家、位家、徐家、豆家、黄马家、大刘、李铁匠、李举人村组成，西北角是姜家、袁家、李家、彭庄（刘集村东首姓彭的）、任家、潘家、付家、杨家，东南角是李官庄、张老庄、张佑、小王、东刘木、西刘木、杨茂家、谢家，西南角是苏家、芦家、大王庄、东店子、西店子、店子吕、惠民李（李胡头）、范家。三十二联庄设有首寺管理集市，是庙会的常设机构，每年每个角头派两人参加首寺机构，并从八人中推选一名为主管首寺。每逢集、会在三十二联庄中各派一人负责集市管理和征收课损、毛税，任期一年。每人一年定酬金为八吊钱。每年的元宵节，文化生活尤其活跃，三十二联庄的大秧歌，在十五、十六两天都来此地表演，特别是高跷队必须在此三处高大建筑的台阶上蹦上蹦下，以显示其水平和功底，这是一年来劳动人民最快乐的时节。

十一、商河美食

糖酥火烧

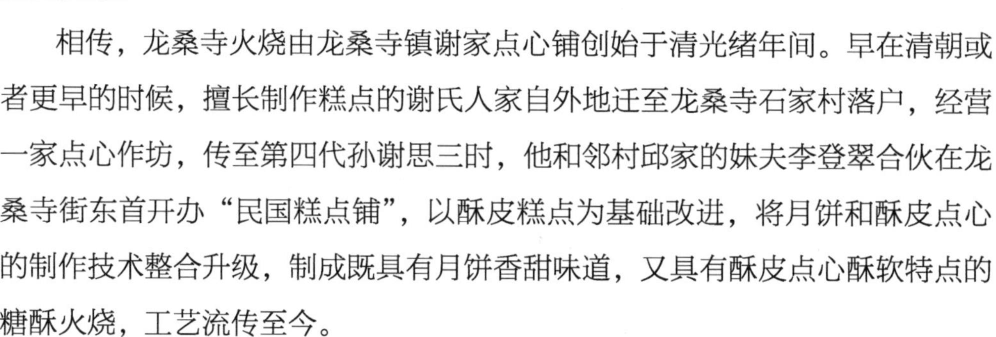

也称龙桑寺火烧、龙桑寺油酥火烧，是商河龙桑寺风味名吃，据1988年4月编印的《德州地区供销合作社志》147页记载：“龙桑寺油酥火烧选用精粉，糖馅，油煎、火烤，香酥味美，食如点心，为当地人民馈送亲友之佳品，常庄供销社制作的‘龙桑寺火烧’被评为全区优质品。”

相传，龙桑寺火烧由龙桑寺镇谢家点心铺创始于清光绪年间。早在清朝或者更早的时候，擅长制作糕点的谢氏人家自外地迁至龙桑寺石家村落户，经营一家点心作坊，传至第四代孙谢思三时，他和邻村邱家的妹夫李登翠合伙在龙桑寺街东首开办“民国糕点铺”，以酥皮糕点为基础改进，将月饼和酥皮点心的制作技术整合升级，制成既具有月饼香甜味道，又具有酥皮点心酥软特点的糖酥火烧，工艺流传至今。

龙桑寺火烧主要以糖、油、面为原料。即先将面在锅里用油炒煎，取出后加香油和调料，这称为酥。再把和好的面擀成饼，抹上酥，抻拉成条，制成多层皮，包上糖馅，然后放在炉上烘烤。制作糖酥火烧所用烤炉十分别致，大平面锅，上面悬吊铁锅盖，可随意升降和移动，上面可点燃燃料。一般用劈好的木柴。烘烤时把做好的火烧放在平锅上面，先点燃锅盖上的燃料，并调到一定温度，再点燃锅下的燃料，这样，火烧夹在中间，两面受到烘烤。要掌握好火候，使烤出的糖酥火烧，味美可口，香气四溢，颜色淡黄，酥、香、甜皆备。近几年糖酥火烧在制作上，又有发展和创新，使用电烤箱，配料上增加一些花生米、核桃仁、青红丝等，使糖酥火烧的味道更加鲜美。

改革开放后，李登翠重操旧业，将火烧手艺传其次子李清新，取店名为“少得利火烧店”并注册商标“少得利”，将原本的家庭小作坊转变为具有规模化、机械化的工厂化、公司化运营。2018 年，公司在新厂区建设糖酥火烧历史展览馆，面积 500 平方米，是一座集手工制作体验区、生产参观区、糖酥火烧文化体验区、旅游产品展售区为一体的综合性文化展馆。

马蹄烧饼

芝麻点缀马蹄平，皮脆瓤酥泾渭明。
未待出炉香气溢，乾隆知味不南行。

商河马蹄烧饼是山东济南市汉族传统名吃，它是以面粉、植物油、芝麻为主要原料，用特制悬炉烤制而成的食品，其形状如马蹄，故名马蹄烧饼。商河马蹄烧饼历史久远，相传在清乾隆年间就已享有盛名。刚出炉的马蹄烧饼皮瓤分离，外脆内嫩，酥香兼备，香气四溢，色、味、形俱佳。具有焦香、清香、芝麻香三香的独特风味。

马蹄烧饼制作考究，经济实惠，易于储放，携带方便。马蹄烧饼的制作方法非常考究，从制作到成熟出炉需要10余道工序，其配料严格精细，所用面、油、酥、芝麻均有精确的比例，据统计，目前商河县马蹄烧饼制作加工店150余家，遍布于商河县的城、乡、村，深受本地群众的喜爱。

在物质比较匮乏的年代，对于生于斯、长于斯的商河人来说，马蹄烧饼在心中拥有了恒久不变的王者地位，是那帮馋嘴小孩记忆里浓墨重彩的一笔。至于马蹄烧饼分三层的真正含义，在商河人的记忆里，表皮的香脆是给孩了解馋的，内瓤的酥软是用来充饥的，而贴在炉灶底层形成马蹄深浅的样子，俨如游子的足迹，平添了一丝淡淡的乡愁。

商河老豆腐

大豆磨成白乳浆，轻熬细点泛琼光。
辣油麻酱花椒水，玉碗盛来满口香。

2023年03月16日“高唐生活网”曾刊过一篇《高唐、平原、饶阳、商河四地老豆腐，谁是真正的老豆腐“王者”》，对山东、河北两省四地的传统老豆腐做了一番纵横比较。从历史年代来看，商河老豆腐以千年传承历史而独领风骚。相比平原数百年、饶阳百余年、高唐数十年的历史，仅以商河老豆腐的“高寿”而论，那简直是不要不要的了。

老豆腐是山东、河北两省的传统小吃，又称北豆腐。比起豆腐脑，老豆腐在制作上更加复杂，工艺性更强，口感更加丰富。老豆腐洁白明亮、嫩而不松，卤清而不淡，风味独特。虽说山东是老豆腐盛行的大省，但山东关于老豆腐的做法并不统一，各有其特点。而商河老豆腐作为山东老豆腐里的“老大哥”，久负盛名，特点是洁白如玉、细若凝脂、嫩腻滑爽，柔若无物。

商河老豆腐是当地居民世代的最爱，早年间商河走村串巷卖老豆腐的，都是肩挑担子，一头是瓶瓶罐罐，装满了各种调味品，如辣椒油和蒜泥、酱豆腐汁、芝麻酱、韭菜花等，供食客依个人口味加入；另一头则是刚出锅的老豆腐。外地客人途经此地，必食之以饱口福。传说当年宋太祖赵匡胤北征，路过此地尝到商河老豆腐，赞叹不绝，称之“天下小食，至美之味”。

虽名曰“老豆腐”，但其实可称之为“嫩豆腐”。那豆腐有多嫩？洁白晶莹，韧而不松，舀起一勺来，“哧溜”一下就到了嗓子眼，细腻滑爽，柔若无物。老豆腐要当天做当天吃才更鲜美。所以原来有老豆腐作坊的人家，三更半夜就要起床开始劳作，豆腐出锅正好天亮，将新鲜的豆腐放到特制的保温桶里，早早地挑出来卖。那一丝不苟地完成的每一个步骤，都给食客带来最美的味觉享受。商河老豆腐以紧靠县城的豆腐店村和贾家村技术高超，远近驰名。其工艺技术现已流传至周边地区和全国各地。据称，滨州市内知名的冯老三老豆腐就传承于商河老豆腐。

商河老豆腐距今已有一千多年的历史，是商河人民在漫长的生活习俗中形成的传统技艺。老豆腐最早起源于紧靠县城的豆腐店和贾家，两村都是世代经营，技术高超，远近驰名。随着时代的发展，老豆腐的生产工艺逐步得到改进，加上调味品的调和，老豆腐作为传统的美味食品被保留下来，发展至今。

如果您来商河，千万不要忘记吃一碗热腾腾、嫩滑滑的老豆腐。一勺香菜、一勺麻汁，再加上适量的韭菜花酱、辣椒酱和酱油，还有加一个鸡蛋，再来一个馒头。一顿饭花不了几块钱，却营养了您的胃，温暖了您的心，让您愉悦地踏上人生的旅途！

“走遍大江南北，尝尽美味佳肴，我却忘不了家乡的那碗老豆腐。回到家乡商河，吃一碗老豆腐，我才真正找到了家乡的味道。”这是一位离乡背井四十多年的商河游子，在写给家乡亲人的信中提到的，信纸上还有泪滴的水印。

玉皇庙豆腐皮

豆腐皮跟老豆腐一样都是汉族传统豆制品，是豆腐家族的重要分支，它的产生同样稍晚于豆腐的发明时间。在现代汉语里，豆腐皮这一名称实际对应着两种近乎相同的产品。一种是在豆浆煮沸之后表面形成天然油膜“挑”起来晾干成的“油皮”豆腐皮，也叫“腐竹”“豆腐衣”，通用名称为“油皮”；第二种是经过压制成的“千张”豆腐皮，与豆腐干近似，但较薄，可跟油皮比起来又明显较厚，可以看成超薄的豆腐干，稍干，有时还要加盐，口味与豆腐有区别，通用名称为“千张”。二者虽都叫“豆腐皮”，但形状、成分、口味、菜肴做法均有较大差别。而全国各地对于两种产品的称呼与实质也常有交叉，很容易引起歧义。今天我们要说的商河豆腐皮即特指“千张”豆腐皮，以区别于前面所说的“油皮”豆腐皮。

在商河县提起豆腐皮，当地的人们不约而同地指向了玉皇庙豆腐皮，主要因为玉皇庙豆腐皮“皮薄而劲道”广受青睐，以致成为商河豆腐皮的特指对象。

其实这主要因为它朴素而简单的原始生产方式，最大限度地保留了豆腐皮的传统风味。玉皇庙豆腐皮是选用大豆中的地方品种为原料，把黄豆打浆、烧胚、过滤、点浆、结膜、捞膜、舀皮，一锅豆腐皮就得舀70多张，接着是压水、扯皮、晾干，这一连串的工序都是在40℃的高温下进行的。经过这么多道工序精制而成的豆腐皮薄如纸张，筋似皮条，色美味香，用它做的各种冷、热、荤、素菜，其味道之香、色泽之鲜，令人望而流涎。

刚刚从豆腐皮布上扯下来的豆腐皮，黄艳艳、筋颤颤，如果把它像手绢那样揉成一团甩在皮板上，光滑的豆腐皮不会有一丝裂缝，而且都不会掉角。更重要的是，它是纯天然绿色食品，不添加任何化学成分，绝对让您吃得放心。和市场上普通的豆腐皮不一样，市场上的一般是生的，而玉皇庙豆腐皮则是经过特殊熏制而成，凉拌热炒即食均可，是餐桌上一款不错的美味佳肴。

中医理论认为，豆腐皮性平味甘，有清热润肺、止咳消痰、养胃、解毒、止汗等功效。同时，豆腐皮营养丰富，蛋白质、氨基酸含量高，据现代科学研究测定，豆腐皮还含有铁、钙、钼等人体所必需的 18 种微量元素。儿童食用能提高免疫能力，促进身体和智力的发育。老年人长期食用可延年益寿。孕妇产后期间食用既能快速恢复身体健康，又能增加奶水，尤其是玉皇庙豆腐皮还有易消化、吸收快的优点。

到商河游玩之余，用正宗地道的玉皇庙豆腐皮佐餐，才算不虚此行。

沙河炮肉

老豆腐、豆腐皮、马蹄烧饼、糖酥火烧，同为商河的地方名吃由来已久，创制历史最短的也已经有 100 多年了。但商河还有一样“年轻”的地方名吃，就是创制于 20 世纪 80 年代的沙河炮肉，因其风味独特，仅仅 40 余年时间就享誉商河，盛极一时。

“炮肉”名称的由来颇有渊源，它跟创始人李宗祥的名字息息相关。李宗祥出生于 20 世纪 40 年代，年轻时他在沙河街六队当队长，由于他身材高大，脾气直爽，嗓门又高，每次安排生产任务时，人们从老远的地方都能听到他的声音，人们都说李宗祥的嗓音可比“大炮”响亮！时间长了，“大炮”就成了李宗祥的别称，到后来他的本名反而很少有人称呼。改革开放后，李宗祥卸下了队长的职务，闲暇之余就琢磨着利用他小时候曾经帮人卖过熟肉的经验，经营加工销售熟肉生意，经过反复试验终于制作出色香味俱佳的肉食，因深受喜爱而一炮打响了，又因为他有个响亮的外号“大炮”，当地人就亲切地称呼经他加工制作的肉食为“炮肉”，并传承至今，其子李新平接棒“炮肉”制作后，正式注册了“沙河炮肉”品牌，进一步扩大了影响。

按照李新平的介绍，沙河炮肉的最大特点就是色泽油亮、香气扑鼻、口感爽滑，真正色香味俱全，堪称一绝。而要制作出风味独特的炮肉来，离不开新鲜的原料、秘制的配方和高超的工艺。

制作炮肉需要经过选料、加工、煮制、熏制等四道工序。所选用的原料全部出自正规厂家，包括猪脸、猪肝、猪肠、猪蹄，以及白条鸡、乳鸽等原材料，把这些新鲜的原料分割和宰杀之后，再经过科学方法清洗干净，才能进入熬制过程。此为选料和加工工序。

食材清理加工后，就是煮制的过程。煮制沙河炮肉所选用的是经过常年积淀、有一定浓度的陈年老汤，老汤所用的料包就包含了二三十种名贵中药材，且经过至少两小时的慢火熬煮而成。正是这种特质的调料配方决定了炮肉的风味与众不同。炮肉煮好之后再将它放入添加了配料的铁锅内，用文火慢慢熏烤，十几分钟后，炮肉就会变得色泽油亮、香气四溢。

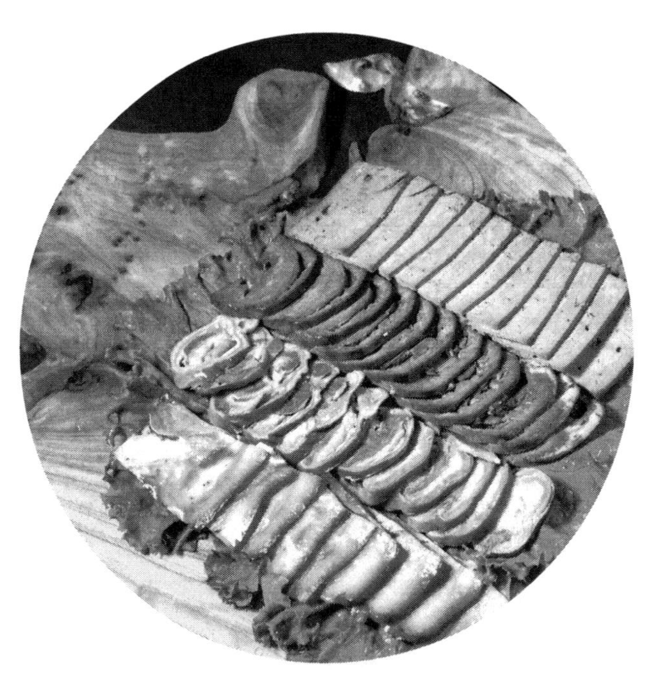

由于炮肉产品的独特口味，它逐渐成为人们聚餐的必备食物。如今，沙河炮肉不仅成为本地各类宾馆饭店保留菜品，而且被打工一族带到全国各大城市，真正实现了声名远扬。

十二、剧团与影院

商河京剧团

资料表明，2021 年山东省县级国营京剧团共有 11 家（见 2022 年 4 月 6 日“爱戏青年团”公众号报道），占全省 136 个县市区的 8.09%。商河县京剧团以域内唯一一家县级国有京剧团的身份独步于省会济南，让商河县广大京剧票友倍感骄傲与自豪。这份荣光的背后，也正是商河县京剧团 70 多年来从无到有、从诞生到延续的波折历程。

五湖四海一台戏——商河京剧团之渊源 志载，商河县明清时期无专业剧团，民国初期只有群众自行组织的业余剧团，有吕剧、东路梆子、京剧、河北梆子等剧种。

关于商河京剧团，1994 年 8 月出版的《商河县志》430 页有一小段共 75 字的记述，简略勾勒了商河京剧团的前身：1940 年商河县伪军头子田敬堂扶持建立了张六京剧团，这是商河县第一个专业剧团，常年演出，剧目有《金鞭记》等。1945 年为民间职业剧团。1953 年春由德州地区改编为平原县京剧团。

我们在时间线上继续推进至 1952 年 2 月 1 日（农历正月初七）。当时的商河县政府文教科（即后来商河县教育局的前身）组织吸收 40 余名社会上的闲散艺人，建立了商河县新艺剧团，演出剧种有京剧和河北梆子两种，同台轮番演出，代表剧目有《双蝴蝶》《霸王别姬》《狸猫换太子》等。著名艺人吴俊良、葛正良、白亚南、康艳君等就是在这个时期先后来到商河县新艺剧团的。1955 年改为京剧团，上演的传统剧目有《群英会》《四进士》《岳飞之死》《赵氏孤儿》《苏武牧羊》《汉献帝》等，在周围地、县有较大影响。1956 年，根据上级指示精神，正式更名为商河县京剧团，纳为国家正式文艺团体。

至此，综合多方史志材料就基本勾勒出商河县京剧团从酝酿初创到正式诞生的时间轴：1940 年，张六京剧团——1945 年，民间职业剧团——1952 年，商河县新艺剧团——1953 年春，原张六京剧团改编为平原县京剧团——1956 年，原商河县新艺剧团正式更名为商河县京剧团。

但方志记载是骨感的，作为后之挖掘者，总是习惯于层分缕析、抽丝剥茧地串联诸多细节碎片，从而还原为一个个生动的故事片段。笔者的挖掘就先从“张六”挖起，根据商河京剧团现任团长张晓军先生的推荐，笔者在热心票友、原商河县老龄委副主任毕玉海先生陪同下，走访了商河县新艺剧团的“元老”崔玉文先生。

崔玉文，1943 年出生，河北省南皮县凤翔乡（今属潞灌镇）前康村人。9 岁那年的正月初七，也就是 1952 年商河县新艺剧团成立的那一天来到商河县。当时，由商河县文教科科长王新民派人到前康村招人，由崔玉文的一位富家亲戚资助一辆马车经过两天两夜的长途奔波来到商河，同车来的由一位名叫刘佃臣的戏班老师带队，共有十五六个十来岁的同村儿童同车来到商河，因种种原因多数人改行或去往他处，前康村最后留在商河京剧团的共有崔玉文、刘希贵、刘希会三人。

先是第一个问题，为什么新艺剧团要到南皮招人呢？主要是地域文化因素使然：历史上，素有“吴桥的杂技、南皮的戏”的说法（当然后来又有好事者追加一句“商河的秧歌和京剧”，凑成一个合辙押韵的段子，说明商河京剧确有名气，后文详述）。进一步详察这一民间俗语，技、戏之艺为什么以吴桥、南皮闻名呢？从历史及地理两方面简单分析来看，两地及周边河北和山东省北部乐陵一带靠近京城，又是当年直系的势力范围，有到京城卖艺的便利，从而催生“卖艺”产业，进而吸引民众学艺跻身艺人行列。据崔玉文介绍，他所在的前康村，就是南皮县一个艺人群体高度集中的村落，当年商河县派员远赴南皮前康村招收剧团艺人就不足为奇了。

然后第二个问题，当年商河县是什么机缘派员到南皮招人呢？这就涉及前边提到过的“张六京剧团”了。通过德州平原县文旅局局长刘有冰同志，笔者联系到该县一位曾与张六共事过的罗洪俊先生，了解到如下情况：

张六，本名张玉珍，河北盐山县今之望树镇望树村人。约出生于 1910 年左右，民间艺人，唱老生角色，擅演《狸猫换太子》，虽不识字，但整本折子戏倒背如流，罗洪俊先生曾根据其现场表演一字一句地记录下整本戏的唱词与唱谱。

提到张六，又涉及一位与京剧有特殊关系的老革命赵胜武先生。

赵胜武（1919.1—1993.3），原名赵崇文，河北省盐山县大赵家村人，1938 年 4 月参加工作，1956 至 1962 年任平原县委书记。据了解，抗日战争期间，在一次行动中遭遇生命危险的严峻关头，赵胜武躲进一个戏班里，穿上戏服躲过一劫，而这家戏班的班主正是张六。这一救命之恩使赵胜武对张六及京剧戏班怀有特殊的感情，以致后来他在德州行署重要工作岗位上生病期间，地方官员前去探望一概拒绝，唯听说平原县京剧团的人时才笑脸相迎，这是后话。

而且，商河第一任县委书记丁润生于 1938 年后，先后任庆云、沧县县委书记，推测其在革命工作中与赵胜武有密切交集，张六后来于 1940 年落地商河，不单纯是田敬堂扶持，也有背后赵胜武乃至丁润生等多重因素的推动，其是否在田敬堂所扶持戏班里为革命工作担负特殊使命，这就不得而知了。当然，张六后来落户平原县剧团直至退休，成为平原县京剧团里一位扛旗人物，这就与赵胜武的推动直接相关了。

另外，商河京剧团初创时期，与张六齐名的一个说法是“张六、侯三、小刚子”。经多方查证，包括走访 1959 年来商河京剧团的今乐陵市黄夹镇大桑树村的李铁峰先生，了解到“小刚子”论辈分是李铁峰的师叔，原名崔丰明，乳名小刚子，南皮县人；侯三系艺名，原名及籍贯不详，张、崔、侯均非商河人，他们三人当年户口暂落在今商河县许商街道东铺村相邻的范家村。总体来讲，他们还属于流动性比较强的艺人群体。另外，还有一位“老左”（具体名字不详），也曾经跻身其中，号为“张六、侯三、老左、小刚子”，老左只知姓左，其籍贯与擅长均无从知晓，唯一确知的是他们来自五湖四海，都不是商河人。

再回到前文，商河京剧团初创时期几位名角“吴俊良、葛正良、白亚南、康艳君”也均非商河人，通过各种因缘际会来到商河，让商河京剧团艺人群体“五湖四海”的色彩格外浓厚。

此外，剧团演员之间在长期工作相处中，志同道合、兴趣相投，有的喜结良缘。比如 1955 年来自陵县（今德州陵城区，下同）的司鼓手范井泉和来自德州的花旦刘淑玉就是这样的夫妻搭档，他们在舞台上夫妻联袂演出，常常博得满堂喝彩，范井泉也因突出业绩，被评为二级司鼓手，这是题外话。另外，来自陵县邓集村的康少君，本名陈秀兰，12 岁时就跟着在剧团唱戏的姨妈康艳君跟班学艺，并改名康少君，20 岁时经人介绍与剧团京胡演员张元明喜结连理，也成为一对夫妻搭档。

“双良”撑起一片天——商河京剧团之盛景　据崔玉文先生介绍，1952 年春商河新艺剧团初建，是借用今实验小学的学校校址（时称商河县城关完全小学）训练并住宿，十多天后因寒假结束而学校开学，暂租借小新庄村李如友宅院，直到东关剧场的前身东关“戏棚子”建成后移至其地，再往后就是 1992 年建成、位于兴隆街南段路西的剧团新址。直到 2019 年因棚改旧改拆迁，商河县京剧团才移至商中路与鑫源街十字路口东北角北邻今址。

如前文所述，组建近 70 年来，商河县京剧团不仅有“张六、侯三、老左、小刚子”这样草根戏班子出身的地方名角，更有康艳君、白亚南、葛正良、吴俊良等在全国戏曲界闻名遐迩的绝对“台柱子”。特别在吴俊良担任业务团长期间，他注重通过“请进来、走出去”的方式加强人才培养，取得非凡的业绩。

通过吴俊良介绍，葛正良拜著名余派老生陈少林为师学艺；把刘伶仙送到张君秋门下，从师张君秋的琴师周长泰，著名京剧艺术家梅兰芳、裘盛戎到场祝贺；派青年花脸演员李如友去北京风雷京剧团深造；派康少君到山东省京剧团拜俞燕霞为师学艺；派刘淑玉到德州京剧团拜张丽君为师学艺；派司传汉、张元明到北京拜著名琴师周长泰为师学艺；派孙德平到山东京剧团拜鼓师付常荣为师学艺。经过名师授课和他们个人的勤奋学习，表演艺术水平有了显著提高。另外，张金忠、李文忠这些著名演员也陆续来到商河县京剧团，演员队伍得到充实壮大。

为提高演员队伍的素质和演出水平，剧团还经常邀请外地著名演员来团演出、指导。如北京旦角演员辛燕芳，荀慧生的女儿荀苓莱及马超兰、赵筱兰、石玉兰等；上海京剧团的旦角沈松丽、高婉华；济南的旦角赵素云、八岁红；武生双翼翔；天津荀派花旦徐艳华、老生徐云鹏、梁少奇等，都对剧团的发展给以热情帮助。

这一时期的商河京剧团可谓人才济济，生旦净末丑行当齐全，阵容严整，演出剧目亦比较丰富。主要演出剧目有《群英会》《四进士》《岳飞之死》《赵氏孤儿》《苏武牧羊》《汉献帝》《望江亭》《遇皇后》《玉堂春》《秦香莲》《红鬃烈马》等，在鲁北各地县享有较高的声誉。1959 年，大型历史剧《海瑞背纤》在河北沧州演出时，沧州电台转播了全剧的实况录音。此剧 1962 年进省城济南市演出，省文化局、省委宣传部的领导观看了演出并接见了全体演职员，给予较高的评价。1965 年，参加惠民地区文艺团体会演，吴俊良主演了《汉献帝》《七星灯》，受到与会者的一致好评。后来吴俊良、葛正良、刘伶仙主演的《四进士》“三公堂”一折，被省广播电台录制，数年后还时有播放。

20 世纪 60 年代初，商河县京剧团为配合当时中心工作，陆续排演了《白毛女》《三世仇》《刘介梅忘本回头》《收租院》《社长的女儿》《夺印》《丰收之后》《战斗的台湾人民》等现代戏，深入到全县农村进行巡回演出。同时，还到济南、徐州、河北等地巡回演出，受到观众热烈欢迎。

1965 年，剧团派十余人到中国京剧院学习《红灯记》《借年》《闹碾房》《打铜锣》，又在北京京剧团学习了《沙家浜》。外派人员都得到相关剧团著名演员的指导和排练。后来又向外省剧团学习了《智取威虎山》《传枪》《盘石湾》等剧目。

“文化大革命”开始后，商河县京剧团组织 7 名骨干到北京中国京剧团、北京风雷京剧团学习“样板戏”。在此期间，经报县委领导批准，又从社会各界招收了一部分有特长青年充实演员队伍，当时剧团已达近百人。

1977 年初，商河县京剧团开始恢复排练传统戏，并到山东、河北一带去演出。1978 年，剧团去济南巡回演出，在天庆剧场、青龙桥剧场、化工厂剧场、黄台肉联厂剧场都连续演出多日。主要剧目是吴俊良主演的《四进士》《岳飞之死》《群英会》《四郎探母》《苏武牧羊》等。在天庆剧院演出剧目《秦香莲》时，现场观众情绪高涨，从始至终掌声不断。第二天早上 8 点，等候买票的观众已排起几十米长队，在不到一小时的时间，当晚的戏票就销售一空。戏越演越红，售票口只好贴出了每人最多限购五张的规定。《秦香莲》这一剧目就演了十几天，场场爆满。后又上演了《四进士》《群英会》，演出时轰动更大。省京剧团花脸演员方荣翔、宋玉庆、王谨、著名司鼓曹金凯等人也闻讯前往观看演出，给演员以极大的鼓舞。此行演出历时两个月，凯旋。

进入 1981 年，演员队伍已具有较强的整体阵容，主要演员除吴俊良、白亚南、康少君外，河南省京剧团武生演员梁少奇也来到商河县京剧团。并于 1986 年集中人力物力,用三个月的时间恢复了《穆桂英》等一批优秀传统剧目，节庆重大演出好戏连台。在吴俊良、葛正良“双良”带动下，商河京剧团也在这一时期臻于鼎盛。骨干名角如下：

吴俊良　1922 年出生在北京一个梨园世家。父亲唱高派老生，兄弟四个都唱京剧。行当不同，有唱花脸的，有唱文丑的，有唱武生的，各自在事业上有一定的成就。吴受家庭影响，幼年就喜爱唱京剧，并拜名师学唱余派戏、谭派戏，并练武功和学武戏。为以后在舞台上塑造人物打下了很好的基础。在北京，十岁登台唱娃娃生很受欢迎，吴俊良十三岁和著名演员言少朋、迟金声同时拜著名老生曹连孝为师，在北京、上海、东北等地演出都很受欢迎。曹先生发现吴的扮相、做派很适合演马派戏，就推荐三人同时拜曹先生的师兄马连良先生为师学艺。如《苏武牧羊》《四进士》《天雷报》等剧目，为后来艺术上的成就打下了坚实的基础。马派是唱、念、做并重的全面型流派。马派的唱腔俏、念白美、表演帅、扮相靓为大家所公认，吴尊师训，并广采博纳、融会贯通，在艺术上的执着精神，认真的表演态度是后人的学习榜样。

吴继承了马派艺术加上自己的有利条件，嗓子好、做派帅，不仅演出马派戏，还演出其他派别戏，如高派的《七星灯》、白派的《风僧扫秦》等优秀剧目，走遍全国各地演出，人称“北马南吴”（马，马连良；吴，吴俊良），成为在京剧舞台上颇有名气的演员。在各地演出备受欢迎，在广西演出时还受到国家领导人的接见。

解放后，吴在济南市天庆剧团担任主演，1956 年，全国文艺团体人员固定整编。吴在 1955 年已被高薪聘请到商河县京剧团，整编后成为商河县京剧团的一名主要演员，并担任业务团长。据说，当年吴曾挂名在佳木斯京剧团，并被该剧团作为招牌人物在北京巡演，偶然的机会，被在京公务的商河县宣传部部长发现海报后，发回消息由商河县有关方面将吴强行带回商河。此传言足以说明，吴俊良在当时的社会影响力及在商河县京剧团举足轻重的地位。

吴俊良（站立者）与恩师马连良合影

为提高商河县京剧团的业务水平和培养人才，吴俊良除积极主动与北京京剧团联系，派员学习培养外，还积极联系北京戏曲界帮助及时排练新剧目。如《白毛女》《孙安动本》《赵氏孤儿》《海瑞罢官》等剧目，为观众及时看到丰富多彩的新剧做出了不懈努力。

吴晚年当选为商河县第一届政协常委，退休后被邀请到山东省戏曲学校任教两年。后因病在家休养，现已去世。吴在京剧生涯中，对艺术的执着追求和精湛的表演艺术，给观众留下了深刻的印象，商河广大票友至今还深深地怀念他。

葛正良 女，坤须生，1934 年出生于河南省开封市，时值日寇入侵，百姓流离失所，灾难重重，全家避难至西安市。1944 年 11 岁时考入西安市正音国剧社（科班）学唱须生。老师大部分都是北京“富连城”科班里的，如徐盛昌、韩盛秀。1950 年毕业后，加入了天津市共和戏院“扶新剧团”担任须生演员。演出剧目有《黄金台》《骂殿》《二进宫》《打渔杀家》等。1952 年与天津市梅派旦角杨玉娟、朱小岩、杨春年等组织了“津生剧团”，在河北省沧州、泊镇、杨柳青一带较大码头巡回演出。1953 年春在河北省东光县演出时，经介绍到商河县京剧团工作。

葛正良剧照

葛正良到商河京剧团后一直担任主角，演出剧目有《失空斩》《群英会》《打渔杀家》《四郎探母》等，后又演出了该团原有的《双蝴蝶》《云罗山》《天河配》等剧目。不久担任了剧团工会主席和“艺委会”委员。在演出中，既演红花、又演绿叶，从不计较主角和配角的角色。除在本县演出外，还到各省市演出共计几百场戏，受到观众的好评和赞扬。

除在团里演出外，她还对青年演员们进行辅导，不但演传统戏，还配合中心工作演出现代戏。如《白毛女》《夺印》《天福山的火焰》《丰收之后》等剧目，并担任主要角色。1959 年，与一位同事编演了新戏《战斗的台湾人民》，在济南大同戏院连演九场。她扮演的剧中主要人物，当时轰动很大，台下掌声雷动。次日，省文化厅专业剧作家给予热情鼓励。此后剧团成立了“编导委员会”，葛正良任主任。

1962 年，葛正良到北京市京剧团拜余派老生陈少霖先生为师，对余派艺术规范深造。学习期间，得到余派著名琴师王瑞芝先生、马派著名琴师李慕良先生的亲自教诲，受益匪浅。并得到中国戏校谭派老生宋继庭先生、余派亲传弟子赵贯一先生的传授。对老生戏如《上天台》《洪羊洞》《失空斩》《四郎探母》等剧目进行了加工提高。在京进修期间，除了学习外，每晚观摩艺术家们的精彩演出，对其艺术上的提高起到了很大作用。

回团后，由于水平的提高，在各地的演出中，受到了观众热评，对商河京剧团在业务上的发展起到较大作用，1984 年当选为商河县第二届政协常委。

2000 年，应西安科班同学们的邀请，葛正良前往北京著名的“老舍茶馆”参加京剧名段演唱会，与师妹赵正芬合演的《武家坡》唱段，影响较大，虽然退休十余年，但到了舞台上便立即进入角色，认真的演唱受到了同行们的好评和赞扬。2001 年，被商河县广播局聘请为京剧艺术顾问，在“京剧周末文艺”栏目中介绍京剧四大须生、四大名旦的演唱特点和剧目。并在商河县第六届京剧大赛中，担任评委。

2002 年起，在“商河县京剧爱好者协会”担任艺术顾问直至去世。

白亚男　女，坤须生，1929 年出生于河北省雄县一个京剧世家。父亲唱京剧文丑、母亲唱京剧刀马旦，叔父给麒派老生周信芳做箱官，侄女唱花旦。白亚男自幼随父闯码头唱戏，十余岁请奚派老生教戏。因受家庭熏陶加之天赋，在舞台上很受欢迎。1947 年全家迁至济南参加了大众剧团。在舞台上和著名演员孟丽君合作演出了《天河配》《四郎探母》《乌龙院》《白莽台》《打渔杀家》《失空斩》《甘露寺》等剧目，都受到了观众的好评，1952 年被聘请到商河京剧团工作。担任主要须生演员。白亚男唱腔简洁大方、舒展平和，具奚派特点，唱腔以曲折深沉取胜，并讲究喷口吐字，与其他派别明显不同，很受观众欢迎。白亚男到商河京剧团后多次请来济南的著名琴师、演员帮助本团提高技艺，并排练新戏。如《罗云山》《诸葛亮招亲》《双蝴蝶》等剧目，演出后受到观众的好评。

1955 年，白亚南应邀到惠民县京剧团工作，担任业务团长和主要演员。并加入了中国共产党。后因惠民京剧团解散，又返回商河京剧团工作，任副团长和主演，并被选为商河县人大代表。

白亚男在京剧事业中，有一定的成就，对商河京剧团有很大的贡献，去世多年后仍在观众心中留下很深的印象。

一块牌子一张脸——商河京剧团之现状 前文所述“双良”等一批优秀的京剧演员在商河县京剧团形成强烈的名角效应，并造就了商河县京剧团颇具影响力的知名度。据说，商河划归济南之前隶属德州期间，德州地面上最为知名的县级京剧团，一是平原，二是商河，足见其地位之高。

1994 年 10 月，商河县京剧团二级司鼓范井泉（左二），演员康少君（左六）、李铁锋（右二）、崔玉文（左四）参加郑路镇兴隆镇村立集庆典演出时的剧照合影

然而，与全国大多数县级剧团一样，20 世纪 90 年代，国家体制打破以后，受各行业转轨以及电视等娱乐方式的多样化冲击，商河县剧团也面临着前所未有的难题，面临倒闭关门的命运。1990 至 1992 年，县剧团新址从酝酿到建成近三年的时间，除负责建设的人员发放基本工资外，大部分演员每月仅能领

取 50 元的生活费。这期间，像崔玉文等许多演员为维持生计，还不得不拉下脸皮到农村接红白事唱小戏的零活，以赚取每天 10 ～ 20 元的劳务费。

1985—1993 年，为适应社会发展，商河县京剧团进行过一次探索性改革，即以京剧为主，赋予多种形式的演出，节目由之前单一的传统京剧加入部分现代歌舞，受到群众欢迎，社会认可度较高。除本地演出外，还先后到河北、河南、内蒙古、甘肃等地巡回演出。特别是在县委、县政府支持下，大力开展“送戏下乡”活动，取得较好的经济与社会效果。时任县委宣传部副部长李召新先生还曾专题采访，所拟写《情满“大篷车”》发表在《济南日报》上。1994 年，由剧团组织还到郑路镇和兴隆镇村立集庆典参加演出，等等。但小团体的极限努力终究改变不了历史发展的大趋势，因为剧团属于差额事业单位，受体制机制的限制，演职人员工资长期得不到保障，引发诸多生活困难现象的发生。

自 2013 年始，商河县京剧团人员待遇开始有所好转，从工资发放 30%、50%，逐渐增长到 70%，一直到 2015 年，开始全额发放工资至今。2021 年，商河县京剧团现职人员全部划归商河县文化馆（加挂商河县京剧团牌子），并转为全额事业编制至今。

从演出情况来看，这基本是与这一时间同步，自 2014 年起按照全省统一部署，商河县开始实施“一村一年一场戏”文化惠民工程。商河县京剧团精心筹划、认真组织、开拓创新，将一大批优秀京剧剧目、歌舞、杂技等群众喜闻乐见的好节目送到老百姓的家门口，剧团焕发出新的生命活力。

时至今日，尽管商河县地面上民间的京剧协会、票友组织先后出现，但位于商中路商河县文化馆二楼京剧团办公室里，每天仍旧“好戏连台”，各色京剧爱好者、铁杆票友还是习惯于到这方小天地寻求心灵的慰藉。

再回到本文开头，商河县这块国营京剧团的牌子作为省会济南唯一的一家县级国营京剧团，确实算得上商河县也是济南市的一张脸面了。穿越 70 多年的光阴，无论是“张六、侯三、老左、小刚子”这些叫得上名的地方台柱子，还是“吴俊良、葛正良、白亚南”这些在全省、全国能挂上号的名角，甚至像崔玉文、李铁峰这样至今念念不忘与名角同台之荣光的职业演员，都是组成商河京剧团这块牌子、这张脸面一分子的人，值得人们永为铭记，久久回味。

（本文有关内容参考或摘录《山东省文化艺术志资料汇编》《平原县志》《南皮县志》《惠民县志》《商河县志》《商河文史》及刘公明先生所整理秦开蒙、张志勤、葛正良等口述资料文本，商河县京剧团原职工庞湘波先生为本文提供了重要线索资料。谨向原作者及线索提供者表示感谢。）

商河电影院

商河县电影事业，在党的正确领导下，励精图治，经半个多世纪的发展，从 1955 年开始，从无到有，由小到大，一步一步从弱到强，截至 1990 年归济南市管理前，已发展成为一支庞大的电影发行放映队伍，相继形成了完整的电影发行放映网络，从 70 年代初到 20 世纪 90 年代初的 20 年间，电影发行放映管理工作，进入了一个蓬勃发展的辉煌时期，年年超额完成各级政府及业务部门下达的指标任务，管理水平逐步成熟完善，在毛主席文艺工作双百方针和“在延安文艺工作座谈会讲话”精神的指导鼓舞下，商河县电影事业蒸蒸日上，发展得如火如荼。当时电影放映工作完全达到了上级“村村挂银帘，户户看电影”的要求，突击放映历史主旋律影片，各项工作在地区及业务单位名列前茅，曾多次受到地区电影公司的嘉奖和表彰，同时也受到了县委领导的高度重视和表扬，为商河的电影事业发展增了光添了彩。

20 世纪 60 年代中期至 70 年代中期，全县电影主要发行和放映爱国主义教育题材的影片，如《地道战》《地雷战》，京剧样板戏《红灯记》《沙家浜》《智取威虎山》等。70 年代末期，一批禁放多年的优秀影片重新与观众见面，群众看电影的热情异常高涨，《园丁之歌》《红楼梦》等优秀影片，昼夜在商河县影院连续放映，但仍出现一票难求的局面。之后，《大闹天宫》《卖花姑娘》等优秀影片，在广场进行夜间露天跑片放映，每场观众达千余人。农村电影队采取一片一晚多点放映方式，《朝阳沟》等豫剧影片，更是彻夜不停。

进入 80 年代，随着我国实行改革开放，文化艺术界迎来新的春天，特别是电影好比雨后春笋，各类题材的影片层出不穷，如《少林寺》《庐山恋》《咱

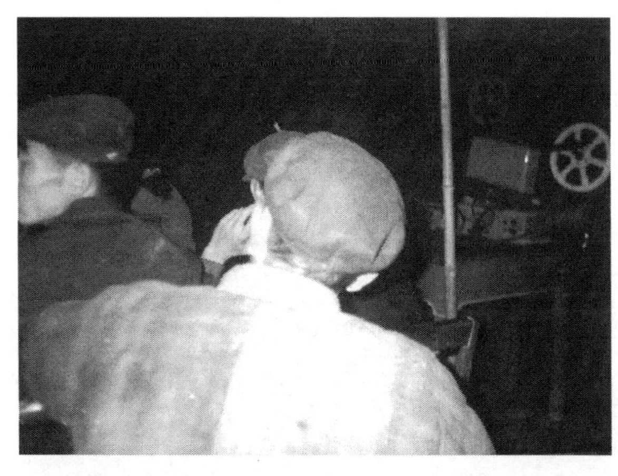

们的牛百岁》等深受广大观众喜爱。在农村，观众追赶放映队；在影院，场场爆满，放映队伍不断扩大，1983 年，商河县电影管理站改为商河县发行放映公司，共有干部、职工 56 人。由过去农村的 30 余个放映队，陆续发展到 104 个放映队，乡镇陆续建立影院，先后建立了常庄、郑路、玉皇庙、殷巷影院及 35 毫米流动放映队，全县放映人员增至 200 余人，年放映场次 24800 场，发行收入 374400 元，放映收入 1497600 元，商河县被省、市委宣传部及省电影公司评为农村电影放映工作先进县，玉皇庙等放映队被评为山东省农村优秀放映队，胡集乡放映队员张宗法被授予省优秀放映员称号。

到了 90 年代，随着改革开放深入，广大人民群众生活条件改善，电视等各种媒体进入社会及家庭，电影市场逐年下滑，各放映队及人员改行，乡镇影院停业改为他用，商河县电影公司在面临困境下积极组织人员，着重放映爱国主义教育影片，《开国大典》《大决战》《白色起义》及反腐巨片《生死抉择》等。每部影片组织教育观众达 2 万余人，创单片放映最高纪录，同时期加强农村放映，组织放映计划生育影片及幻灯宣传片，商河

县电影公司创作并制作的《苦果》在济南市举办的大型计划生育幻灯片汇演评比中获得二等奖，同时获省文化厅三等奖。90 年代中期，为了搞活电影市场，解决农民看电影难的问题，商河县电影公司加强与大型企业联系，搞好商业宣传活动，并与海尔、中国电信、中国移动等单位合作，组织千场电影下农村活动。1994 年与北京传媒公司合作，在商河县影院举办百万有奖观影明星演唱会，特邀毛泽东扮演者王霙来商演出，轰动一时，创票房收入 3 万余元。

进入 21 世纪，商河县电影基本处于停滞状态，除放映部分商业电影外，影院停映。搞一些商业展销活动，大批职工下岗，干部职工收入无保障，在这种情况下集资建造 800 平方米的影视活动中心，到 2006 年，国务院为了解决广大农民看电影难问题，活跃农村文化生活，成立济南市新农村数字电影有限公司商河分公司，组建 38 支放映队，从业人员 96 人，年放映场次 11500 场，放映收入 1170600 元。

第二编 温泉生态之城

一、中国温泉之都

引言：从胜利油田到商河地热

时光回溯到 60 多年前，1960 年 11 月 1 日当天，华 7 井钻遇生油层，这是一个让商河人，也让中国石油人刻骨铭心的日子。

这一天，是从 1956—1961 年五年的历史区间里一个特殊而重要的日子。从 1956 年开始，国家决定对华北平原地区展开区域性的石油普查。石油部华北石油勘探大队的两个钻井队——32104、32120 钻井队，从 1956 年到 1961 年，奉命钻探华北地区第 1 号至第 8 号基准井，转战河北、河南、山东，历尽千辛万苦，探索地下奥秘，发现和命名了四个标准层：华 1 井为明化镇组，华 3 井为馆陶组，华 7 井为沙河街组，华 8 井为东营组。

就在这一天，位于商河县今之沙河镇沙河街由 32120 钻井队钻探的华北第七口基准井——华 7 井完钻，这是在中国华北首次发现良好的生油层和储油层，成为山东地区找油的转折点（见山东人民出版社 2000 年 6 月第 1 版《山东省志 · 大事记》）。华 7 井之后，勘探目标逐步向东转移，落脚是黄河三角洲。

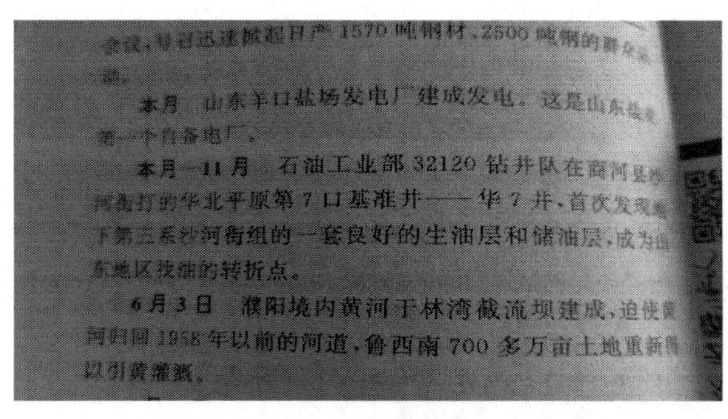

会议，号召迅速掀起日产 1570 吨钢材、2500 吨钢的群众运动。

本月　山东羊口盐场发电厂建成发电。这是山东盐业第一个自备电厂。

本月—11 月　石油工业部 32120 钻井队在商河县沙河街打的华北平原第 7 口基准井——华 7 井，首次发现地下第三系沙河街组的一套良好的生油层和储油层，成为山东地区找油的转折点。

6 月 3 日　濮阳境内黄河于林湾截流坝建成，迫使黄河归回 1958 年以前的河道，鲁西南 700 多万亩土地重新得以引黄灌溉。

《山东省志 · 大事记》所记载华 7 井完钻消息

1961 年 4 月 16 日，在东营村附近打的华 8 井，首次见到工业油流，日产原油 8.1 吨，从而发现了胜利油田。

在此意义上说，华 7 井为华 8 井指引了正确的方向，而华 8 井的成功出油，标志着胜利油田的发现。

时光再回溯到50年前，1974年11月，商河油田第一口试油井商22井投产，揭开了商河油田作为胜利油田腹地重要产油区的序幕，也为此后商河县地热温泉开发铺设了条件。

众所周知，地热贯穿了油气生成和运聚的全过程，是与油气业务高度融合的新能源资源。资料表明，胜利油田自1961年11月在商河县打成华北7号探井后，历经40余年先后在商河油区钻井作业达800余口。2003年初，油田地矿专家在商河进行石油作业时意外发现地热异常区，资料显示商河县城周围260平方公里区域地下1300米蕴藏有水层60 ~ 120米厚薄不等，总量达48亿立方米馆陶系热水。县委闻讯即求策临盘采油厂教授级工程师付金华先生，商定由临盘采油厂无偿提供地质资料，以原油田废弃井商20-3进行改造实验。2003年2月7日，实验井1200米深处自行喷出高达6米以上清澈热水，经北京市地质工程勘察院测定，水中富含偏硅酸、锶、锂、氟、溴、铁、锰、锌、硼、碘、硒等多种有益微量元素，属典型地下自然温泉和医疗地热温泉。

商20-3井改造试验成功后，中国矿业联合会连续在商河举办地热研讨会、

推介会，原国家石油部副部长、中国矿业联合会地热开发管理专业委员会总顾问阎敦实先生等国内顶尖地热专家一致评议认定，商河地热田类型在全国最优良，具有广阔的综合开发利用前景。由此，商河拉开了地热温泉开发应用的序幕。

从商河地热到商河温泉，再到“温泉之都”

“中国温泉之都”，是享誉中外的世界名片，目前中国共有五大温泉之都——重庆市、天津市、福州市、厦门市、济南市，而济南市作为中国温泉之都的承载地就是商河县。

2014 年 11 月，在中国矿业联合会组织的评审会上，山东省济南市以 93 分的全国最高分通过评审，并于 12 月 11 日，成功与重庆市、天津市、福州市、厦门市并列命名为“中国温泉之都”。

由商河地热探测到商河温泉开发，这是一个当年让商河干部群众倍觉新鲜且一度引发热议的话题：商河由废弃油井改造而出的地热水怎么能称之为温泉呢？

其实，在地球物理学看来，我们人类赖以生存的地球是一个庞大的热库，其蕴藏着极其丰富的热能。地球的地表以下，每一层的温度都不尽相同，一般来说，从地表以下深度每下降 100 米，温度就升高 3℃ ~ 4℃，在一些地热异常区，温度随深度增加的幅度更大。简而言之，地热就是来自地下的热能，即地球内部的热能。其来自地球深部，储存于岩石及岩石孔隙、裂缝之中，是一种宝贵的清洁能源。地热温泉是地热的一种重要表现和利用形式，它既包括天然的地热水露头，又包括其他一切把热从地下带到地表的地热流体，水温一般不低于 20℃。以商河县地热出水 60℃以上而论，属妥妥的“商河温泉”无疑。

2024 年 8 月 28 日《中国矿业报》发表一篇报道——《山东十六市，市市发现地热田》，截至该报道时间，山东全省 16 市均发现了地热田、打出了地热井，共勘探发现了 96 个地热田，实现了地热找矿重大突破。可见，地热并非稀奇之物，也并非商河所独有，但商河地热温泉又是凭什么出类拔萃、冠绝于世的呢？

时任中国书法家协会主席张海为商河题写“商河温泉城”泰山石石碑

放眼全国来看，我国常规地热资源以中低温为主，埋深在 200 ~ 3000 米，中低温传导地热资源主要分布在中东部沉积盆地。而山东省地热资源又特别丰富，自东向西共可划分为 4 个地热区：鲁东隆起地热区、沂沭断裂带地热区、鲁西隆起地热区和鲁西北坳陷地热区。其中，商河县所在的鲁西北坳陷地热区主要开采新近纪馆陶组和古近纪东营组的砂岩裂隙孔隙层状热储，以及寒武－奥陶纪碳酸盐岩裂隙岩溶层状热储。沂沭断裂带及鲁东隆起区主要开采岩浆岩或变质岩基岩裂隙热储、寒武－奥陶纪碳酸盐岩裂隙岩溶层状热储。根据山东省地质矿产储量评审委员会科学勘测，商河县地热温泉资源具有以下得天独厚的特点：

一是储量大。全县地热储量为 48 亿立方米，相当于 50 个济南卧虎山水库容量。

二是埋藏浅。商河地热埋藏深度一般在 1180 米 ~ 1400 米之间，易开采、费用低。

三是水温高。商河地热井口出水温度最高为 65℃，平均水温 56℃ –58℃。资料表明，我国以中、低温地热田为主，开发地热资源主要用于供暖和医疗洗浴，作为医疗洗浴用水，水温一般不应低于 35℃。以此衡量，商河地热温泉确实温度喜人。

四是水质优。经检测，商河地热水含有丰富的锂、碘、锶、偏硼酸等矿物质和微量元素，矿化度为每升 5 克 ~ 8 克。

综合以上资料，商河地热属于典型的自然温泉，可广泛用于采暖、养殖、种植、洗浴等领域，开发前景十分广阔。

回头来看，商河县代表济南市参加评审并获全国最高分，确实名副其实；商

"中国温泉之都" 标志石碑

河县代表济南市荣膺“中国温泉之都”，确属众望所归。

从“温泉疗养”到“温泉康养”

2006 年左右，商河县对外所作的县情推介中，言必称“南有冷泉观赏，北有温泉疗养”，反映出商河县温泉开发应用的阶段性特点。

其背景是，2005 年 6 月 6 日时任山东省委书记张高丽到商河县视察，在视察豪门庄园地热开发现场时指示：商河有这么大、这么好的热水资源，一定要开发好、利用好。并当场要求济南市确定一名副市长负责协调，请名家高起点规划，合力加快建设。之后由商河县委政研室发文《在省会城市群中准确定位，培育温泉特色实现快速兴起》（见 2006 年 5 月 26 日第 3 期《商河调研》），文章指出，商河地热温泉与济南 72 名泉相得益彰，商河温泉是对济南泉文化的丰富和延伸，并首次提出“南有名泉观赏，北有温泉疗养”的概念。

从词源来看，“疗养”的概念历史悠久。清代蒲松龄《聊斋志异·蹇偿债》中即有“乞以驹付小人，朝夕疗养，需以岁月”之语。从实质来看，“疗养”是与“医养”最相近的一个概念，是以治疗慢性疾病、休养、养护、康复为目的的医疗和生活调理相结合的综合活动。疗养一般以疗养院为主要依托形式，而疗养院一般处于海滨、温泉、湖泊等风景区。通过对大量事实的观察、研究和总结，“疗养”与前些年出现的“医养”即医养结合概念最为接近。也即我国在 1999 年进入了老龄化社会后，为了更好地服务于老年人，于 2005 年在世界范围内首次提出了具有中国特色的“医养结合”养老理念。

这也就非常好地解释了 2006 年左右商河县大力推介的“南有名泉观赏，北有温泉疗养”之由来。

那么，从“疗养”到“康养”，商河县对温泉开发应用的态度之变又从何而起呢？这仍然需要与时俱进地从词源说起。

从社会学和营养学角度来看，“养生”即滋养生命，是采用多种方式来滋养生命，而“康养”一词强调采用多种健康的方式来滋养生命，使生命机体维持身心健康。养生和康养实质上可以视为同义词。而由于康养概念比较积极和外向，所以大家更愿意使用康养这个词。

从社会行为学、营养学、医学、心理学等多角度来看，康养（养生）是一系列的人类行为活动集合，目的是维护人类生命机体在全生命周期过程中的身心健康，提高生命质量。内容上包含对“身、心、社”的全面滋养，不仅致力于生命长度，更关注生命质量。康养（养生）更在于致力于让人维持良好的健康状态，增强生命活动自由度。

内部材料
供领导参阅

商河调研

第3期

中共商河县委政策研究室　2006年5月26日

在省会城市群中准确定位
培育温泉特色实现快速兴起

近年来，我县以邓小平理论和“三个代表”重要思想为指导，认真贯彻落实科

至于商河县温泉康养概念的引入和应用，最早见诸报道的是公众号平台《开溜济南》2021 年 1 月 17 日所刊《济南商河县北纬 37° 康旅示范小镇，神奇纬度上的康养度假胜地》。此后，2021 年 12 月 31 日山东省文化和旅游厅联合山东省卫生健康委员会公布山东省文旅康养融合发展示范、试点区名单，“商河县温泉康养融合发展区”赫然在列，这是商河县首次可见“温泉康养”的公开文字，“南有名泉观赏，北有温泉康养”的推介语也悄然浮出水面。2022 年 2 月 24 日，在商河县第十九届人民代表大会第一次会议上，商河县代县长刘小兵同志在《商河县政府工作报告》中首次提出“全力突破温泉康养产业”。此后连续三年，“温泉康养产业”都正式出现在县政府工作报告中。2023 年 9 月 7 日，山东省康养服务学会“温泉康养研究中心”在商河揭牌，这标志着商河县温泉康养引入与开发进入新阶段。

从近期由商河县文化和旅游局牵头起草的《关于我县温泉康养产业破题发展的调研报告》看，该报告认真研判温泉康养产业趋势，认为近年来温泉康养产业在全球范围内呈现出快速发展态势，温泉康养产业也迎来了发展的黄金时期。报告同时建议，商河县发展全域温泉康养产业恰逢其时，以温泉康养产业发展为基础，通过不断丰富产业链结构，打造“商河温泉产业经济增长模式”，切实拉动商河社会经济发展。也正是在这个报告里，正式提出了“南有名泉观赏，北有温泉康养”的长期目标（2024—2030年）。

从“疗养”到“康养”，从2006年到2022年，弹指十六年间，既反映了中国经济社会快速发展和日新月异的变化，也见证了商河县地热温泉开发生机勃勃、活力无限的缩影。

从“商河温泉”到“地热取暖”再到“温泉花卉”

2004年4月初，商河第一眼地热井试井成功后，商河人将注意力放在了他们的“地下宝贝”地热资源上。据统计，商河县地热热储面积1147.19平方千米，占到全县总面积的98.6%，储量达256亿立方米，相当于260个济南卧虎山水库蓄水量，是我国最大的地下热水存储地之一。

商河地热的特点不仅仅是储量大、水质好，更为关键的是商河地热的开发成本低，因为地热埋藏深度一般在1600米以上，而商河地热埋藏深度仅在1180—1400米之间，比较易于开采，而且开采费用比较低。地热水按富水性分为较强区、中等区和较差区等3个区，商河县城区位于富水性较强区的中心，中心温度能达到60℃左右，为地热供暖提供了便利条件。因此一般情况下，地热供暖的小区室内温度在20℃以上。

目前，商河县地热供暖企业所采用供暖模式，是通过“采灌结合、间接换热、梯级利用、同层回灌、自动调控”等全新的地热集中供暖技术，实现了“绿色”供暖，并最大限度节省能源。简单地说，就是将地热水提取出来，通过间接换热的技术，将地热水的温度提取出来，用于加热给小区供热的自来水，然后通过层层回灌技术，将提取热量后的水层层回注到地下，

实现取热不耗水的完全回灌。地热作为一种清洁能源，具有储量大、稳定性强的特点，相较于依靠燃煤集中供暖的传统方式，商河人的“地热供暖”不仅绿色环保，还多了几分“温泉绕户流”的诗意流淌。

2022 年 6 月，国家发展改革委等九部门印发的《“十四五”可再生能源发展规划》指出：“积极推进中深层地热能供暖制冷。结合资源情况和市场需求，在北方地区大力推进中深层地热能供暖，因地制宜选择‘取热不耗水、完全同层回灌’技术，鼓励采取地热区块整体开发方式，推广‘地热能 +’多能互补的供暖形式。推动中深层地热能供暖集中规划、统一开发”。济南市先后出台了《济南市 2018-2020 年煤炭消费减量替代工作方案》和《济南市住建领域大气污染防治重点工作强化措施实施方案》明确了铁腕治霾目标和方式，地热能供暖被列为重要措施之一，开发利用地热是推动山东新旧动能转换、培育发展新动能的有效载体。

目前，我国地热能的开发利用已经受到社会多层次多方面的高度关注，商河县地热资源丰富，应用及市场前景广阔。地热资源的梯级利用大大降低了供暖季煤炭、电力的使用量，在直接减少国家碳排放量、降低环境压力、减少大气污染、增强环境保护方面做出了重要贡献。

从 2010 年起，商河县尝试依托地热资源，大力发展以温泉设施花卉为主的花卉产业。当地政府联合农科院所，率先尝试用温泉水调控温室环境，培育蝴蝶兰、红掌等娇贵花卉。地热供暖替代传统燃煤，不仅让冬季温室能耗降低 40%，更使蝴蝶兰开花周期缩短 15%，成品率高达 98%。原本只能在南方生长的花卉，在北方小城扎下了根。

2016 年以来，商河县以济南市着力培育农业特色产业为契机，以国家级现代农业科技示范园为核心，先后出台园区引领、主体培育、金融支持、市场开拓、融合发展等举措，壮大花卉特色产业。

花卉种植对温度湿度要求高，需要时刻保持恒温，商河县借助丰富的地热资源，引进中石化绿源地热能开发先进技术，地热开发使用做到了“取热不取水，同层回灌、循环利用”，可减少大量二氧化硫、氮氧化物等大气污染物排放，满足国家环保政策要求，与传统燃煤和电气供暖相比，每平方米温室可节约成本 30 ~ 50 元。

为了扩大温泉花卉的产业规模，商河县深入搭建了科研院所与企业的合作平台，联合科研院所、花卉企业建立“农业农村部华东都市农业重点实验室花卉研究创新基地”“国家花卉工程技术研究中心盆花创新中心”“鲁台兰花科技创新联合实验室”“鲁台花卉科技创新基地”，与省农业科学院签订《花卉科技创新技术合作协议》，开展关键核心技术攻关，新建1处花卉种质资源库，丰富红掌、蝴蝶兰种质资源，培育2个红掌、2个蝴蝶兰新品种，通过技术创新攻克引种繁育难题51个，专属授权产品35个、自主研发品种22个，获批发明专利34项，制定济南市农业地方标准8项。推广数字化、精准化、智慧化的现代农业信息管理技术，35万平方米温室采用数字感光技术和水肥一体智能灌溉技术，实现光照、温度、湿度自动调节。依托济南花卉产业研究院和国家、省级花卉科研平台，打造济南市重点实验室1处，培育省专精特新中小企业1家，拥有组培研发中心2处，组培研发面积8万多平方米。

目前，商河县花卉设施总面积已达155万平方米，打造20万平方米温泉花卉创新孵化基地、30万平方米海峡两岸花卉创新园、20万平方米温泉花卉谷、10万平方米花卉科创中心等超百亩以上精品园区9个，培育花卉龙头企业、合作社等经营主体30余家，建成全国最大的红掌生产基地、全国最大的单体兰花生产基地和全国最大的红玉株引繁基地，涵盖各类高档盆花、鲜切花和花卉种苗，花卉品种达到30多个品系200多个品种，年产各类盆花5000万盆、种苗7000万株，产值20亿元，产品销往广州、上海、北京等各大城市，同时出口韩国、越南等国家。

从“商河温泉”到“温泉花卉”，这座曾默默无闻的北方小城找到了激活资源禀赋的“新密码”，商河县将继续发挥地热资源的丰厚优势，以做大做强花卉产业生产、种质创新、良种示范推广为主攻方向，成为立足山东、辐射华北、全国知名的“中国北方温泉花卉硅谷”。

二、温泉花都，花漾商河

温泉水润花如海，商河波光映日开。
花漾人间景色好，心随碧浪远尘埃。

商河这座名不见经传的小城有着非同寻常的实力，本篇的开头，必须先亮亮商河的重磅“家底”：

——2016 年 12 月，商河县入选农业部首批国家农产品质量安全县名单；

徒骇河过境商河段良好的生态环境

——2019 年 11 月 14 日，商河县被生态环境部正式命名为第三批国家生态文明建设示范县。

引言：从新老“商河八景”说起

孔子云：“智者乐水，仁者乐山。”这体现了人与自然的和谐相处的“生态文明”理念。以历史纵深的眼光来探察生态文明，各地县志中的“八景”就是一个很好的窗口。翻阅我国古代县志，特别是明清以来的县志，大都有“八景”之说，“八景”即指一个地方的八个著名景观。一个地方在长期的历史发展中所形成并被广泛认同的“八景”，不仅是自然的赐予，更是人文的创造。

明清、民国以及当代三个阶段的“商河八景”，也正生动体现了商河县自然与人文交相辉映、从自然风光到生态文明的发展变迁。以下按时序原文照录。

明代八景——明代，万历《商河县志》载有当时之八景：

马颊晴沙 即禹贡九河之一，在城北二十里。岁久淹塞，春风扬沙，堆积成阜，望之闪烁如金，睹河洛者思禹功，故名景之一。

龙潭黑水 即黑水潭，在城东三十里，潭阔数顷，水黑色，其深莫测，昔传有龙居焉，岁时祷雨辄应，故名景之二。

黉池夜月 即文庙后方唐，亩许，秋涝积雨所成。相传司教好事者，中秋具桴，邀乡先达。玩月其上，分韵赋诗，故名景之三。

古堞秋风 即元张千户营，在城北四十里，周围四里许，城垒久圮，遗迹尚存，胥为耕牧之地。每秋风起，过者有黍离之思焉，故名景之四。

梵宇春晖 即福胜寺，在城西南隅，创自唐武德年间，前后殿增至五重，雕镂极工，每岁上元节士民游玩其中，故名景之五。

谯楼夕照 即县治谯楼，高数仞，离城十余里城堞尚隐，此楼□岿然显焉，登之可以远眺。每日夕返照其上，红霞煦彩，故名景之六。

长堤凝翠 即障土河堤，横亘城南，远近不一，蜿蜒如长蛇之状。每秋夏之交，芳草铺茵，牧童樵竖踯躅其上，望之翠色可掬，故名景之七。

双塚埋云 即城北二十里二大塚，高数丈，不知何人之墓。相传有发之者，黑气出，数日不绝，众惧塞之。盛夏往往云聚其上如山焉，故名景之八。

时商河知县曾一侗对八景依次赋诗以咏之，都司经历（是都指挥使司中的一个职位，负责处理来往的公文及刑狱之事，正六品）、淮南张应征时署县事，乘兴次韵唱和其诗，一时引为佳话。

清代八景——清代，道光《商河县志》卷首，刊印了八景图画并对“八景”之名略有改动，将“马颊晴沙”改成了“笃马晴沙”，或许因河流易名之故。取消了“谯楼夕照”，增添了“凤台灵迹”，并把“凤台灵迹”置于“八景”最前位置，还分别绘图并题词：

凤台灵迹

凤凰翔兮，百尺高台。昌期遇合，增辉下来。

羽仪皇国，文运斯开。和鸣集瑞，胸吐奇才。

笃马晴沙

璀璨精光，沐浴朝旭。浑灏流转，龙蛇屈曲。

一气输金，万杨垂绿。有客门津，汉时故渎。

黉池夜月

桂香乍飘，冰轮甫上。百亩黉池，空明荡漾。

活水源头，文澜微涨。一印千潭，道心所畅。

梵宇春晖

梵宇辉煌，空中色相。殿号无梁，有唐哲匠。

七宝经幢，千花法藏。上元仕女，祈福无量。

龙潭黑水

潜龙勿用，泥蟠一泓。鉴兹黑水，守墨是盟。

负山吞海，叹彼长鲸。出降霖雨，泽我苍生。

古堞秋风

垒垒古堞，筑自前元。为城防御，犄角而援。

沉镞耕拾，磷火夜繁。秋风萧瑟，过者惊魂。

长堤凝翠

高低一碧，春满长堤。王孙芳草，处处留题。

蜿蜒蜿蜒，蝶醉莺啼。西苑南浦，我所思兮。

双塚埋云

蓬颗蔽塚，有古双坟。郁郁佳气，化为白云。

或云仕女，或云三军。苍茫山峙，凭吊斜晖。

实际上，清道光县志所载商河八景，不仅对个别名称进行了调整，而且在原有八景基础上，又续增二景，即：

铁锁联钟　城东三十五里铁佛寺西来钟寺内有铁钟。相传大水浮二钟，铜铁各一，有锁联之。至邓王庄西，锁忽断，铁钟留置之。庄东响，庄西则暗。有盗去者，辄自返故处。

宝刹盘桑　城东北三十里古桑一株，枝叶夭矫犹龙。相传宋太宗微时曾卧其下，后因呼为龙桑。摘枝栽他处必枯。枯枝复生，邑中必有登科第者。

民国八景——民国，1936 年编纂的《重修商河县志》，在清志续增两景“铁锁联钟”“宝刹盘桑”后，又添六景，从而形成了民国时期的八景，即：

于山隧洞　在城西三里许于家山庄东有土山，高三丈余，周亩余，名于山，上有白衣庙，东面下有洞极深，相传与城内西南隅福胜寺内大铜佛座下井相通。

漯河潭深　城东南三十里杏行庄南，漯河北岸有潭甚深，岁旱不涸。

钓台环翠　城西南四十里马宝庄钓鱼台，为唐代名将马三宝钓鱼处，钓鱼台在庄西北。今无水，台尚屹然，春夏芳草环生，葱翠可爱。

饮马泉清　城东十里饮马庄东有古井，相传宋太祖曾饮马于此。

森林烟雨　城东北五十里与惠民县毗连之处，有沙荒一段，百余顷，今两县划界，各造森林，朝露晚烟，一望无际。

墩台远眺　城北二十里殷家巷西北，有台巍然，俗称烟墩，即古墩堡之遗，登其上可望见县城。

当代八景——明清及民国志书记载的景致，由于日久年湮，沧桑迭次，几乎全部湮没于历史的尘埃之中，辉煌不再。进入 21 世纪后，勤劳智慧的商河人民，在创造自己美好生活的同时也创建了美丽的环境，新的景色、新的景观、新的景点、新的景致日新月异、层出不穷。“温泉生态之城”“休闲健身之都”“鼓子秧歌之乡”成为商河的靓丽名片。2011 年，由中共商河县委宣传部、商河县文化局组织，经过广泛征集、专家多次论证，最终形成了由陈昌茂所撰写《温泉芝润》《沙水流翠》《孝露穿石》《三趣寻幽》《芦潭晓月》五首七绝和李忠湖所撰《黄河鼓韵》《玉苑春晓》《文昌雨霁》三首七绝共同组成“商河新八景”景观名单，分别为：

黄河鼓韵

百里家园大舞台，龙吟鼓韵入河怀。
响铃探马匆匆去，贯耳春雷滚滚来。

温泉芝润

温汤自涌碧淙淙，滋润蒸腾飘芙蓉。
碧玉尽享百花浴，人间天上水晶宫。

（注：收录本书审阅过程中，本诗原作者陈昌茂先生将本诗题目改为“温泉清润”，第二句改为“滋润蒸腾漂笑容”。）

沙水流翠

霞光一抹染沙河，杨柳盈堤疏影斜。
远客临波游兴起，轻摇画舫会嫦娥。

（注：收录本书审阅过程中，本诗原作者陈昌茂先生将本诗末句改为“轻摇画舫会娇娥”。）

孝露穿石

翠竹青松天地人，勒石孝典动神魂。
父慈母爱凝甘露，沁腑润心教感恩。

三趣寻幽

滨河漫步欲何求，翠柳苍榆玉岸头。
路转坡回三趣见，赏石垂钓品茗游。

芦潭晓月

古蝶沧桑傍碧湾，青芦飒飒鸟鸣欢。
星残晓至水中月，旭日飞霞逐玉盘。

玉苑春晓

一湖活水汇春风，阆苑瑶台列画中。
玉帝已嫌天阙老，迁都此地做皇宫。

文昌雨霁

桃花岛上雨初晴，彩练飞悬白鹤亭。
钓友扬竿方瞩目，清风徐送读书声。

从“清水幻象”到“爱和水的天堂”

前之明清、民国及当代不同历史时期风貌迥然的“商河八景”，无论是明清的马颊晴沙、笃马晴沙，还是民国的漯河潭深、饮马泉清，特别是当代的沙水流翠、温泉芝润等全部八景，自始至终贯穿了一个“水”字。了解商河县历史上黄河曾过境1600余年，也就不难理解商河县这个名字本来就自带“水”性的地方了。

商河县属于华北冲积平原，地势平缓，自西南向东北缓缓倾斜，由于黄河在历史上的多次漫溢溃决，在古河道间形成了坡地、洼地、高地相间分布的地形，尤以洼地为最。商河的洼地星罗棋布，大洼七十有二，小洼无数，故有“七十二洼”之称。其中，尤以县城南部的清水洼最为有名。

清水洼，即今之清水湖所在地，坐落于县城东南，方圆十里许。历史上，清水洼不乏“海市蜃楼”的景观。民国《商河县志》记载“迄今其城尚然有迹者，在治东十里清水洼中，十里坞之南”。故老相传，言清水洼中之古城，每六十年一显。并传清水坡村人起早卖柴，走至城下见城门未开，遂眠城门之外，拂晓醒来，城已隐去，却发现自己仍在大洼之中。清《商河县志·后跋》载：“越二岁甲午十月十三日辰时，十里坞人见清水洼中现土城，长三里许，城墙门楼具在，城墙上微有担夫行人往来。”更有趣的是，在160年后，即20世纪末，作家曹革非撰写长篇章回小说《清水幻象》，写清末民初商河知县携妻妾、僚属观赏清水洼中的幻象。在这部长篇巨著中，曹革非以其细腻的文笔和奔放的情感，很好地诠释了清水洼以及“清水幻象”。所谓“清水洼，幻唐象；幻唐象，清水洼”，清水洼与“清水幻象”以其似是而非的神秘感和极具吸引力的传奇色彩，吸引着人们不断地对其探索和演绎，从而成就了一段又一段佳话。

1959年冬季，在中央提出“以蓄为主、小型为主、社办为主”的三主治水方针指导下，全县组织46000余男女劳力修建清水洼平原水库，名之幸福湖。该湖周长20公里，占地3000公顷，至1960年春，共用85万个工日，耗资

85.75 万元，动土 420 万立方米。此项工程是洛北引黄灌区的一部分，原设想针对黄河水春枯夏丰的特点，利用济商运河汛期引进黄河水和蓄存徒骇河水，调剂灌溉用水余缺，发展水产养殖，美化县城环境。后来洛北引黄灌区停办，没有水源，没有建筑物配套工程，水库试蓄水后，库区周围土地碱化，1961 年大涝后废除。直到 15 年后的 1976 年，邢家渡引黄灌区输水渠工程重新开始修建，1978 年接入跃进河，使商河真正成为利用沟网输水的引黄提水灌区，但这个时候的幸福湖早已荒废，不堪为用。

“清水千年流不尽，惊世温泉新商河。”随着商河地热温泉的开发应用，

徒骇河商河段俯瞰

2009 年 11 月 29 日，商河温泉国际项目在幸福湖开工建设，因项目建设过程中出现曲折，该项目一直停滞不前，幸福湖开发搁浅在了 2013 年。此后，经过市、县两级共同努力，2017 年，温泉国际项目又脱胎换骨以北纬 37° 温泉悠养小镇的新面目起死回生。作为北纬 37° 温泉悠养小镇温泉公园核心区的千亩公园湖，是整个项目的点睛之笔。2017 年 4 月 14 日，北纬 37° 温泉悠养小镇千亩湖泊征名活动盛大启动，经过近四个月的文稿征集并通过专家无记名投票评审的方式，最终确定湖泊名称为“清水湖”，既一脉相承了 2000 多年前“清水洼”初次形成的历史传说，又延续了包括文学与现实中“海市蜃楼”

奇观的真实写照，更寄托了对商河得天独厚温泉资源永葆优质的美好祝愿。命名一经推出，众口称赞，拍手叫绝。

著名书画家黄永玉题写“爱和水的天堂”

2010 年 7 月 17 日，著名书画艺术家黄永玉大师畅游济南后赞叹：“济南人很幸福，成天生活在山水里。”兴致所至，即兴为济南市题词“爱和水的天堂”。这是黄永玉先生对泉城山水与人物由衷的赞美，更是对泉城人民最

清水湖畔

深切的真情。来自艺术大师的赞评，为泉城济南做出了更新、更美、更真切的人文定位，特别是包含了对泉城内涵的开拓与提升。

2017 年 1 月 18 日，在全县工作务虚会上，商河县委作出围绕“爱和水的天堂”讲好商河故事的决策部署。在此期间，经有关方面热情牵线，一向对作品“按件论价，铁价不二”的黄永玉大师对商河县特别慷慨，欣然应允“爱和水的天堂”题词版权对商河县完全免费，体现了黄永玉先生的大爱情怀，更印证了商河县自然环境、人文风情与“爱和水的天堂”题词精神高度契合。商河温泉的强力崛起已经成为泉城济南新的注解词。

此后的2017年9月，以黄永玉书法直接用作书名的《爱和水的天堂——商河县旅游故事集》也就顺理成章地出炉了。

从国家生态县到国家生态文明建设示范县

商河县，一个曾经背负多年全国贫困县包袱的欠发达县，在历史洪流中勇于劈波斩浪，在习近平总书记“两山”理念指引下，坚持“生态立县”不动摇，顺天应人，和谐发展，创造了“树多、地净、水清、天蓝、人和”的生态文明。从“商河温泉城”到“中国温泉之都”，从“生态商河”到“花漾商河”，描绘了一幅“自然与城市完美演绎、经济与人文互动融合”的美丽画卷。

生态商河

为直观地理解上面两个“从……到……”的内涵，可以先用下面一段历史截面的时间轴来作简单梳理：

2007 年，商河县提出建设国家级生态县的目标；

2010 年 12 月，商河县通过省级生态示范区验收；

2011 年 12 月，商河县通过省级生态县技术核查；

2012 年 5 月，商河县通过省级生态县验收；

2013 年 4 月，商河县正式被全国绿化委员会认定为“全国绿化模范县”，成为济南市第一个获此殊荣的县（市）区；

2015 年 11 月，商河县通过国家级生态县建设技术评估；

2016 年 12 月，商河县入选农业部首批国家农产品质量安全县名单；

2019 年 11 月 14 日，商河县被生态环境部正式命名为第三批国家生态文明建设示范市县；

2020 年 5 月，商河县入选 2020 中国县域全生态百优榜；

2022 年 7 月 25 日，商河县被评为 2021 年度山东省生态文明强县；

2023 年 2 月，商河县被认定为第一批全国自然资源节约集约示范县（市）。

商河县郊野公园“花海”景观

相比时间轴的罗列，商河县响当当的生态数字可能更加“亮眼”：

通过推进县域 13 条水域河道整治修复，出境断面水质达标率均达到 100%，饮用水源水质达标率均达到 100%，水环境质量在全市考核中获得第 1 名。

如果说数字是抽象的，那么人民群众的直观感受则是形象而生动的。纵贯县城南北的滨河公园，亭台轩榭、小桥流水、清波碧浪、鸟语喧枝。徜徉其间，尽享自然与人文的舒爽惬意；横跨县城东西的文昌河风景区，水面辽阔，风光旖旎，沿河而建的学校和居住区，“开窗见绿、出门进园”，无闹市之喧嚣，享绿色之静美；漫步商河城区，大气磅礴的人民公园，玲珑雅致的街头绿地，休闲娱乐的全民健身中心，宛如一颗颗璀璨的明珠，把城市点缀得美不胜收。

发展无止境，前进不停歇。进入新时代，再造“新商河”。

商河县坚定不移践行习近平生态文明思想，以建设国家生态文明建设示范县为支撑，持续发力，久久为功，一个生态宜居、经济发达、人民富裕、和谐稳定的新时代社会主义现代化强县的美好画卷正在徐徐展开。

编后记

商河县是联合国地名委员会命名的“千年古县”，是全国26个名称带“河”字的县份之一，也是闻名中外的“中国秧歌之乡”“中国民间文化艺术之乡”“中国温泉之都”，更是一方英雄辈出豪情满怀的红色热土。

“千年麦丘邑”“红色商河魂”“鼓乡温泉城”这是商河县最为鲜明直观的名片，也是最为厚重雄浑的底色。编纂本书的初衷，就是把商河的名片亮出来，把商河的底色显出来。

2024年4月，商河县文化和旅游局在县委、县政府关心支持下，在县委党史研究中心、县档案局、县文联、县退役军人事务局、县政协文史委等部门单位帮助下，依托商河县作协组建“商河县历史文化”专辑图书编纂专班，并在局机关内部组建素材收集整理专班。两个专班密切配合、通力协作，高点站位、深入挖掘，综合研判，经过数月时间的密集研讨、反复调整，拟定较为详细的编纂提纲。期间，先后组织赴济南莱芜、长清和德州市及庆云、阳信、宁津，并远赴新疆乌鲁木齐、库尔勒和铁门关等地，参观学习、搜集挖掘与商河相关的红色史料，特别是在著名军史专家、德州市人大常委会原副主任陈璞平先生精心指导下，系统梳理了山东渤海军区教导旅“商河团”的重大历史意义，并于2024年9月28日县政府所召集专题座谈会期间提出修改编纂提纲，将原计划“商河县历史文化”专辑中的“商河团”篇章升格处理为“商河团”专辑，获得县委副书记、县长刘小兵肯定及与会相关部门负责同志的赞同。根据这一座谈会精神并由陈璞平主任具体指导，原定“商河历史文化”专辑最终形成《文化商河》《英雄商河团》姊妹篇共两部书，这是专辑的第一篇——《文化商河》。“9·28”座谈会后，专班成员密集赴北京、青岛、杭州和珠海等地，先后拜访八路军研究会359旅研究分会等组织及渤海军区教导旅老兵薛翔、李星及亲属李新、刘平、王筠、张晓苏等，获得大量珍贵的第一手资料。

《文化商河》全书计40余万字，分序篇和上篇（千年麦丘邑）、下篇（鼓乡温泉城）共三篇，全书内容深入贯彻习近平文化思想，勇担新时代文化使命，围绕商河地域文化特色和县委、县政府中心工作，以凝聚正能量、提升精气神为基本遵循，突出重点，彰显特色，雅俗共赏，力求在行文上做到“专家觉得真，群众觉得实”。从书稿清样征求意见的效果来看，以上目标基本实现。

本书编纂过程中，济南铁路公安局李超，沙河镇文丰梁村梁延普、梁振发等社会各界人士以及商河县委党史研究中心、县档案局、县文联、县退役军人事务局、县政协文史委等部门单位有关负责同志，商河县摄影家协会、商河县艺术摄影学会等有关协会组织给予热情帮助、大力支持，商河县文化和旅游局历史文化书籍编纂工作专班成员王芳、王昊、李艳芬、刘曼、董浩、孔梓旭、张文文、刘佳慧、马长虎、丛龙斌等同志，为本书搜集、转换素材，做了大量烦琐、细致的工作，商河县作协周德香、王德荣等认真撰写了精彩文稿，东港印务有限公司驻乌鲁木齐办事处、麦德森传媒驻京办事处、济南今朝酒业有限公司、山东秋澄印象影视文化传媒等企业组织给予热情支持，在此一并表示衷心感谢。需要特别说明的是，由于资料收集时间紧张，加之部分资料时间久远，书中诸多资料及照片未能逐一说明出处及署名，谨向原作者、拍摄者表示真诚歉意。

由于时间仓促，加之编者水平有限，书中疏漏、错误，敬请读者批评指正。

编　者

2025 年 3 月